Les politiques sociales sous Macron

Adaptation de couverture : Corinne Tourrasse, d'après une création de Jean-Noël Moreira
Relecture et mise aux normes orthotypographiques : Rose Mognard
Maquette intérieure : Catherine Revil
Mise en page : Soft Office

15 rue de l'Abbé-Vincent 38600 Fontaine
ISBN : 978-2 -7061-5166-8

Université Grenoble Alpes
CS 40700 F-38058 Grenoble cedex 9
ISBN : 978-2-3774-7333-5

Mehdi Arrignon

Les politiques sociales sous Macron

PUG UGA Éditions

La collection « Politique en + » est dirigée par Pierre Bréchon.

DANS LA MÊME COLLECTION

P. Bréchon, *Les élections présidentielles françaises*, 2022

D. Andolfatto et D. Labbé, *Anatomie du syndicalisme*, 2021

X. Marc et J.-F. Tchernia (dir.), *Étudier l'opinion*, 2e édition, 2018

D. Deschaux-Dutard, *Introduction à la sécurité internationale*, 2017

G. Derville, *Le pouvoir des médias*, 4e édition, 2017

F.-M. Poupeau, *Analyser la gouvernance multi-niveaux*, 2017

A. Faure, *Des élus sur le divan. Les passions cachées du pouvoir local*, 2016

J. de Maillard et D. Kübler, *Analyser les politiques publiques*, 2e édition, 2015

G. Villeneuve, *Les débats télévisés en 36 questions-réponses*, 2013

P. Bréchon (dir.), *Enquêtes qualitatives, enquêtes quantitatives*, 2011

N. Dompnier, *Les élections en Europe*, 2011

P. Teillet, *Jours de la Cinquième République*, 2011

H. Oberdorff, *La Démocratie à l'ère numérique*, 2010

S. Cadiou, *Le Pouvoir local en France*, 2009

J.-P. Burdy et J. Marcou, *La Turquie à l'heure de l'Europe*, 2008

J. Barou, *La Planète des migrants. Circulations migratoires et constitution de diasporas à l'aube du XXIe siècle*, 2007

X. Marc, J.-F. Tchernia (dir.), *Étudier l'opinion*, 2007

P. Warin, *L'Accès aux droits sociaux*, 2006

J.-L. Chabot, *Histoire de la pensée politique. Fin XVIIIe-début XXIe siècle*, 2e édition, 2006

P. Bréchon, *Comportements et attitudes politiques*, 2006

J.-Y. Moisseron, *Le Partenariat euroméditerranéen. L'échec d'une ambition régionale*, 2005

S. Pionchon, G. Derville, *Les Femmes et la politique*, 2004

André D. Robert, *Le Syndicalisme enseignant et la recherche. Clivages, usages, passages*, 2004

J.-L. Chabot, *Introduction à la politique*, 2003

P. Bréchon, *Les Grands Courants de la sociologie*, 2000

B. Denni, P. Lecomte, *Sociologie du politique. IEP, Droit, Sciences éco*, tome I et tome II, 1999

Introduction

> Il y a des décennies maintenant que l'on parle de la réforme de l'État ou de l'action publique, il ne faut pas désespérer collectivement de poursuivre ce chemin. [...] Un constat simple était au cœur de mon projet présidentiel et je vous le rappelais tout à l'heure : celui de la défiance, peut-être plus marquée dans notre pays qu'ailleurs. Défiance entre les citoyens et ceux qu'on appelle, souvent dans un résumé trop rapide, les élites. S'il est évidemment plusieurs explications à ce phénomène, un facteur pour moi les emporte tous, c'est le décalage entre le dire et le faire, entre les mots et les choses. [...]. Notre rôle, le cœur de l'action publique, n'est pas de prendre des normes. C'est de contribuer à changer des vies.
>
> Emmanuel Macron, *Déclaration sur la réforme de l'État*, 8/04/2021

Ce discours du président de la République ne parle pas d'État-providence et ne devrait pas nous intéresser *a priori*. Pourquoi commencer par cet extrait alors ? D'abord parce qu'il permet de circonscrire ce qu'abordera directement le livre et ce qu'il ne traitera pas. Nous ne parlerons pas de transport, ou d'énergie, mais bien des régimes de solidarité. Il y eut sous ce mandat assez de réformes concernant le chômage, la retraite, la santé, la famille, la pauvreté, pour qu'un bilan social soit déjà un défi.

Commencer par ce discours d'Emmanuel Macron permet aussi de ressentir, déjà, une certaine vision de l'État et de son rôle aux côtés du marché, des associations, des citoyens. Nous définirons dans cette introduction ce qu'est l'action publique, nous détaillerons ce qu'est une politique sociale. Et nous constaterons que les réformes depuis 2017 apprennent beaucoup des liens entre sphère publique et domaine marchand.

Commencer par ce discours d'Emmanuel Macron c'est, surtout, démarrer par une promesse : l'annonce que les réformes qui avaient été esquissées seront tenues ; la promesse de réduire « le décalage entre le dire et le faire ». La pratique du gouvernement pendant le quinquennat a-t-elle correspondu à ce qui avait été annoncé ? Des éléments de contexte ont-ils fait varier les réformes des projets initiaux ?

Pour répondre à ces questions, il va falloir procéder avec méthode. La problématique générale de l'ouvrage sera celle-ci : dans quelle direction la protection sociale française a-t-elle été orientée durant le mandat d'Emmanuel Macron de 2017 à 2022 ? Dans l'introduction, nous allons définir ce que sont les politiques publiques. Nous allons ensuite présenter la méthodologie à laquelle nous avons recouru. Nous présenterons enfin le plan de l'ouvrage et les principales étapes de la démonstration.

Définir les politiques publiques

D'où viennent les politiques publiques ? Les travaux classiques de science politique apprennent que les politiques publiques ne sont pas le résultat mécanique de la « volonté générale » telle qu'elle s'exprime par les résultats électoraux[1] : des logiques de fonctionnement internes à l'administration, des intérêts portés par des groupes sociaux, des effets de résistance peuvent influer de manière déterminante sur l'action publique. Les politiques publiques ne sont donc pas des réponses évidentes à un problème ou à une demande simple : elles sont le résultat d'activités complexes, « un phénomène social et politique[2] » qu'il faut étudier en tant que tel.

Pour Grawitz, Leca et Thoenig, les politiques publiques sont « les interventions d'une autorité investie de puissance publique et de légitimité

1. Muller P., Palier B. & Surel Y., « L'analyse politique de l'action publique », *Revue française de science politique*, vol. 55, 2005.

2. Thoenig J.-C., « Politique publique », in Boussaguet L., Jacquot S. & Ravinet P. (dir.), *Dictionnaire des politiques publiques*, Paris, Presses de Sciences Po, 2010, p. 420-427.

gouvernementale[3] ». Dans la lignée des théories wébériennes sur l'État comme monopolisation de la violence légitime, cette définition désigne un agent à l'origine des décisions et elle souligne que les politiques publiques sont les effets de cette action. Cette définition peut être complétée par celle de Thomas Dye : les politiques publiques sont « ce que les gouvernements choisissent de faire ou de ne pas faire[4] ». Cette formule souligne le rôle des décisions non prises, des « non-actes », à savoir ce que les responsables refusent ou évitent de faire. Jacques Commaille ajoute qu'il faut prendre en compte les acteurs privés et publics « agissant conjointement dans des interactions multiples au niveau national mais aussi local et éventuellement supranational[5] ». Si plusieurs acteurs sont en concurrence pour réussir à imposer leur définition des problèmes prioritaires et des solutions, alors il faut étudier les relations de conflits et de pouvoir – et ce sont les questionnements-types de l'analyse des politiques publiques qui connaissent un déplacement : y a-t-il des acteurs dominants (politiques, économiques, syndicaux) dans la négociation d'une réforme ? Comment se nouent et évoluent les rapports de force en matière de régulation du travail ou de santé – en période de crise sanitaire et économique telle que nous l'avons connue depuis mars 2020, par exemple ? Une dernière définition permet le mieux d'intégrer le rôle des représentations et des idées en concurrence dans l'étude des politiques publiques : « Les politiques publiques sont beaucoup plus que des processus de décision auxquels participent un certain nombre d'acteurs. [...] Les politiques publiques doivent être analysées comme des processus à travers lesquels vont être élaborées les représentations qu'une société se donne pour comprendre et agir sur le réel tel qu'il est perçu[6]. » Analyser des politiques publiques, c'est

---

3. Grawitz M., Leca J. & Thoenig J.-C., « Les politiques publiques », in Grawitz M. & Leca J. (dir.), *Traité de science politique*, Paris, PUF, 1985, tome n° 4.

4. Dye T. R., *Understanding Public Policy*, EngelwoodCliffs, Prentice-Hall, 1978.

5. Commaille J., « Sociologie de l'action publique », in Boussaguet L. *et al.* (dir.), *Dictionnaire des politiques publiques.*, *op. cit.*, p. 599.

6. Muller P., *Les politiques publiques*, Paris, PUF, 2008, p. 59.

donc étudier des alternatives écartées[7], des pratiques et des institutions qui cadrent l'action publique.

Les institutions peuvent être de plusieurs types, et les trois néoinstitutionnalismes permettent de les envisager de la manière la plus complète possible[8]. Pour les néoinstitutionnalistes historiques, les décisions passées ont une influence durable sur les actions ultérieures. En développant des routines et des procédures, les pratiques administratives rendent de plus en plus difficile l'expérimentation de chemins alternatifs. Pour les néoinstitutionnalistes du choix rationnel, les institutions fixent les règles du jeu dans lesquels peuvent s'inscrire des comportements maximisateurs. On peut relever que même à l'intérieur de ces cadres, les décideurs ne sont pas parfaitement libres : non seulement les institutions actuelles et passées préorientent les décisions, mais les préférences actuelles sont elles aussi sous contrainte. Le néoinstitutionnalisme sociologique considère comme des institutions à la fois les règles juridiques qui encadrent les décisions, mais aussi les valeurs, les normes et les représentations des politiques publiques. Adopter une approche sociologique en matière d'action publique, c'est donc tenter de comprendre les choix faits au cours d'une période (ici, pendant le quinquennat Macron) et ce qu'ils peuvent révéler des modes de pensée, des manières dominantes de voir et d'agir au sein du secteur qui nous intéresse (ici, les politiques sociales).

Établir la méthode d'enquête

Ce livre est centré sur le mandat d'Emmanuel Macron. Comment avons-nous travaillé ? Nous avons d'abord étudié les politiques sociales par le biais des publications et données officielles de l'INSEE, de la DARES, des enquêtes valeurs EVS et ESS que nous présenterons dans le corps du texte. C'est ensuite l'analyse d'entretiens semi-directifs auprès

7. Bourdieu P., « Esprits d'État », *Actes de la recherche en sciences sociales*, n° 96, 1993, p. 49-62.

8. Hall P. & Taylor R., « La science politique et les trois néoinstitutionnalismes », *Revue française de science politique*, vol. 47, n° 3, 1997, p. 469-496.

de responsables administratifs du secteur social (n = 28) qui a permis d'étudier plus finement le sens de l'action publique[9]. Les personnalités rencontrées étaient liées aux politiques sociales, depuis le pouvoir exécutif jusqu'aux agents chargés de la mise en œuvre. Au niveau central, c'est auprès des ministères sociaux et du Travail, mais au sein également des cabinets ministériels, que les entretiens ont été menés. Au niveau déconcentré et décentralisé, trois départements ont été sélectionnés : l'Isère, la Seine-Saint-Denis, l'Ardèche. Les problématiques sociales et leur intensité y sont polarisées : d'après l'INSEE, le taux de pauvreté était de 14,4 % en Ardèche, 11,3 % en Isère, 28,4 % en Seine-Saint-Denis en 2018[10]. Notre objectif dans ce livre ne sera pas de détailler plus avant les spécificités ni de comprendre la reproduction des inégalités urbain/rural, ce qui a fait l'objet d'autres publications[11]. Ce que nous pouvions faire en revanche, c'était sélectionner des terrains diversifiés pour ne pas être dépendant d'une focale stato-centrée ou d'un point de vue territorial biaisé. La consigne a été posée de manière similaire à chaque entretien : « J'aimerais que vous me parliez des politiques sociales sous le quinquennat actuel. » Cette consigne permettait d'évaluer progressivement les convictions des enquêtés concernant le marché du travail, les problèmes et les objectifs sociaux, les instruments pensés comme souhaitables et efficaces. En parlant des « politiques sociales », la consigne invitait à un état des lieux de la manière dont le sujet était appréhendé par les structures politiques et administratives, plutôt que d'imposer à l'enquêté de donner immédiatement son avis. Suite à la consigne, la grille d'entretien comportait huit rubriques et des relances permirent de limiter l'imposition d'angle et de problématique. Pour tester la solidité des propos et savoir si l'on pouvait y accorder du crédit, nous avons utilisé la technique du test de fiabilité consistant à opposer des contre-arguments parfois tirés de nos recherches bibliographiques, parfois d'entretiens croisés, parfois simplement de « logique et de bon

---

9. Pinson G. & Sala Pala V., « Peut-on vraiment se passer de l'entretien en sociologie de l'action publique ? », *Revue française de science politique*, vol. 57, n° 5, 2007, p. 555-597.

10. Source : INSEE, Comparateur de territoire. Seuil à 60% du revenu médian.

11. Arrignon M., *Sociologie et politiques urbaines*, Paris, Bréal, 2020.

sens[12] ». Une fois l'entretien suffisamment avancé, « le chercheur peut même jouer de [la] multiplication des sources d'information dans un milieu d'interconnaissance pour faire dire à ses interlocuteurs ce qu'ils auraient préféré ne pas dire[13] ». Concevoir l'entretien comme un jeu à plusieurs temps permet de laisser à l'enquêté l'initiative des thématiques et des sujets de préoccupation qui lui sont propres dans un premier temps, pour ensuite tester des hypothèses et recouper des informations. À la fin de l'entretien, alors que les principaux arguments ont été recueillis, la position de l'enquêté devient plus claire et l'enquêteur peut prendre le risque de dévoiler une de ses hypothèses, car il sait qu'elle n'influera que sur les dernières minutes de l'échange : c'est l'hypothèse de conclusion. Pour pouvoir évaluer le positionnement immédiat de l'enquêté – et les discordances éventuelles entre le début et la fin d'un entretien –, les modalités de prise de contact ont été strictement préparées[14] ; le premier entretien a eu lieu le 11 juin 2020 et le dernier le 16 juillet 2021[15]. Il est temps d'en présenter le contenu, et celui du livre.

Prévoir le plan et annoncer les étapes de la démonstration

Comment les politiques sociales ont-elles évolué sous le mandat d'Emmanuel Macron de 2017 à 2022 ? La démonstration sera organisée en trois temps.

La première partie, la plus rapide, permettra de faire un état des lieux des politiques sociales avant la présidence Macron. En effet, pour pouvoir attester de changements éventuels au cours du quinquennat, il fallait connaître la situation qui préexistait, identifier les traditions des politiques sociales françaises jusqu'en 2017. Ce quinquennat

12. Cohen S. (dir.), *L'art d'interviewer les dirigeants*, Paris, PUF, 1999, p. 43.

13. Pinson G. & Sala Pala V., « Peut-on vraiment se passer de l'entretien en sociologie de l'action publique ? », art. cit., p. 585.

14. Chamboredon H. *et al.*, « S'imposer aux imposants », *Genèses*, vol. 16, 1994.

15. La liste des entretiens est fournie en annexe.

s'est-il inscrit en rupture ou e[illegible] livre pourra être observée comn[illegible] sociale au moment où Emmanu[illegible] pourra aussi être utilisée de ma[illegible] sur l'histoire des politiques socia[illegible] connaître le fonctionnement de [illegible] domaines : protection maladie, [illegible] sionnels, famille, pauvreté.

La deuxième partie débutera avec [illegible] social de Macron en 2017 et s'achèvera à la fin du quinquennat. L'objectif sera d'exposer les changements législatifs ayant trait à la protection sociale, mais aussi d'explorer les choix et les projets reportés. Organiser cette partie de manière chronologique permettra de rentrer dans l'épaisseur des décisions, et ne pas supposer un macronisme impassible face au contexte : les politiques sociales ont aussi été menées sous l'effet de négociations, elles ont rencontré des oppositions qui permettent de mieux comprendre l'évolution des débats à leur égard. La question des crises sanitaires, économiques et sociales sera ici centrale ; si le livre se lit bien sûr de manière linéaire, un lecteur intéressé par le rappel des décisions de protection sociale sous ce quinquennat pourra se reporter à cette partie 2 spécifiquement.

La troisième partie proposera une prise de recul théorique pour confronter les faits aux cadres d'analyse plus généraux de la science politique. L'action publique apparaît bien souvent au citoyen et aux lecteurs non spécialisés comme foisonnante, parfois contradictoire, et s'il est souhaitable de monter en généralité, le bilan est difficile. La troisième partie s'y essayera. Elle sera organisée selon des axes thématiques (objectifs des politiques publiques, instruments, conséquences pour le système français de protection sociale). Les entretiens seront utiles dans cette troisième partie, en ceci que notre méthode vise à révéler des valeurs dominantes : que nous apprennent les changements sous ce quinquennat en matière d'État-providence, de conception de la justice sociale, de rapport à la solidarité ? Autant d'enjeux importants que nous proposerons de traiter dans la troisième et dernière partie de l'ouvrage.

Partie 1

Les politiques sociales jusqu'à Macron

Introduction

À l'aube du quinquennat Macron, une protection sociale dans quel état ?

Pour dresser un état des lieux de la protection sociale avant l'élection d'Emmanuel Macron, nous suivrons une présentation par type de « risque » social. François Ewald explique que c'est la réflexion en termes de risques collectifs qui a permis de penser la protection sociale depuis la fin du XIXe siècle[1]. La période antérieure au XIXe siècle et à l'avènement des protections collectives laissait en effet le travailleur dans l'incertitude permanente, incertitude à laquelle ne pouvait répondre que la prière solitaire. Ewald le dit bien : « pendant longtemps, on a mutualisé les risques à travers l'Église et la religion : on répondait au risque par la Providence[2] ». Mais il identifie une rupture : « Cette réponse s'est épuisée en 1755 avec le tremblement de terre de Lisbonne. Par un phénomène de dissolution soudaine, une manière commune de vivre les événements est devenue impossible : celle de l'optimisme leibnizien. Dès lors, on dira que c'est la nature et l'imprévoyance humaines qui sont les causes de nos malheurs et non la volonté divine. Le risque devient à la fois un problème individuel par la souffrance qu'il implique et un problème social par les responsabilités qu'il met en cause. » Une étape cruciale dans l'histoire longue de la protection sociale sera donc celle, au XVIIIe et au début du XIXe siècle, de la prévoyance. La prévoyance est d'abord individuelle, chacun s'assurant contre les dangers de la vie en épargnant un pécule. La prévoyance devient progressivement collective avec

1. Ewald F., *L'État providence*, Paris, Grasset, 1986.

2. *Ibid.*, p. 72.

l'apparition des sociétés de secours mutuel, reconnues en France en 1835. Puis c'est la loi du 1er avril 1898, sur les accidents du travail, qui fait basculer le système français vers une troisième et dernière étape, celle de la solidarité non plus ouvrière ou entre employés (ou encore par branche ou secteur d'industrie) mais une solidarité nationale, entre tous les citoyens. À la fin de la seconde guerre mondiale, l'exposé des motifs de l'ordonnance du 4 octobre 1945 résume bien ce mouvement qui est allé de l'incertitude individuelle (qui marquait les premiers temps de la prévoyance) jusqu'au risque socialisé :

> La sécurité sociale est la garantie donnée à chacun qu'en toutes circonstances il disposera des moyens nécessaires pour assurer sa subsistance et celle de sa famille dans des conditions décentes. Trouvant sa justification dans un souci élémentaire de justice sociale, elle répond à la préoccupation de débarrasser les travailleurs de l'incertitude du lendemain, de cette incertitude constante qui crée chez eux un sentiment d'infériorité et qui est la base réelle et profonde de la distinction des classes entre les possédants sûrs d'eux-mêmes et de leur avenir et les travailleurs sur qui pèse, à tout moment, la menace de la misère[3].

L'article 1er de l'ordonnance privilégie la mutualisation du risque en affirmant qu'« il est institué une organisation de la sécurité sociale destinée à garantir les travailleurs et leurs familles contre les risques de toute nature susceptibles de réduire ou de supprimer leur capacité de gain, à couvrir les charges de maternité et les charges de famille qu'ils supportent ». La protection sociale est donc la mutualisation du risque social en vue de sa réduction et d'une répartition plus équitable de sa charge entre les citoyens. Une lecture historique du développement des États-providence comme socialisation progressive des risques permet de mettre au jour ce qui est aux fondements des politiques de protection : le dépassement de l'idée de responsabilité ou de faute individuelle par les notions d'assurance et de sécurité sociales[4]. À partir du moment où le système économique est reconnu comme potentiellement défaillant ou cyclique, l'enjeu des systèmes de protection sociale va être de

---

3. Exposé des motifs de l'ordonnance du 4/10/1945.

4. Ramaux C., « Risque et assurance », *RFSE*, vol. 20, n° 1, 2018, p. 201-204.

garantir aux individus des revenus et de les sécuriser dans leur parcours de vie, indépendamment des effets de conjoncture et des inégalités de marché: c'est l'invention d'une protection sociale «démarchandisée[5]».

Au cours du XXe siècle, et singulièrement en France après 1945, plusieurs risques sociaux ont été pris en charge[6]. La Sécurité sociale instituée à la Libération poursuivait en effet un objectif ambitieux: «débarrasser tous les travailleurs de cette obsession de la misère, de cette menace du lendemain qui pèse constamment sur eux et qui paralyse les possibilités d'expansion de leur personnalité», comme l'énonçait Pierre Laroque en 1947. Pour ce faire, une assurance sociale obligatoire fut mise en place, portée par un système coordonné d'institutions. Sur le plan financier, les risques de protection sociale sont montés en charge progressivement, à des rythmes distincts selon l'expression des besoins sociaux (voir graphique 1).

Graphique 1. Évolution de la structure par risque de la protection sociale (en % du pib)

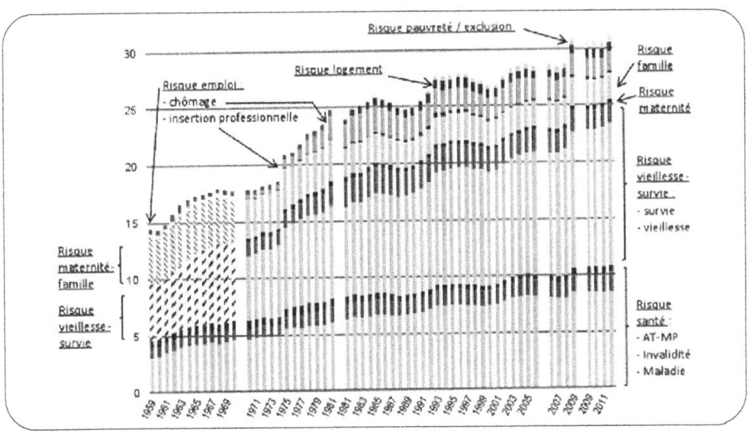

Graphique tiré de: Mikou M. *et al.*, «La montée en charge des risques sociaux depuis 1945», *op. cit.*

---

5. Esping-Andersen G., *Les trois mondes de l'État-providence*, Paris, PUF, 2007.

6. Mikou M. *et al.*, «La montée en charge des risques sociaux depuis 1945», *Vie sociale*, vol. 10, n° 2, 2015, p. 109-130.

À la Libération, le risque famille a été l'un des premiers identifiés et généralisés. Parallèlement, le risque accidents du travail et maladies professionnelles a été intégré à la branche maladie. Le risque vieillesse-survie, autre grand pilier du système, s'est construit plus lentement. D'autres problématiques n'ont pas été intégrées à la Sécurité sociale *stricto sensu*, mais elles constituent néanmoins des éléments essentiels de protection : il s'agit en particulier de l'assurance chômage, des dispositifs mis en œuvre pour aider les plus modestes à se loger, de la lutte contre la pauvreté. Ainsi, depuis près de quatre-vingts ans, au fil des réformes entreprises pour compléter le système français de protection sociale, les différents risques sont montés en charge : les dépenses de protection sociale représentent 31 % du Produit intérieur brut français (PIB) en 2019 d'après l'OCDE, contre 14,5 % en 1959[7]. Dans cette partie, nous réunirons en cinq grands « risques » l'histoire de la protection sociale en France : le risque de chômage, le risque de grande pauvreté, le risque maladie, le risque vieillesse, et enfin le risque famille et logement. Nous nous arrêterons pour chaque domaine à l'élection d'Emmanuel Macron.

---

7. Source : OCDE.

Chapitre 1

Risque chômage et politiques d'emploi

Le régime d'assurance contre le risque de chômage est pris en charge en France par les organismes centraux que sont l'ASSEDIC et l'ANPE – regroupés en 2008 dans Pôle Emploi – et financés par les partenaires sociaux à travers l'UNEDIC (Union nationale pour l'emploi dans l'industrie et le commerce). L'UNEDIC a été créée en 1958. C'est un organisme relevant du statut des associations, dont le rôle est de gérer les comptes de l'assurance chômage. Ce sont les partenaires sociaux (représentants des syndicats patronaux et salariaux) qui gèrent les comptes de l'assurance chômage à travers l'UNEDIC. Les sources de financement sont les cotisations sociales, recouvrées pour le compte de l'UNEDIC par l'URSSAF, qui dépend du ministère des Affaires sociales[1]. Les règles d'indemnisation (que ce soient les conditions d'ouverture de droits, le montant ou la durée de perception des allocations) sont négociées entre les partenaires sociaux et le gouvernement[2] : si les partenaires sociaux sont théoriquement responsables des conventions qu'ils adoptent tous les deux ou trois ans, la convention doit être agréée par le ministre de l'Emploi et le gouvernement peut adopter des révisions réglementaires des droits et devoirs des demandeurs d'emploi par voie de décret si les partenaires sociaux n'arrivent pas à un accord[3]. Le protocole d'accord peut être signé par une seule organisation syndicale et patronale : il s'applique alors si le ministre

1. Les URSSAF sont regroupées à l'échelle nationale dans l'ACOSS, la Caisse nationale.

2. Art. L. 5422-24 du Code du travail.

3. Art. L. 5422-20 du Code du travail.

l'agrée. Les partenaires sociaux jouent un rôle dans la négociation de la convention, mais l'État contrôle, agrée les conventions, et encourage les partenaires sociaux à réviser régulièrement les règles d'indemnisation – par la possibilité dont dispose le gouvernement de réglementer par décret en cas d'opposition des syndicats ou du patronat. La loi de 2008 qui a révisé l'organisation du service public de l'emploi (fusion de l'ANPE et de l'ASSEDIC dans Pôle Emploi) a confirmé le rôle de l'UNEDIC dans la gestion de l'assurance chômage[4]. Si l'UNEDIC est responsable du financement du régime d'assurance, ce n'est pas elle qui s'occupe directement des bénéficiaires (services d'orientation vers l'emploi, versement des prestations, accueil et conseils) mais Pôle Emploi.

Pôle Emploi est donc l'institution publique qui s'occupe des demandeurs d'emploi. Pôle Emploi est le guichet unique s'occupant à la fois de l'orientation, de la formation et de l'insertion sur le marché du travail (rôles anciennement dévolus à l'ANPE), ainsi que du versement des allocations[5]. Si l'UNEDIC est de statut privé (association loi de 1901), Pôle Emploi est un organisme public : l'État est donneur d'ordre de Pôle Emploi et son directeur est nommé par le ministre de l'Emploi[6]. Un peu moins de mille agences de Pôle Emploi sont distribuées sur le territoire. Leurs règles de fonctionnement, les procédures par lesquelles s'inscrivent les demandeurs d'emploi, ce qui est considéré comme une « offre raisonnable d'emploi », les obligations des chômeurs de même que les règles de radiation sont fixées par la loi. L'architecture institutionnelle générale de l'assurance chômage en France peut être représentée graphiquement (voir graphique 2 ci-dessous).

4. Loi n° 2008-126 du 13/02/2008 sur la réforme du service de l'emploi.

5. Béraud M. & Eydoux A., « Le service public de l'emploi à l'épreuve des réformes », *Informations sociales*, n° 169, 2012, p. 55-63.

6. Loi n° 2008-126 du 13/02/2008, *op. cit.*

Graphique 2. L'assurance chômage en France : panorama institutionnel

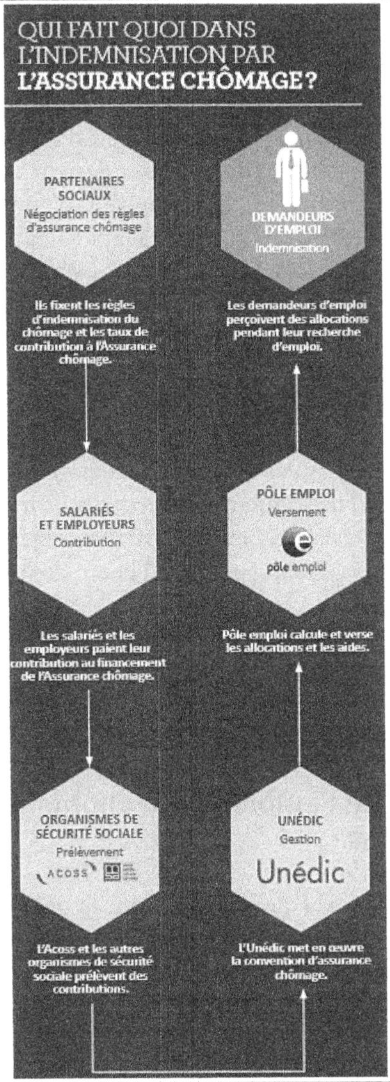

Source : UNEDIC, L'Unédic au cœur de l'Assurance chômage, 03/07/2017.

Les allocations-chômage sont principalement financées par les cotisations sociales. Les cotisations chômage s'établissent à 4,05 % du salaire brut en 2019[7]. Les durées de cotisation nécessaires pour avoir droit au chômage, ainsi que les montants accordés en pourcentage du dernier salaire reçu, ont varié dans l'histoire récente. Dès avant ce quinquennat, l'indemnisation par l'assurance chômage était déjà subordonnée à la recherche active d'un emploi, dans le cadre d'un Projet personnalisé d'accès à l'emploi (PPAE) établi sur la base d'un diagnostic de distance au marché du travail. Depuis la loi du 1er août 2008 en effet, les demandeurs d'emploi ne peuvent pas refuser plus d'une « offre raisonnable d'emploi » au risque d'être radiés des listes de Pôle Emploi[8]. Ces offres dites « raisonnables » d'emploi sont définies en fonction de la durée dans le chômage et d'un critère de compétence. Lorsque le demandeur d'emploi était inscrit sur la liste des demandeurs d'emploi depuis plus de trois mois, était considérée comme « raisonnable » l'offre d'un emploi compatible avec ses qualifications et compétences professionnelles et rémunéré à au moins 95 % du salaire antérieurement perçu. Après six mois de chômage, ce taux était abaissé à 85 %. Après un an d'inscription, tous les postes de travail pouvaient être considérés comme « raisonnables » à partir du moment où ils se situaient à moins de trente kilomètres ou à une heure de transport du lieu de résidence du chômeur[9]. Ces questions sensibles socialement – durée de perception des allocations, modes de calculs et montants, obligations des demandeurs d'emploi – ont été impactées par des réformes importantes sous le quinquennat Macron, et elles seront donc l'objet de développements spécifiques dans les parties suivantes du livre.

Une histoire de l'emploi et du chômage français face aux crises

François Hollande a expliqué que, s'il ne s'était pas représenté à la présidentielle de 2017, c'est parce qu'il n'avait pas tenu sa promesse d'infléchir la courbe du chômage. Avant lui, Nicolas Sarkozy avait échoué à se

7. Source : site de l'UNEDIC, 2/09/2019.

8. Loi du 1/08/2008 relative aux droits et aux devoirs des demandeurs d'emploi.

9. Code du travail modifié par la loi du 1/08/2008, art. 1.

faire réélire lors de la présidentielle de 2012 après avoir expliqué que la baisse du chômage restait sa « priorité absolue ». Le miroir grossissant des derniers mandats présidentiels, focalisés sur la promotion de l'emploi, ne doit pas faire oublier l'histoire bien plus longue des crises en France. La France a en effet connu plusieurs crises économiques depuis la révolution industrielle : krach boursier à Vienne en 1873, diffusé à toute l'Europe et plongeant le continent dans un cycle récessif jusqu'à la fin du xixe siècle ; crise de 1929 dont les effets se feront sentir en France au début des années trente et jusqu'à la seconde guerre mondiale... Mais il est vrai que ce qu'on appelle le « chômage de masse » date principalement en France des années soixante-dix : suite au choc pétrolier de 1973, l'économie française a subi une récession en 1974 et 1975, qui s'est traduite par un quasi-doublement du nombre des demandes d'emploi en trois ans. Concernant les mesures à adopter, les gouvernements ont fluctué entre 1975 et 1983 : relance sous le gouvernement Chirac, rigueur avec Raymond Barre, relance avec la gauche au pouvoir en 1981. À partir de 1983, la stratégie de désinflation compétitive a donné la priorité à la lutte contre l'inflation[10]. Si la conjoncture économique s'est améliorée dans la seconde moitié des années quatre-vingt, elle est allée de pair avec une augmentation de la productivité mais aussi une stagnation du chômage : atteignant 12,4 % de la population active en 1996, le chômage n'est plus descendu depuis sous le niveau des 7,5 %[11].

Concernant le type de mesures politiques prises pour enrayer le chômage, la priorité a été donnée à partir de 1986 aux mesures ciblées sur des publics particuliers[12]. Les jeunes non qualifiés ont constitué une cible réitérée des mesures pour l'emploi : stages d'initiation à la vie professionnelle de 1984 à 1991, exonération de cotisations sociales pour embauche de jeunes en alternance en 1986-1987, « exo-jeunes » de 1991 à 1993, « emplois jeunes » à partir de 1997, contrats jeunes en entreprises à partir de 2002, contrats première embauche en 2006[13], etc. La pratique des mesures

10. IRES, *Les marchés du travail en Europe*, Paris, La Découverte, 2000, p. 90.

11. Sauf exceptionnellement en 2008 : 7,4 %. Source : OCDE.

12. Holcblat N., « La politique de l'emploi en France », in Barbier J.-C. & Gautié J., *Les politiques de l'emploi en Europe et aux États-Unis*, Paris, PUF, 1998.

13. Suite à des mouvements de contestation, la loi sur le CPE n'a pas été promulguée.

ciblées ne s'est pas contentée de toucher les populations les plus jeunes, les nouvelles politiques donnant la priorité à l'accès à l'emploi de ceux qui ont le plus de mal à se faire embaucher (personnes licenciées, plus de 50 ans, etc.)[14]. Les chômeurs de longue durée furent l'objet d'une attention particulière : stages de formation spécifiques, stages de réinsertion en alternance (1987-1989), Convention de conversion (1987-2001)... Les dispositifs nouveaux – à l'instar du RMI, dernier « filet » d'assistance sociale créé en 1988 – furent à la fois un moyen d'améliorer l'accès à l'emploi des groupes concernés et de pallier les conséquences négatives d'un marché du travail déséquilibré :

> À une politique économique restrictive se juxtapose donc une politique de l'emploi qui a pour principale fonction de rendre socialement tolérables les déséquilibres du marché du travail. Aux pures garanties de ressources (indemnisation du chômage, RMI) s'ajoutent de multiples dispositifs (cessations anticipées d'activité, formation, emplois « aidés ») qui couvrent aujourd'hui près de 3 millions de personnes[15].

Un changement d'inspiration va se cristalliser dans les années quatre-vingt-dix, lorsque les exonérations successives de charges sociales ne se contenteront plus de favoriser l'embauche de personnes en difficulté sur le marché de l'emploi mais tenteront de soutenir la création d'emplois elle-même[16]. La pratique des exonérations de charges va en effet se généraliser et intégrer de nouveaux publics – personnes peu qualifiées, travailleurs victimes de licenciements. À partir de 1992, les contrats à temps partiel seront partiellement exonérés de cotisations sociales. La logique sous-jacente était double. D'une part, le développement des temps partiels induisait une baisse du volume global de travail dans chaque entreprise et donc un encouragement à l'embauche. D'autre part, l'utilisation des exonérations de cotisations sociales comme moyen de développer l'emploi en général constituait une nouvelle philosophie :

> Ce sont les caractéristiques de l'emploi et non celles de la personne occupée qui déclenchent la mesure d'aide à l'employeur. La réduction

14. L'Horty Y., « Les politiques de l'emploi en France », *Cahiers français*, n° 353, 2009.

15. IRES, *Les marchés du travail en Europe*, *op. cit.*, p. 90-91.

16. Gautié J. *et al.* (dir.), *Les subventions à l'emploi*, Paris, La Documentation française, 1994.

> du coût du travail n'a donc plus pour objet de compenser un handicap particulier sur le marché du travail mais seulement d'agir sur le volume des emplois proposés[17].

La baisse du coût du travail est devenue un objectif systématique des politiques de l'emploi jusqu'à nos jours. En 1993, le gouvernement d'Édouard Balladur a généralisé les exonérations de cotisations sociales pour l'ensemble des emplois rémunérés jusqu'à 1,2 fois le SMIC[18]. En 1996, les mesures d'allègements seront étendues par le nouveau gouvernement : la « ristourne Juppé » fonctionnait sur le principe d'une réduction dégressive des cotisations sociales employeurs allant jusqu'à 1,33 SMIC et touchant près de 5 millions de salariés[19]. Par touches successives, ce sont de plus en plus d'emplois, de secteurs et d'entreprises qui bénéficièrent d'allègements de charges sur des emplois non ciblés : les allègements de charges non ciblés représentaient déjà, en 1996, 37,9 milliards de francs, ce qui dépassait les montants des exonérations et primes consacrés à des publics ciblés dans le secteur marchand (22,2 milliards en 1996)[20].

Le gouvernement socialiste issu des législatives de 1997 n'a pas remis en cause le principe des exonérations de charges comme soutiens à l'emploi. Le rapport d'Edmond Malinvaud au Premier ministre Lionel Jospin a milité pour leur reconduction[21]. Là où le gouvernement socialiste a introduit un changement, c'est dans le retour de la réduction du temps de travail au premier plan des politiques publiques de l'emploi : les « lois Aubry » de 1998 et 2000 ont abouti en effet à la baisse légale du temps de travail hebdomadaire à trente-cinq heures. Malgré des difficultés d'évaluation, l'INSEE et la DARES estiment que les trente-cinq heures ont permis la création d'environ trois cent cinquante mille emplois entre 1998 et 2002[22].[Le parti conservateur de

17. DARES, *Les politiques de l'emploi et du marché du travail*, Paris, La Découverte, 2003.

18. Loi du 20/12/1993 sur le travail, l'emploi et la formation professionnelle.

19. DARES, *Les politiques de l'emploi et du marché du travail*, *op. cit.*

20. Roguet B., « La dépense pour l'emploi en 1996 », *Premières synthèses de la DARES*, n° 21, 1998.

21. Malinvaud E., *Plein emploi, l'improbable retour*, Paris, La Documentation française, 1998.

22. Gubian A. *et al.*, « Les effets de la RTT sur l'emploi », *Économie et statistique*, 2004, n° 376-377, p. 25-54.

retour au pouvoir à partir de 2002 va toutefois vider en partie de leur substance les lois Aubry en favorisant le recours aux heures supplémentaires – sans toutefois jamais remettre en cause juridiquement la durée hebdomadaire légale du temps de travail. Au cours des années 2000, plusieurs dispositifs nouveaux et textes législatifs sur les droits et devoirs des chômeurs furent adoptés, avec pour objectif d'activer les politiques publiques de l'emploi. En 2000-2001, la renégociation entre les partenaires sociaux de la convention UNEDIC a inauguré une évolution du régime d'assurance chômage : l'allocation-chômage (dite allocation unique dégressive – AUD) est devenue une « allocation d'aide au retour à l'emploi » (ARE). Le versement de l'allocation serait dorénavant conditionné à la signature d'un « plan d'aide au retour à l'emploi » fixant des obligations contractuelles au demandeur d'emploi.

En 2005, la loi de cohésion sociale (dite « loi Borloo ») a accru le contrôle sur les demandeurs d'emploi en introduisant une gradation des sanctions en cas de manquement à la recherche d'emploi. C'est désormais le préfet qui « se prononce sur le maintien de la décision de suspension ou de réduction[23] » sans que la consultation d'une commission représentant le demandeur d'emploi soit nécessaire – comme c'était le cas jusqu'alors. L'article L. 351-17 du Code du travail stipule que le refus d'une proposition convenable d'emploi ou une insuffisante recherche d'emploi entraîne : s'il s'agit de la première fois, une réduction de 20 % du revenu de remplacement pendant deux à six mois ; en cas de « récidive » – notion nouvelle dans le Code du travail – une réduction de 50 % à 100 % pendant deux à six mois.

La loi adoptée le 1er août 2008 sur « les droits et devoirs des demandeurs d'emploi » a élargi la définition de l'offre raisonnable d'emploi : c'est une offre « compatible » avec la formation et les compétences du candidat. La loi introduit un critère géographique : après six mois de chômage, une offre d'emploi ne pourra pas être refusée pour motif d'éloignement si elle nécessite un déplacement d'une heure en transports en commun. La loi de 2008 a précisé également toutes les conditions qui pouvaient amener à la radiation des listes de demandeurs d'emploi : alors que le

23. Art. L. 351-18 du Code du travail.

Code du travail ne précisait pas jusqu'alors quelles étaient les obligations des demandeurs d'emploi[24], la loi de 2008 inscrit dans le Code du travail huit cas de figure qui peuvent justifier la suspension de l'allocation-chômage. Un demandeur d'emploi est dorénavant radié des listes du service public de l'emploi s'il ne se présente pas à une convocation de son agence, s'il n'est pas présent à une visite médicale, s'il n'actualise pas son projet professionnel ou s'il refuse un contrat de professionnalisation, s'il décline un contrat d'apprentissage ou une offre de formation, un stage d'aide à l'emploi, ou deux offres raisonnables d'emploi.

Concernant les règles de licenciement et la flexibilité des entreprises, les réformes adoptées à la fin des années 2000, suite notamment à la crise des subprimes et la Grande Récession, ont mis à mal le dialogue social et la hiérarchie des normes[25]. D'un côté, l'accord national interprofessionnel et la loi sur la modernisation du marché du travail de 2008 ont confirmé que le CDI était « la forme normale et générale du contrat de travail » – ce qui rappelait que les licenciements devaient être fondés sur des motifs réels et sérieux et qu'ils pouvaient être soumis à contrôle judiciaire. La loi de 2008 a assoupli néanmoins certains licenciements avec l'invention de la « rupture conventionnelle » qui écarte le juge judiciaire des procédures. Elle a limité également les indemnités en cas de rupture du contrat de travail et assoupli l'utilisation des CDD – notamment avec l'introduction du « contrat de projet » ou « CDD à objet défini ».

Très critiquée à gauche à la fin des années 2000, la flexibilisation des conditions de licenciement n'a pas été abandonnée avec l'élection de François Hollande en 2012. L'ANI de 2008 a été transposé dans une loi en 2013, qui a aussi prévu que les entreprises en difficulté puissent recourir à l'activité partielle et aménager de façon temporaire la durée du travail, l'organisation du travail ou encore les rémunérations, en adoptant un accord de maintien de l'emploi. L'accord de maintien de l'emploi devrait être accepté de manière individuelle par les salariés et permettrait aux employeurs d'éviter les règles du licenciement collectif

24. Art. L. 311-5 du Code du travail en vigueur jusqu'à la loi du 1/08/2008.

25. Arrignon M. & Caune H., « Les politiques de lutte contre le chômage dans la crise », in Hassenteufel P. & Saurugger S. (dir.), *Les politiques publiques dans la crise*, Paris, Presses de Sciences Po, 2021, p. 263-296.

pour motif économique. Puis la réforme de 2016 « relative au travail, à la modernisation du dialogue social et à la sécurisation des parcours professionnels » (dite loi El Khomri) est allée plus loin concernant la régulation du temps de travail, des heures supplémentaires et du repos des salariés : dans ces domaines, la loi de 2016 donnerait désormais la priorité à l'accord d'entreprise au détriment de l'accord de branche. Le « principe de faveur » serait abandonné et l'accord d'entreprise pourrait désormais primer sur l'accord de branche.

Dans le cadre de l'élection présidentielle de 2017, Emmanuel Macron avait annoncé vouloir aller plus loin dans la réforme du Code du travail. C'est ainsi que la première grande réforme du quinquennat Macron a prolongé la loi El Khomri par plusieurs dispositions renforcées en 2017, ce que nous verrons en détail dans la deuxième partie de cet ouvrage.

Conclusion intermédiaire : travail et chômage, le cas français

Jamais descendu sous la barre des 7 % depuis 1983, le taux de chômage est un problème inscrit de manière permanente à l'agenda politique depuis le début des années quatre-vingt en France. Malgré des évolutions annuelles et les résultats attestés de certains dispositifs[26], l'inertie du taux de chômage a pu nourrir parfois une impression de fatalité comme l'illustre la fameuse expression attribuée à François Mitterrand : « Contre le chômage, on a tout essayé. » Plusieurs expériences de politiques publiques ont été testées pour y faire face : après les dispositifs ciblés dans les années quatre-vingt, les allègements de charge dans les années quatre-vingt-dix et la réduction du temps de travail à la fin du millénaire, ce sont des politiques d'activation des chômeurs et de flexibilisation du marché du travail qui ont été préférées depuis le début des années 2000. Nous allons voir que ces tentatives de réforme, et en particulier celles portant sur « l'activation », ont touché d'autres branches de la sécurité sociale et d'autres risques – à commencer par le risque « pauvreté et exclusion ».

26. Gubian A. *et al.*, « Les effets de la RTT sur l'emploi », *op. cit.*

Chapitre 2

Assistance sociale, risque pauvreté et exclusion

L'assistance (ou régime de solidarité) est subsidiaire au régime d'assurance chômage[1]. La principale prestation d'assistance en France est aujourd'hui le RSA. Pour pouvoir la toucher, il faut avoir plus de 25 ans ou assumer la charge d'enfants et n'avoir qu'un très faible niveau de ressources[2]. Faut-il étendre le RSA aux moins de 25 ans ? Faut-il augmenter son montant, qui ne permet pas de vivre au-dessus du seuil de pauvreté ? On doit revenir sur l'histoire ancienne pour comprendre comment les politiques françaises de lutte contre les exclusions et les débats qui les entourent sont marqués par la préférence historique donnée, à la Libération, pour un régime de protection sociale d'inspiration bismarckienne et assurantielle, contre un système d'inspiration davantage beveridgienne ou assistancielle[3].

Bruno Palier rappelle qu'à l'issue de la seconde guerre mondiale, les assurances sociales sont apparues comme une technique de protection sociale mieux adaptée que l'assistance à la situation des salariés, dont le nombre ne cessait d'augmenter. Sous la IIIe République, plusieurs lois avaient tenté de mettre en place un système général d'assurance : la loi du 9 avril 1898 sur les accidents du travail, nous en avons parlé ; la loi du 5 avril 1910 sur les retraites ouvrières et paysannes ; la loi du

1. Art. L. 5423-1 et suivants du Code du travail.

2. UNEDIC, « Le précis de l'indemnisation chômage », mai 2011.

3. Sur la différence archétypique entre ces modèles, voir : Esping-Andersen G., *Les trois mondes de l'État-providence*, *op. cit.*, p. 21-49.

1er juillet 1930 sur les assurances sociales obligatoires ; la loi du 1er mars 1932 sur les allocations familiales. Mais ce n'est qu'au lendemain de la seconde guerre mondiale que cette technique s'imposera comme modalité privilégiée d'organisation de la protection sociale. Le processus historique qui a vu les assurances sociales s'imposer face à l'assistance n'est en effet pas linéaire. Dans les débats qui ont accompagné la mise en place des assurances sociales puis le plan français de Sécurité sociale, on a vu se structurer des oppositions fortes, fondées sur l'idée que les caractéristiques des assurances sociales devaient s'opposer aux traits généralement associés à l'assistance[4]. D'après Renard, « l'opinion selon laquelle les assurances sociales doivent rendre inutiles les institutions d'assistance est majoritaire dès le tournant du siècle, et s'est définitivement imposée à la fin de la guerre[5] ». En même temps que l'on passe de l'assistance à l'assurance comme solution privilégiée aux problèmes sociaux, ces problèmes eux-mêmes changent peu à peu de formulation.

Jusqu'au XIXe siècle, les actions d'assistance cherchaient à prendre en charge ceux qui ne pouvaient pas travailler à cause d'un handicap[6]. Puis, à la Libération, la Sécurité sociale et ses diverses branches furent destinées à assurer les travailleurs salariés et leurs ayants droit contre le besoin. Aux yeux de l'administration sociale, la « Sécu » incarnait le sens de l'histoire et était supposée se généraliser à tous les Français[7]. Le système avait pourtant ses failles : de nombreuses personnes restaient aux marges du salariat. Pour y faire face, au moins partiellement, la législation sur l'assistance rénovée entre 1953 et 1955, et rebaptisée « aide et action sociale », mit en place un système où l'État devenait le principal bailleur de fonds de l'assistance et de l'aide sociale, administrée par les services départementaux de l'aide sociale[8]. Lorsque fut mis en place

4. Palier B., « La Sécurité sociale de 1945 : l'empreinte originelle », *in* Palier B., *Gouverner la sécurité sociale*, Paris, PUF, 2005, p. 63-106.

5. Renard D., « Une définition institutionnelle du lien social », *Revue française de science politique*, vol. 38, n° 3, juin 1988, p. 370-385.

6. Castel R., *Les métamorphoses de la question sociale*, Paris, Fayard, 1995, p. 217-231.

7. Valat B., *Histoire de la Sécurité sociale (1945-1967)*, Paris, Economica, 2001.

8. Viguier F., « Le rôle des associations de lutte contre la pauvreté dans la protection sociale française depuis 1945 : le cas d'ATD Quart Monde », *RHPS*, vol. 6, n° 1, 2013, p. 12-34.

en 1958 le système d'assurance chômage de l'UNEDIC, puis lorsque l'Agence nationale pour l'emploi fut créée en 1967, l'assurance chômage permettait de protéger les travailleurs. Mais la montée du chômage de masse dans les années soixante-dix et quatre-vingt, et aussi le caractère incomplet d'une protection assurancielle ne touchant que les salariés et leurs familles, ont amené à une intense activité législatrice dans les années quatre-vingt du côté de l'assistance, pour pallier ces problèmes : le Revenu minimum d'insertion (RMI) fut créé en 1988 ; la Couverture maladie universelle (CMU) fut votée en 1999, pour mieux protéger de la maladie ceux qui ne cotisaient pas ; enfin, le Revenu de solidarité active (RSA), généralisé en 2009, a réuni les dispositifs du RMI et ceux destinés aux travailleurs en sous-emploi. C'est ainsi que le système de protection sociale s'est modifié dans une double direction. D'une part, l'assurance est devenue de plus en plus réservée aux titulaires de « bons » emplois stables ; de l'autre, l'assistance s'est efforcée de couvrir ceux qui échappaient aux garanties données par les assurances. En gagnant un nouveau but, « l'élimination de l'exclusion », la protection sociale française a également trouvé de nouveaux outils : l'insertion sociale et professionnelle, l'urgence sociale, l'écoute psychosociale[9].

Comment comprendre le tournant des années quatre-vingt et l'intensité réformatrice sur l'assistance alors ? Comme le rappellent Laurent Cytermann et Cécile Dindar, « la création d'un revenu minimum garanti à tous a longtemps été vue en France comme une dangereuse utopie, suscitant de vives critiques à gauche comme à droite[10] ». L'histoire du Revenu minimum d'insertion (RMI) est d'abord celle du passage de cette utopie à la réalité, devenue en quelques années consensuelle, au point d'être votée à l'unanimité par le Parlement en 1988. Comment le comprendre, au regard de la méfiance à l'égard de l'assistance depuis la seconde guerre mondiale ? Sous l'impulsion d'acteurs politiques, associatifs et administratifs, les débats se cristallisèrent au milieu des années quatre-vingt autour de la question de la « nouvelle pauvreté ».

9. *Ibid.*

10. Cytermann L. & Dindar C., « Les grandes étapes de l'histoire du RMI », in Lelièvre M. (dir)., *RMI, l'état des lieux*, Paris, La Découverte, 2008, p. 23.

Alors que la pauvreté traditionnelle concernait jusqu'alors surtout les personnes âgées, elle touchait désormais des jeunes ménages avec ou sans enfants, frappés de plein fouet par la crise économique[11]. Au cours de la décennie quatre-vingt, le nombre de Français exclus de l'assurance sociale était en forte hausse : selon le rapport du Conseil économique et social de février 1987 sur la grande pauvreté et la précarité économique, la France comptait alors deux millions et demi de personnes ayant des ressources insuffisantes pour vivre, un million de chômeurs non indemnisés, quatre cent mille personnes sans couverture sociale et deux cent mille à quatre cent mille personnes sans abri ou en habitat de fortune.

À la suite de plusieurs rapports, des mesures disparates ont été mises en œuvre : fonds d'aide aux impayés des loyers en 1982, opération « maintien des droits » en 1982, etc. Entre 1986 et 1988, le gouvernement a encouragé et soutenu des initiatives locales et une trentaine de collectivités ont institué des aides locales. Le plan d'action contre la pauvreté et la précarité de 1986-1987 a mis en place des Compléments locaux de ressources (CLR) pour inciter les collectivités à de telles initiatives, l'État prenant à sa charge 40 % du coût de l'allocation. Les collectivités souscrivirent largement au dispositif : en mars 1988, quatre-vingt-sept départements avaient signé une convention pour mettre en œuvre le CLR. L'année 1987 marque un tournant : les députés socialistes déposent une proposition de loi portant création du RMI ; les mouvements associatifs, Emmaüs, les Restos du Cœur, le mouvement ATD Quart-Monde, jouent un rôle d'alerte et d'orientation. Et la loi instituant le RMI fut votée le 1er décembre 1988 à l'unanimité par l'Assemblée nationale et le Sénat, depuis le groupe communiste jusqu'au groupe RPR (Rassemblement pour la République). Au cours du débat parlementaire, les groupes de l'opposition de droite, tout en exprimant des différences de sensibilité importantes, qui seront d'ailleurs en partie prises en compte, n'ont pas opposé d'objection majeure au dispositif présenté par le gouvernement. Ce consensus est d'autant plus remarquable que le projet de loi présenté à l'Assemblée

11. Milano S., « Mesurer la pauvreté », *Dossier solidarité et santé*, n° 5, sept.-oct 1989.

nationale modifie profondément les grands équilibres du système de protection sociale. Le RMI représente un changement de nature et d'échelle par rapport aux CLR : il doit être servi dans toute la France, à toute personne dont les ressources sont inférieures au niveau garanti, sans limitation de durée et sans autre contrepartie que le suivi d'actions d'insertion. Comment le consensus politique a-t-il pu être possible ? La volonté du président de la République récemment élu a sans doute joué un rôle important. La droite n'y était pas forcément hostile puisque des élus locaux géraient des compléments de ressource dans leurs collectivités. Mais François Mitterrand, alors candidat à sa réélection, avait franchi un pas supplémentaire en prenant la responsabilité de créer un dispositif universel sur tout le territoire, et en écrivant dans sa *Lettre à tous les Français* : « Peu importe le nom qui lui sera donné, revenu minimum d'insertion, revenu minimum garanti… L'important est qu'un moyen de vivre ou plutôt de survivre soit garanti à ceux qui n'ont rien. » L'opinion semblait par ailleurs très favorable à ce projet : selon un sondage de février 1988, 88 % des Français approuvaient la création d'un minimum social garanti[12].

Le pilotage du dispositif a rapidement été mis en difficulté toutefois. Le premier facteur de déséquilibre est venu de l'ampleur de la population concernée. Trois mois après son lancement, le RMI comptait déjà deux cent mille allocataires, avant de connaître une croissance ininterrompue entre 1990 et 1995 (de +16 % à +26 % par an sur la période). Fin 1993 il concernait huit cent mille foyers. La conjoncture économique défavorable depuis la fin de l'année 1990 explique cette montée en charge. Cependant, la croissance du nombre de bénéficiaires du RMI découle aussi de l'instauration de critères plus restrictifs en matière d'indemnisation chômage. En somme au cours de la décennie quatre-vingt-dix, le RMI a assumé une triple fonction par rapport au système du chômage[13] : en cas d'indemnisation faible du demandeur d'emploi, il servait de complément pour parvenir au niveau garanti par le RMI ; il servait aussi de relais quand les droits à l'indemnisation

12. Cytermann L. & Dindar C., « Les grandes étapes de l'histoire du RMI », *op. cit.*, p. 23.

13. *Ibid.*

étaient épuisés ; il se substituait enfin à l'indemnisation chômage quand la durée d'affiliation n'était pas suffisante, pour ceux enchaînant les contrats précaires ou les retours à l'emploi après une longue période d'inactivité (pères ou mères de famille par exemple).

Au début des années 2000, la compétence en matière de versement du RMI a été décentralisée. Le projet de loi de 2003 maintint le caractère national du RMI et notamment son montant. Mais le financement serait transféré de l'État au département et les décisions individuelles (attribution de l'aide, renouvellement ou suspension) seraient désormais de la compétence du département.

L'activation du régime d'assistance français : le RSA depuis 2009

Le Revenu de solidarité active a remplacé le Revenu minimum d'insertion le 1er juin 2009[14]. La principale différence entre les deux dispositifs tient au fait qu'un allocataire du RSA peut cumuler la prestation avec des revenus d'emplois jusqu'à un certain seuil (à peu près 1,04 SMIC), alors que la reprise d'emploi faisait « sortir » du RMI auparavant. Le RMI était en effet forfaitaire et différentiel : un montant maximum était fixé, duquel étaient déduites les autres aides publiques éventuellement perçues (aides au logement, alimentaires, notamment). Le RSA, lui, n'est pas un forfait mais une allocation dégressive : d'un montant de 440,86 euros pour une personne seule sans autre revenu en 2007, le RSA ne serait pas supprimé en cas de reprise d'emploi mais décroîtrait à mesure que les revenus de la personne augmenteraient.

Pourquoi réformer le principal minimum français – le RMI – et le remplacer par le RSA en 2008-2009 ? Par cette réforme, le Haut-Commissariat aux Solidarités actives, Martin Hirsch, souhaitait répondre à plusieurs problèmes : l'augmentation du nombre des travailleurs pauvres et le fait que « de plus en plus souvent, il s'avère que la reprise du travail non seulement ne fait pas sortir de la pauvreté, mais

14. Loi du 1/12/2008 généralisant le RSA, art. 28.

ne permet pas d'augmenter ses revenus[15] ». Présentée politiquement comme un moyen de « faire que le retour à l'emploi soit toujours plus rémunérateur que le maintien dans l'assistance[16] » et de lutter ainsi contre l'effet prétendument désincitatif des prestations d'assistance sur l'emploi, cette réforme du principal revenu minimum français reprenait les recommandations du livre vert de Martin Hirsch, publié quelques mois plus tôt. Elle s'appuyait également sur une expérimentation menée dans une trentaine de départements en 2007 et 2008[17].

Avec le RSA, le régime d'assistance resterait régi par la législation nationale (règles d'attribution, obligations des bénéficiaires) et le paiement des prestations et l'instruction des dossiers seraient maintenus au niveau des départements. Si la demande est jugée recevable, l'allocataire du RSA rencontre un travailleur social du département, qui évalue si l'allocataire est « immédiatement disponible[18] » pour occuper un emploi. Si tel est le cas, l'allocataire de l'assistance est dirigé vers Pôle Emploi ou un autre organisme et le rôle du département se limite au paiement de l'allocation. Si l'allocataire a des problèmes spécifiques (sociaux ou de santé), alors les services sociaux départementaux établissent un projet d'insertion, fournissent un accompagnement spécifique ou peuvent faire appel à d'autres travailleurs sociaux (ceux des centres communaux d'action sociale, par exemple).

Que ce soit dans le guidage ou dans le mode de financement de l'assistance, les départements ne disposaient que d'une autonomie limitée, et la création du RSA et la réforme des droits et devoirs des demandeurs d'emploi en 2008 ont limité encore l'autonomie locale. Concernant l'orientation des bénéficiaires, la loi sur le RSA a encouragé les conseils généraux à diriger les allocataires vers l'emploi « de façon prioritaire[19] ».

---

15. Haut-commissaire aux Solidarités actives, « Livre vert : Vers un RSA », 2008, p. 3.

16. Président de la République, « Lettre de mission au haut-commissaire aux Solidarités actives », cité in Haut-commissaire, *ibid.*, p. 10.

17. Arrignon M., « De l'expérimentation sociale en politique », *Revue d'Anthropologie des Connaissances*, vol. 13, n° 4, 2019.

18. Code du travail, art. R. 5411-9.

19. Loi du 1/12/2008 généralisant le RSA.

Pour les allocataires qui ne sont pas orientés vers l'emploi, la loi de 2008 imposait aux conseils généraux de réévaluer la situation de l'allocataire tous les six mois afin de vérifier qu'il n'était pas possible d'accélérer le retour à l'emploi. Concernant le mode de financement, les collectivités départementales payaient les prestations d'assistance mais ne levaient pas l'impôt : les départements recevaient une dotation annuelle de l'État qui servait à financer à la fois le paiement des prestations et les actions sociales pour les personnes en difficulté. Or depuis que les départements ont été rendus responsables du versement de la prestation d'assistance (1er janvier 2004), les dépenses liées à l'assistance ont toujours dépassé les dotations de l'État : si les dépenses d'assistance ont coûté 5,5 milliards d'euros aux départements en 2004, ceux-ci n'ont perçu qu'un budget de 4,3 milliards – soit 1,2 milliard de charges nettes pour les départements. Ce qui est en cause, c'est une technique d'évaluation des besoins centralisée et peu élastique (les prévisions de dépenses des départements sont évaluées *a priori* par l'administration) et un mode de financement rigide : comme l'expliquent Gilbert et Guengant, « les ressources des départements présentent une forte cyclicité et un adossement peu dynamique aux compétences transférées[20] ». En 2008, les prestations d'assistance ont coûté aux départements plus de 11 milliards d'euros, ce que l'État a compensé à hauteur de 7,5 milliards – soit un déficit de 3,5 milliards à supporter par les collectivités. Le déficit des budgets des départements a atteint 6 milliards dès 2011[21], et les crises ont alourdi la dépense avec un impact particulier depuis 2020 – nous en verrons les conséquences par la suite.

---

20. Gilbert G. & Guengant A., « Prospective des budgets des départements (2011-2015) », Rapport pour l'ADF, 2010.

21. Source : site de l'ADF, rubrique « Finances et fiscalité locales ».

Chapitre 3

La prise en charge du risque vieillesse

« Le régime actuel de l'assurance [...] vieillesse appelle moins une réforme qu'une reconstruction totale. L'on peut admettre en effet que l'on part aujourd'hui sensiblement de zéro[1]. » Ce ne sont pas des responsables contemporains qui s'expriment ici, mais les fonctionnaires du Travail en 1944, jugeant alors avec sévérité les initiatives disparates en matière de protection retraite[2]. Depuis 1930, le régime des pensions du secteur privé fonctionnait dans le cadre des assurances sociales préexistantes[3]. La loi du 28 octobre 1935 avait prévu d'accorder aux travailleurs dépassant l'âge de 60 ans une pension égale à 40 % du salaire perçu au long de leur carrière. Si la législation était assez généreuse en théorie, le délai exigé de trente ans avant l'ouverture des droits repoussait la liquidation des premières pensions à 1960. Certes, les retraites des assurances sociales avaient été précédées par les anciennes Retraites ouvrières et paysannes (ROP) de 1910[4] : les droits acquis dans le cadre de cette première législation avaient été théoriquement conservés et venaient s'ajouter à ceux obtenus en 1930. Mais la loi de 1910 avait été un échec et peu de bénéficiaires avaient effectivement cotisé.

---

1. Direction générale des assurances sociales, « Rapport sur la situation financière des assurances sociales », 1944, p. 11.

2. Valat B., « Les retraites et la création de la Sécurité sociale en 1945 », *RHPS*, vol. 13, n° 1, 2020, p. 36-53.

3. Dreyfus M. *et al.*, *Se protéger, être protégé. Une histoire des assurances sociales en France*, Rennes, PUR, 2006.

4. Dreyfus M., « La protection sociale libre et volontaire, notamment mutualiste », *Vie sociale*, vol. 10, n° 2, 2015, p. 17-30.

Pour remédier à cette situation, divers dispositifs ont été imaginés. Il faut citer l'Allocation aux vieux travailleurs salariés (AVTS), instituée par le gouvernement de Vichy par une loi du 14 mars 1941, après une tentative avortée du gouvernement Daladier en 1939. Ce dispositif est venu s'ajouter à ceux existants, sans s'y substituer: il prévoyait le versement d'une allocation d'un montant maximal de 3 600 francs par an à tout ancien salarié de plus de 65 ans au niveau de vie modeste. Ce dispositif a constitué à partir de 1941 le moyen privilégié pour accompagner financièrement la fin de vie. Pour faire face à son coût, le législateur a décidé d'y affecter le produit des cotisations versées depuis 1930 par les actifs en vue de préparer leur pension.

Ce financement a permis de disposer de sommes pour une amélioration du sort des retraités modestes. Cependant, celui-ci restait précaire à la Libération: faute de ressources suffisantes, le montant maximal de l'AVTS n'avait pas été revalorisé depuis l'origine. Au printemps 1944, les 3 600 francs annuels représentaient une très faible somme, à comparer aux 2 900 francs mensuels du salaire moyen d'un ouvrier parisien. Avec dix francs par jour, les bénéficiaires pouvaient à peine acquérir trois œufs[5]. La presse se fit l'écho de leur détresse: « Pensons à nos vieux », demandait *France Libre* le 8 octobre 1944; le 7 novembre, *L'Humanité* publiait des lettres sur les difficultés de se nourrir et se vêtir. Au mois de février 1945, le montant de l'AVTS a été doublé, malgré les réticences du ministère des Finances qui redoutait d'être contraint à des mesures similaires pour toutes les autres aides sociales. Mais son montant restait dérisoire et une véritable assurance vieillesse était à construire.

À la Libération, la volonté des réformateurs fut celle de l'assurance obligatoire: les pensions seraient financées par les intéressés grâce à leurs cotisations. L'ordonnance du 19 octobre 1945 organisant les prestations de l'assurance vieillesse revint donc en grande partie aux dispositions antérieures à la loi de 1941: comme alors, l'assuré aurait droit à une pension égale à 40 % de son salaire de base. Une pension

5. INSEE, *Le mouvement économique en France de 1938 à 1948*, 1950, p. 299.

de réversion fut instituée pour les veuves et veufs sans ressources. Autre nouveauté : le salaire de référence utilisé pour le calcul des pensions ne serait plus celui versé tout au long de la carrière, mais au cours des dix dernières années, soit un calcul plus favorable aux assurés.

En matière de financement, deux ordonnances du 30 décembre 1944 ont porté le taux de cotisation salariale des employeurs à 10 %. Les salariés, de leur côté, ont vu leur cotisation fixée à 6 %. Le principe d'un régime assurantiel financé par répartition sur la base de cotisations salariales et patronales obligatoires était posé. Avec plusieurs caractéristiques : le système de retraite de 1945 est fondé sur la solidarité intergénérationnelle. Il est obligatoire puisque tout travailleur cotise pour la retraite. Il est solidaire car si un travailleur connaît, au cours de sa carrière, des périodes de chômage, maladie, invalidité, elles peuvent être prises en compte pour la retraite. Il est contributif puisque le calcul de la retraite de tout travailleur est effectué en fonction de ses cotisations. Les effets de ce système se sont manifestés par une réduction de la pauvreté des retraités : 32 % faisaient partie des pauvres en 1970, contre 17 % de la population française ; en 2020, ils ne sont plus que 8 % à en faire partie, alors que le taux de pauvreté en France est de 14 %[6]. Mais dans la mesure où de nombreuses catégories professionnelles ont tenu à conserver leur propre régime de retraite, le système est toujours fragmenté à la Libération et dans la décennie qui suit. Coexistent en effet l'assurance vieillesse du régime général complétée ensuite pour les cadres par les régimes complémentaires AGIRC (1948) et ARRCO (1961), pour les commerçants par le régime ORGANIC (1948) ; le régime des exploitants agricoles, créé en 1952, est géré lui par la Mutualité sociale agricole.

Quinze ans après la Libération, est commandé et publié un rapport auprès de la commission d'étude des problèmes de la vieillesse (1960-1961), présidée par l'ancien directeur général de la Sécurité sociale, Pierre Laroque. Le rapport part de considérations démographiques

---

6. La France possède ainsi le deuxième taux de pauvreté des retraités le plus bas de l'Union européenne. Source : Eloire F. *et al.*, « Introduction. Le système de retraite français face à la logique gestionnaire et comptable », *RFSE*, 2020, p. 11-21.

sur la situation de la France, qui était alors de tous les pays du monde (hormis l'Allemagne de l'Est) le pays le plus marqué par le vieillissement, avec 16,7 % de la population âgée de 60 ans et plus[7]. Le rapport indique qu'« il existe, même parmi les personnes affiliées à un régime de retraites contributives, un grand nombre de travailleurs, qui, n'ayant pas suffisamment cotisé, perçoivent des pensions d'un taux particulièrement faible ». Un minimum de base est proposé pour « tous les vieillards qui d'une part n'ont pas cotisé suffisamment pour pouvoir prétendre à une pension suffisante, ou même n'ont jamais été affiliés à un régime de retraite quelconque, et ne disposent, d'autre part, que de ressources inférieures à un plafond ». Sans être fondateur de la protection vieillesse dans la mesure où elle est déjà construite, le rapport préfigure néanmoins des évolutions à venir. Des améliorations seront apportées par la première loi Boulin du 31 décembre 1971, qui instaure une hausse de dix points du taux de liquidation, les portant de 40 % à 50 % du salaire. Les retraites complémentaires sont généralisées par la deuxième loi Boulin en 1972. Puis en 1982, lors du premier septennat de François Mitterrand, l'âge légal de départ à la retraite est abaissé à 60 ans (à taux plein), conformément au programme commun de la gauche.

À partir des années quatre-vingt-dix, la trajectoire de réformes du système de retraite prit une autre direction. Pour Bruno Palier, « après plus d'un siècle marqué par l'expansion des retraites, [...] les politiques menées au cours des trente dernières années ont toutes visé la limitation des dépenses publiques de retraite[8] ». En 1991, un Livre blanc préfacé par Michel Rocard s'inquiéta du vieillissement de la population et proposa en conséquence un allongement de la durée de cotisation, une augmentation de la durée de référence pour le calcul des pensions (au-delà des dix meilleures années), une indexation des pensions sur les prix et la création de retraites complémentaires par capitalisation. En juin 1993, la loi présentée sous le gouvernement

7. Laroque M., « L'adaptation de la politique d'assurance vieillesse au vieillissement (1961-2015) », *RHPS*, vol. 13, n° 1, 2020, p. 54-73.

8. Palier B., *Réformer les retraites*, Paris, Presses de Sciences Po, 2021, p. 153.

d'Édouard Balladur marqua la première réforme visant à « garantir la pérennité du système de retraite » ; elle acta le passage de trente-sept et demi à quarante annuités de cotisation et la fixation non plus aux dix mais aux vingt-cinq meilleures années de la carrière pour le calcul du montant de la pension. Pour faire accepter cette réforme par les syndicats, le gouvernement a limité sa réforme au secteur privé et il a prévu un deuxième volet, visant à séparer ce qui relève du régime commun et ce qui relève de la solidarité de dernier recours. La réforme créa en effet un Fonds de solidarité vieillesse (FSV) pour les retraités n'ayant pas suffisamment cotisé au cours de leur carrière. Le FSV serait financé par les 1,3 % d'augmentation du taux de la contribution sociale généralisée (CSG) décidée en juin 1993. C'est un changement de chemin historique ou *pathshifting*, d'après Bruno Palier, puisque le financement d'une partie des retraites ne s'appuierait désormais plus uniquement sur des cotisations salariales et patronales, mais sur la CSG qui est un impôt à l'assiette très large : il est prélevé sur les salaires mais aussi sur prestations sociales, sur des revenus du capital et du patrimoine.

Le 15 novembre 1995, le nouveau Premier ministre Alain Juppé annonça son plan de réforme de la Sécurité sociale : « Au nom de la justice, nous engagerons la réforme des régimes spéciaux de retraite : il s'agira de préciser les mesures nécessaires à l'équilibre des régimes[9]. » Face à l'ampleur du mouvement social, le gouvernement retira son projet. La réforme Fillon de 2003 en reprendra toutefois le principe, huit ans plus tard : allongement de la durée de cotisation à quarante et un ans, alignement de la durée de cotisation du public sur celle du privé, système de surcote pour inciter à partir plus tard, création de produits d'épargne-retraite par capitalisation. En contrepartie de ces réformes, un accord fut trouvé en 2003 avec la CFDT et la CFTC pour un droit à retraite anticipée pour les assurés entrés tôt dans la vie active. En 2007, intervint une nouvelle disposition, alignant les régimes spéciaux sur le régime de la fonction publique. En 2010, la

9. Cité dans : Laroque M., « L'adaptation de la politique d'assurance vieillesse au vieillissement (1961-2015) », art. cit.

réforme Woerth a reculé l'âge légal de départ à la retraite à 62 ans, et 67 ans devint l'âge automatique du départ à taux plein. En 2014, la réforme Touraine allongea de nouveau la durée de cotisation de 164 à 172 trimestres, soit quarante-trois années pleines pour la génération de ceux nés après 1970, en échange de la création du compte pénibilité permettant à des professions considérées comme particulièrement difficiles de partir un peu plus tôt.

Plus récemment, en 2019, intervint la décision de fusionner les deux caisses complémentaires du privé, Agirc et Arrco. En 2020 surtout, la réforme proposée au Premier ministre par Jean-Paul Delevoye, haut-commissaire aux retraites, a prévu la mise en place d'un « âge pivot » et d'un nouveau système de retraites par « points ». Ce système proposé sous le quinquennat Macron était-il réellement nouveau ? Comment peut-on en analyser les partis pris et les effets ? Au vu de la fréquence des réformes menées de manière accélérée depuis les années quatre-vingt-dix en matière de retraite, nous nous demanderons si l'approche privilégiée sous le quinquennat Macron était vouée à susciter une opposition particulière dans l'opinion publique – et en quoi elle poursuivait, ou contredisait, la trajectoire historique ici esquissée.

Chapitre 4

Politiques de santé et protection maladie

Dans le langage courant, la « Sécu » est bien souvent associée spontanément à la protection maladie. Comme l'écrivent Julien Damon et Benjamin Ferras : « La sécurité sociale est familière aux Français. [...] Dans leur vie de tous les jours, elle se matérialise par une carte (la carte Vitale, dite carte de sécurité sociale) qui leur permet de bénéficier de la prise en charge des dépenses de santé[1]. » Si la protection contre le risque maladie est importante dans les financements[2] et dans les représentations, la Sécurité sociale ne s'y résume pourtant pas. On peut souligner dès lors un double paradoxe augural. On peut d'abord pointer la relative rareté des travaux académiques qui traitent, de manière conjointe, de la protection maladie et des autres domaines sociaux. Comme l'écrivent Antoinette Catrice-Lorey et Monika Steffen, « les travaux consacrés aux politiques sociales incluent rarement une analyse portant sur la santé[3] ». La santé est abordée la plupart du temps comme un domaine à part, excluant par sa technicité les observations de ceux qui ne peuvent se prévaloir de connaissances médicales. Pourtant, la santé ne se réduit pas au soin. La santé est en effet définie par l'OMS comme « un état de complet bien-être physique, mental et

1. Damon J. & Ferras B., *La sécurité sociale*, Paris, PUF, 2020, p. 3-4. Sur les représentations à l'égard de la protection sociale, voir : Gonthier F., *L'État providence face aux opinions publiques*, Grenoble, Presses universitaires de Grenoble, 2017.

2. En moyenne, c'est 11 % du PIB en France qui est consacré aux dépenses de santé. Nous y reviendrons plus tard.

3. Catrice-Lorey A. & Steffen M., « La protection santé en France : vers quel nouveau modèle ? », in Guillemard A.-M. (dir.), *Où va la protection sociale ?*, Paris, PUF, 2008, p. 139-163.

social et ne consiste pas seulement en une absence de maladie[4] ». Dans le prolongement de cette approche globale, l'Unicef estime que « la santé n'est pas l'absence de maladie, c'est un sentiment plus profond de bien-être qui ne dépend pas seulement des services de santé, mais du travail, du revenu, de l'éducation, de la culture, des droits et des libertés[5] ». Non seulement les politiques de santé ne se limitent pas aux maladies, mais elles jouent un grand rôle dans la distribution des revenus. À la redistribution horizontale qui ne modifie pas forcément les inégalités (les bien portants payant pour les malades, quels que soient leurs revenus) s'ajoute une redistribution verticale entre aisés et défavorisés puisque les ressources de l'assurance maladie dépendent des cotisations prélevées en pourcentage du salaire individuel, proportionnellement au revenu. Le principe est alors, conformément à l'esprit de la Libération : « à chacun selon ses besoins, de chacun selon ses moyens ». Les choix de financement peuvent être plus ou moins redistributifs : un financement par l'impôt progressif cible davantage les plus riches, et ce d'autant plus s'il assoit sa base de prélèvement sur les revenus du capital, les plus-values, le patrimoine et la fortune. Du côté des dépenses, la solidarité est importante en France puisque 25 % des assurés français absorbent 80 % des dépenses de l'assurance maladie ; la quasi-totalité (97 %) des dépenses hospitalières ne concerne que 10 % des patients[6]. De même, les campagnes publiques d'information, de dépistage et de surveillance médicale concernent souvent des populations particulièrement vulnérables, exposées ou marginalisées. Les choix de protection maladie, de financement, et l'élaboration des grandes campagnes nationales, sont bien des choix politiques qui ont à voir avec des idéaux de justice sociale[7] et des conceptions différentes de la part de responsabilité revenant à l'assuré – par exemple au regard des médicaments non remboursés. Nous reviendrons, dans la dernière

---

4. Constitution de l'OMS, signée le 22/07/1946.

5. Cité dans : Lajarge É. *et. al.*, « Évolution de la définition de la santé publique », in Lajarge É. (dir.), *Santé publique*, Paris, Dunod, 2017, p. 7-35.

6. Credes, *Soins. Santé. Protection sociale*, 2001.

7. Arrignon M., *Justice et injustices sociales*, Paris, Bréal, 2019.

partie de cet ouvrage, sur les principes de justice et les changements adoptés ces dernières années.

Pour Didier Tabuteau, la deuxième difficulté d'analyse du secteur concerne la coupure traditionnelle entre *politique de santé* et *politique d'assurance maladie*[8]. Si l'on remonte loin dans l'histoire, lors de la Révolution française, les réflexions menées au sein du Comité de mendicité avaient permis d'affirmer précocement la nécessité d'une politique de secours publics. Les révolutionnaires avaient établi en 1793 le principe d'une créance des plus défavorisés sur la société : « Les secours publics sont une dette sacrée. La société doit la subsistance aux citoyens malheureux[9]. » La reconnaissance de cette dette sociale s'inscrivait dans une réflexion philosophique et juridique, à la suite de Montesquieu dans *De l'esprit des lois :* « Quelques aumônes que l'on fait à un homme nu dans les rues ne remplissent point les obligations de l'État qui doit à tous les citoyens une subsistance assurée, la nourriture, un vêtement convenable et un genre de vie qui ne soit pas trop contraire à la santé. » Sous l'influence en particulier de LaRochefoucauld-Liancourt et du docteur Guillotin, cette politique sociale devait permettre aux plus nécessiteux non seulement de se loger et de se nourrir, mais bien aussi de se soigner. D'où la mise en place d'agences de secours et la création d'officiers de santé chargés de soigner « tous les individus secourus par la nation[10] ».

Mais l'opposition des docteurs en médecine à la création de ces premiers officiers de santé a provoqué, dès l'origine, un conflit entre pouvoirs publics et médecins. L'État n'est plus guère intervenu, explique Didier Tabuteau, que lors d'actions circonscrites à la lutte contre les épidémies (fièvre jaune, choléra, tuberculose, grippe espagnole), par des politiques spécialisées (lutte contre l'alcoolisme, protection maternelle et infantile, santé mentale) et par des initiatives éparses. La loi du 17 juillet 1893 a prévu de proposer une « assistance médicale à domicile ou, s'il y a

---

8. Tabuteau D., « Sécurité sociale et politique de santé », *Les Tribunes de la santé*, vol. 50, n° 1, 2016, p. 25-35.

9. Art. 21 de la Constitution du 24/06/1793.

10. Décret-loi du 28/06/1793.

impossibilité de le soigner utilement à domicile, dans un établissement hospitalier » à « tout Français malade, privé de ressources ». La politique de santé en France a avancé sur l'indemnisation des accidents du travail avec la loi du 9 avril 1898. Surtout, les travaux parlementaires sur les assurances sociales se sont conclus par les lois des 5 avril 1928 et 30 avril 1930, qui ont donné une nouvelle assise à une politique sociale fondée sur la solidarité professionnelle. Les dispositifs d'assistance publique aussi ont joué un rôle important dans la couverture des frais de santé dans la première moitié du XXe siècle, notamment en complétant les remboursements que les premières assurances sociales n'étaient pas en capacité d'assurer seules.

Avec le programme du Conseil national de la résistance du 15 mars 1944 a été posé le principe d'un plan complet de sécurité sociale. Le texte pouvait ouvrir la voie à un rapprochement de la politique de santé et de la politique de sécurité sociale – d'autant plus que le 11e alinéa du préambule de la Constitution de 1946 consacrait le caractère universel de la protection de la santé : la Nation « garantit à tous, notamment à l'enfant, à la mère et aux vieux travailleurs, la protection de la santé, la sécurité matérielle, le repos et les loisirs ». Le *Journal officiel* des années 1944 à 1946 témoigne de l'action réformatrice des gouvernements de la Libération : « Il est institué une organisation de la sécurité sociale destinée à garantir les travailleurs et leurs familles contre les risques de toute nature susceptibles de réduire ou de supprimer leur capacité de gain, à couvrir les charges de maternité et les charges de famille qu'ils supportent[11]. » Pour la seule année 1945, soixante-dix-huit ordonnances sont répertoriées dans les Tables générales de la législation sanitaire française[12]. Elles ont porté sur l'organisation des institutions et des professions comme en témoignent les ordonnances du 19 octobre 1945 relatives à l'organisation du ministère de la Santé publique, du 19 octobre 1945 portant statut de la Mutualité, du 24 septembre 1945

11. Ordonnance n° 45-2250 du 4 octobre 1945.

12. Bourguin F., Bourguin M. & Le Bas M., Ministère de la Santé publique, vol. I, Table chronologique générale, 1957.

relative à l'organisation des professions de médecin et du 5 mai 1945 créant l'Ordre national des pharmaciens.

Mais l'organisation de la Sécurité sociale n'a pas remis en cause les règles régissant les cliniques privées et la médecine de ville ou ambulatoire. Avec l'émergence du service public hospitalier à la fin des années cinquante, le clivage s'est poursuivi entre l'État superviseur des hôpitaux publics[13] et, d'autre part, la médecine libérale. Sur le champ de la médecine de ville, les pouvoirs publics ont eu des velléités régulatrices en ce qui concerne les tarifs médicaux. Mais l'ordonnance du 19 octobre 1945 est révélatrice de la volte-face des pouvoirs publics en réaction à l'opposition médicale : les dispositions publiques « ont fait l'objet de critiques à la fois de la part du corps médical et de la part des caisses d'assurances sociales » et il a paru préférable de les « abandonner ». Ce compromis de 1945 a durablement ancré la dichotomie entre l'État et le pouvoir médical. À la Direction générale de la santé revient le pilotage des politiques de santé publique, à la Direction de la Sécurité sociale le suivi des conventions d'exercice professionnel qui régissent la médecine de ville mais aussi la tarification et le remboursement des soins. Cette dichotomie s'accompagne d'une division entre le droit de la santé et le droit de l'assurance maladie, que symbolise encore aujourd'hui l'existence de deux codes distincts : le Code de la santé publique et le Code de la sécurité sociale[14].

L'investissement massif du pays dans la santé dans la seconde moitié du XXe siècle a permis de développer une offre de soins et une protection contre le risque maladie sans précédent – jusqu'à la mise en place à la fin du siècle de la Couverture maladie universelle (CMU) et complémentaire (CMUC). La dépense de soins mesurée par la Consommation de soins et biens médicaux (CSBM) est passée de 2,6 % du PIB en 1950 à 9 % en 2010, soit une évolution à un rythme

13. Gay R., *L'État hospitalier*, thèse de Science politique, IEP de Grenoble, 2018.

14. Tabuteau D., « Code de la santé publique ou code de la santé ? », in Laude A. & Tabuteau D. (dir.), *Le Code de la santé publique, un demi-siècle après sa légalisation*, Paris, Presses de Sciences Po, 2008, p. 15-28.

annuel moyen supérieur de 2,4 points à celui du PIB[15]. Le nombre de lits hospitaliers a pratiquement doublé entre 1950 et 1990[16], avant de connaître un reflux lié notamment au développement d'alternatives à l'hospitalisation. Les effectifs des professions de santé ont connu, eux aussi des hausses très nettes, en dépit du numerus clausus instauré avec le soutien initial des représentants médicaux en 1971, puis abaissé dans les années 1980 et 1990[17]. Sur un demi-siècle, le nombre de médecins a été multiplié par sept, passant de trente-cinq mille en 1945 à plus de deux cent vingt mille en 2012. L'évolution a été comparable pour les infirmiers qui étaient soixante-dix-huit mille en 1954 et monteraient, au milieu des années 2010, à près de six cent quarante mille[18].

Le pouvoir médical

Les réformes de santé se sont faites pendant longtemps en préservant, d'après Kervasdoué, le « monopole du discours politique » des médecins[19]. Selon Johanet, c'est la structure même du système libéral/public qui « pervertit » toutes les réformes[20]. D'autres avancent que « la politique commune qui a guidé les partis de droite comme de gauche vise à maintenir *le statu quo*[21] ». Autrement dit, les réformes de la santé ont pu toucher à beaucoup de sujets depuis 1945, mais pas

15. Le Garrec M.-A. *et al.*, « Soixante années de dépenses de santé », *Études et résultats*, n° 831, 2013.

16. Couty E. & Tabuteau D., *Hôpitaux et cliniques, les réformes hospitalières*, Paris, Berger-Levrault, 1992.

17. Déplaude M.-O., *La hantise du nombre. Une histoire des numerus clausus de médecine*, Paris, Belles Lettres, 2015.

18. Drees, Insee, estimations de population au 1er janvier 2015.

19. Kervasdoué J., *La santé intouchable. Enquête sur une crise et ses remèdes*, Paris, Lattès, 1996, p. 84.

20. Johanet G., *Sécurité sociale : l'échec et le défi*, Paris, Seuil, 1998, p. 47.

21. Godt P., « Liberalism in the *Dirigiste* state : A changing public-private mix in french medical care », in Altenstetter C. & Haywood, C.S. (eds), *Comparative Health Policy and the New Right*, Basingstoke, Macmillan, 1991, p. 44.

à la sacro-sainte « hybridation public-privé » du secteur[22]. C'est ainsi que l'offre de soins, en dépit du financement socialisé, a laissé subsister un large secteur privé et un pôle important de cliniques. Comme le soulignent Steffen et Catrice-Lorey, l'État se révèle un interlocuteur faible face aux médecins, moralement soumis aux exigences consignées par les syndicats médicaux dans leur Charte : liberté des honoraires, paiement direct à l'acte, liberté de prescription, absence d'atteinte à la liberté d'installation... Faisant de ces impératifs une condition de la qualité des soins, le corps médical s'est attaché le soutien durable de l'opinion publique[23]. Si les professions soignantes sont importantes politiquement, elles n'ont toutefois pas toutes le même poids économique[24] ni démographique. En France métropolitaine, en 2016, les fonctions médicales ou paramédicales regroupaient 1 357 914 professionnels d'après la DREES[25]. La profession d'infirmier, qui rassemble 660 611 personnes, représente à elle seule près de la moitié de cet effectif. Viennent ensuite les médecins (16 %), les masseurs kinésithérapeutes (6 %) et les pharmaciens (5 %).

---

22. Catrice-Lorey A. & Steffen M., « La protection santé en France : vers quel nouveau modèle ? », *op. cit.*

23. Catrice-Lorey A. « La Sécurité sociale en France, institution antiparitaire ? », *Revue de l'IRES*, n° 24, 1997, p. 81-105.

24. Rapportée à la durée moyenne de travail en 2010, et chez les seuls médecins, les revenus nets allaient de 26 euros par heure en médecine générale à 96 euros par heure en radiologie : Leicher C., « Le médecin libéral en 2010 », *Les Tribunes de la santé*, vol. 28, n° 3, 2010, p. 60.

25. Chiffres au 1er septembre 2016. Cités par : Lajarge É. *et al.*, « Évolution de la définition de la santé publique », *op. cit.*, p. 21.

Tableau 1. Effectifs des professions de santé en 2016

Profession	Nombre
Médecin	223 571
Chirurgien-dentiste	41 788
Pharmacien	74 489
Sage-femme	22 312
Masseur-kinésithérapeute	86 459
Infirmier	660 611
Orthophoniste	24 466
Orthoptiste	4 409
Psychomotricien	11 074
Pédicure-podologue	13 652
Ergothérapeute	10 417
Audioprothésiste	3 264
Opticien-lunetier	34 370
Manipulateur ERM	34 498
Diététicien	10 796
Technicien de laboratoire	40 371
Orthoprothésiste	1 167
Podo-orthésiste	621
Orthopédiste-orthésiste	1 606
Ocularisté	45
Epithésiste	74
Psychologue	57 854
Total	**1 357 914**

Sources : DREES. Champ : France métropolitaine au 1er janvier 2016.

Que financer ? « Budgétisation » de l'hôpital et contrôle des dépenses maladie

Même si elles n'ont pas touché à l'hybridation public-privé, des réformes successives menées ces dernières années ont eu des conséquences majeures sur les patients et sur le financement de la santé. Les multiples plans de maîtrise des dépenses, adoptés pour équilibrer les comptes de l'assurance maladie, ont encadré les consommations des assurés sociaux – au risque de peser sur l'efficacité et la justice du système. Juven, Pierru et Vincent qualifient de « casse du siècle » la pression budgétaire imposée à l'hôpital public : « Un hôpital, surtout public, est par nature un lieu "sous pression" ; mais, lorsque cette pression monte sans arrêt, la situation devient dangereuse. Depuis dix ans, et particulièrement depuis 2015, protestations et cris d'alarme se multiplient, émanant non seulement des infirmières, des aides-soignantes, des cadres [...] mais aussi des directions hospitalières elles-mêmes[26]. » La budgétisation de l'assurance maladie n'est toutefois pas récente. Pierru rappelle que l'affirmation des acteurs budgétaires dans la conduite de la politique de protection maladie remonte au milieu des années soixante. Plusieurs commissions officielles avaient été installées par le Premier ministre Pompidou, pour réfléchir à la maîtrise des dépenses d'assurance maladie dont le poids était qualifié par le ministre des Affaires sociales de « considérable pour la collectivité[27] ». Les plus hauts responsables gouvernementaux commençaient à avancer l'idée selon laquelle les dépenses maladie ne devraient pas progresser plus rapidement que la richesse nationale. La doctrine de la Direction du budget tournait autour de trois idées-clés, d'après Pierru : 1) privilégier la limitation des dépenses avant de recourir à toute hausse des cotisations sociales ; 2) appréhender la Sécurité sociale comme une unité budgétaire (disposant d'une enveloppe globale) afin de permettre le redéploiement des moyens selon l'état de chaque branche (maladie, famille, etc.) ; 3) prévoir des mécanismes de sanction lorsque les engagements de la profession médicale ne sont pas respectés. Face aux pressions du ministère du Budget, on aurait pu croire que la Direction de la Sécurité sociale rencontrerait des détracteurs résolus, selon une opposition basique entre administrations financières et dépensières ; or Pierru raconte que cela n'a pas été le cas, la principale administration centrale du ministère des Affaires sociales emboîtant le pas à la Direction du budget pour faire sien le projet d'enveloppe globale. Comment expliquer un tel enrôlement ? Pour Pierru, la politisation de la question des déficits sociaux permit d'attirer à la

26. Juven P.-A. *et al.*, *La casse du siècle. À propos des réformes de l'hôpital public*, Paris, Raisons d'agir Éditions, 2019.

27. Pierru F., « Budgétiser l'assurance maladie », in Bezès P. & Siné A (dir)., *Gouverner (par) les finances publiques*, Paris, Presses de Sciences Po, 2011, p. 393-449.

Direction de la Sécurité sociale des énarques ; le poste de directeur de la Sécurité sociale fit l'objet d'une conquête par les membres de la Cour des comptes[28]. Acmé de cette histoire de « budgétisation » de la santé, la Direction de la Sécurité sociale a été placée en 2007 sous la double tutelle du ministère du Budget d'un côté, et du ministère des Affaires sociales de l'autre.

Pierru rappelle par ailleurs comment la « bureaucratie professionnelle » au sein du secteur de la santé fonctionne à l'inverse d'une entreprise ou d'une administration classique : la base opérationnelle (les médecins et soignants) domine matériellement et symboliquement une technostructure cantonnée aux tâches administratives et logistiques. Ce modèle a été l'objet, dès les années soixante-dix, de fortes critiques dans la littérature académique (en particulier en économie de la santé) qui ont été rapidement relayées par l'administration. Ces réflexions ont débouché sur des tentatives de rationalisation de l'administration hospitalière ; ainsi, le slogan de l'« hôpital-entreprise » a connu une première vie au début des années quatre-vingt, à l'instigation de la frange modernisatrice des jeunes directeurs formés à l'EHESP et du directeur des Hôpitaux au ministère de la Santé Jean de Kervasdoué, auteur d'une thèse sur les hôpitaux américains. Alors que la crise des finances de l'Assurance maladie devenait plus aiguë dans les années quatre-vingt-dix, les idées du *New Public Management* progressèrent dans l'administration de la santé comme dans d'autres secteurs. Un premier point important dans le contrôle des dépenses à l'hôpital fut la tarification à l'activité (T2A) mise en place à partir de 2004 et généralisée aux séjours de médecine, chirurgie et obstétrique en 2008 ; puis en 2009 la loi « Hôpital, patients, santé et territoire » créant les agences régionales de santé (ARS) pour organiser l'offre de soins. Le mode de financement par la T2A visait, selon ses promoteurs, à équilibrer l'allocation des ressources financières et à responsabiliser les acteurs de santé. Elle mit en place un cadre unique de facturation des établissements de santé, qu'ils soient publics ou privés, dans lequel

28. Hervier L., « Le rôle des organismes de contrôle en matière d'évaluation », *Informations sociales*, vol. 150, 2009, p. 44-55.

l'allocation des ressources est fondée sur le volume des activités. Pour Édouard Couty, c'est un « grand virage » qui s'amorce alors, amenant les directeurs d'hôpitaux à concevoir leur structure comme un « hôpital-entreprise[29] ». Bien que la loi n'ait pas modifié formellement le statut de l'hôpital public, personne morale de droit public dotée de l'autonomie administrative et financière, la réforme de sa gouvernance lui confère certains attributs d'une entreprise : doté d'un véritable « patron[30] » qui peut recruter des contractuels, qui nomme les chefs de pôle, fixe l'organisation et les prévisions de dépenses et recettes, l'hôpital devrait conquérir des parts de marché et optimiser les recettes. Couty pointe toutefois des pressions à la baisse sur la qualité du service, du fait du raccourcissement excessif des séjours et du risque d'une sélection des patients par l'éviction des complications non prises en compte par la tarification. Juven ajoute que la T2A a non seulement fait exister l'hôpital sur un mode financier, mais qu'elle a surtout doté les acteurs gouvernés eux-mêmes (professions médicales mais aussi patients) d'une conscience gestionnaire : les outils gestionnaires changent le regard sur « ce qu'est le soin, ce que sont les séjours, les patients[31] ».

La T2A et la budgétisation de la santé ont poussé les structures et les professionnels à privilégier les actes rentables, à réduire les durées d'hospitalisation, à favoriser une logique de l'accumulation des actes plutôt que la qualité des soins. Juven *et al.* dénoncent quatre conséquences[32] : premièrement, *la réduction des capacités d'hospitalisation à temps plein*. Entre 2003 et 2016, ce sont 13 % des lits d'hôpitaux qui ont été supprimés en France (64 000 au total). Deuxième indicateur, *le nombre de prises en charge aux urgences* a significativement augmenté. En vingt ans, il a doublé, passant de dix millions à vingt millions. *Le déficit d'emploi hospitalier* est le troisième indicateur significatif ;

29. Couty É., « Hôpital public : le grand virage », *Les Tribunes de la santé*, vol. 28, n° 3, 2010, p. 39-48.

30. Citation du président de la République lors de l'installation de la commission Larcher, 16/10/2007.

31. Juven P.-A., *Une santé qui compte ?*, Paris, PUF, 2016.

32. Juven P.-A. *et al.*, *La casse du siècle. À propos des réformes de l'hôpital public*, *op. cit.*

entre 2005 et 2009, le volume d'activité dans le secteur public hospitalier a augmenté de 11 % quand, dans le même temps, l'emploi n'a progressé que de 4 %. Enfin, le quatrième élément est *la contraction des moyens alloués à l'hôpital*. Le taux de progression des dépenses de santé est en diminution depuis 2002, diminution permise par une baisse des tarifs hospitaliers. Cette logique est particulièrement marquée pour 2018, puisque ce sont 1,4 milliard d'euros que le gouvernement a cherché à économiser en « structurant des parcours de soins efficients » et en « améliorant la performance interne des établissements ». Pris ensemble, ces éléments permettent à Juven *et al.* de décrire ainsi l'état actuel de nombreux hôpitaux publics : des organisations financièrement fragiles employant un personnel sous tension. Il est d'ailleurs important de relever qu'une note récente de France Stratégie consacrée aux gisements d'économies dans la dépense publique souligne que le coût de l'hôpital public français est de 0,5 point de PIB inférieur à la moyenne des pays étudiés[33].

Parallèlement aux difficultés des hôpitaux, l'augmentation des sommes restant à la charge des assurés (tickets modérateurs, franchises, dépassements d'honoraires) a modifié depuis les années quatre-vingt les conditions d'accès aux soins et contribué à l'extension des assurances complémentaires. Depuis l'ordonnance du 30 décembre 1958 introduisant une franchise au remboursement des médicaments, les réglementations d'assurance maladie ont eu pour objet d'influer sur les comportements des patients. Une modification importante eut lieu en 2004, avec l'instauration du dispositif du médecin traitant. Le médecin traitant a une fonction théorique dite de « *gate-keeper* », à savoir d'acteur intermédiaire filtrant l'accès aux spécialistes. La stratégie a été renforcée par le dispositif du Dossier médical personnel : un assuré qui refuserait qu'un professionnel de santé consulte ou alimente son dossier serait pénalisé par un moindre remboursement.

33. France Stratégie, « Où réduire le poids de la dépense publique ? », *Note d'analyse*, n° 74, 2019.

Les tickets modérateurs représentent en moyenne 40 % du coût des soins en médecine ambulatoire[34]. Ils sont plus faibles à l'hôpital, sans être inexistants (forfait journalier et forfait sur certains soins). Les réformes plus récentes ont ajouté un ticket modérateur supplémentaire comme le forfait de 1 euro, non rachetable par l'assuré, qui correspond à un coût fixe d'entrée. Comme l'écrivent Philippe Batifoulier *et al.*, « cette évolution vise à une désocialisation de la dépense de santé et non à une réduction de la consommation médicale. Celle-ci peut continuer à augmenter. L'objectif n'est en effet pas de réduire la dépense de santé mais uniquement la prise en charge publique. La consommation, sous forme d'automédication de médicaments récemment déremboursés ou encore le non-respect du parcours de soins ne sont pas prohibés. Ils sont autorisés si le patient est à prêt à supporter la dépense ». Le patient est donc mis en position de choisir sa propre consommation au-delà du panier de soins remboursables, s'il l'assume financièrement toutefois.

Les tickets modérateurs et les divers déremboursements renforcent mécaniquement le rôle que les assurances complémentaires peuvent jouer pour prendre en charge ce qui n'est plus remboursé par la puissance publique. En 2002, 12,3 % de la consommation de soins et de biens médicaux était pris en charge par les organismes complémentaires ; le chiffre est monté à 13,2 % en 2017, lors de la première année d'Emmanuel Macron à l'Élysée[35]. L'augmentation dans le financement moyen pourra paraître justifiée ou démesurée (un point de pourcentage de plus en quinze ans) suivant le point de vue ; toutefois, elle est beaucoup plus forte si l'on observe le financement de l'optique, du dentaire et des audioprothèses : en optique par exemple, c'est 73 % de la dépense en moyenne qui est assumée par les complémentaires et non par la puissance publique, d'après la DREES.

Surtout, et au-delà du financement, c'est dans la gouvernance du système que le rôle des complémentaires a été renforcé. En effet, le

34. Batifoulier P. *et al.*, « Mutation du patient et construction d'un marché de la santé », *RFSE*, vol. 1, n° 1, 2008, p. 27 à 46.

35. Barlet M. *et al.* (dir.), « La complémentaire santé : acteurs, bénéficiaires, garanties », *Panoramas de la DREES*, 2019.

système mis en place par la loi du 13 août 2004 a institutionnalisé un partage des rôles particulier entre la Sécurité sociale et les assureurs complémentaires. En créant l'Union nationale des caisses d'assurance maladie (Uncam) regroupant la CNAMTS, la Mutualité sociale agricole et la Caisse maladie des artisans, commerçants et des professions libérales, la loi a confié à ce nouvel organisme certaines décisions en matière d'actes et de prestations pris en charge par l'assurance maladie (champ des prestations admises au remboursement et taux de prise en charge des soins). La décision finale de remboursement des médicaments relève néanmoins de la compétence des ministres chargés de la Santé et de la Sécurité sociale. Par ailleurs, la réforme a organisé la complémentarité entre l'État et le marché, en mettant en place une Union nationale des organismes d'assurance maladie complémentaire (Unocam) qui regroupe des représentants des mutuelles et des assurances, et dont le rôle est d'émettre des avis sur le périmètre des soins remboursables. Cette architecture a contribué à brouiller davantage les frontières entre l'assurance maladie obligatoire et l'assurance complémentaire.

Qui va payer pour la santé : de nouvelles ressources publiques ?

En plus des mesures de contrôle des dépenses, Steffen et Catrice-Lorey rappellent l'importance des réformes touchant les ressources. Les réformes du financement se sont d'abord traduites par un élargissement de l'assiette de prélèvement. En 1990, sous le gouvernement Rocard, a été inventée la Contribution sociale généralisée prélevée désormais sur les revenus des actifs, les revenus de substitution, du patrimoine et des placements financiers. Bruno Palier décrit la CSG comme l'exemple-type d'un « *pathshifting* » en théorie des politiques publiques, à savoir la réorientation déterminante d'un chemin historique de politiques publiques. Comme l'écrivent Bonnoli et Palier, « la théorie de la *path dependence* semble très utile pour rendre compte de la stabilité des États-providence. Cependant, [...] certaines réformes peuvent être qualifiées de *pathshifting*, dans la mesure où elles ouvrent de nouvelles perspectives de réforme[36] ». Comme le notent les auteurs, le cas de la CSG a ouvert en France la possibilité d'une modification profonde des ressources de la protection sociale. Rappelons en effet que la protection sociale française est d'inspiration plutôt bismarckienne et assurantielle : les assurances sociales (maladie, retraites, chômage, etc.) sont financées dans les États bismarckiens par des cotisations retirées directement des salaires, et non par des impôts *a posteriori* comme c'est le cas dans les pays d'inspiration beveridgienne. Or la CSG a constitué une innovation en matière de prélèvements obligatoires, du fait du mode d'imposition et surtout de l'assiette de prélèvement sur la quasi-totalité des revenus : salaires mais aussi indemnités de licenciements, indemnités journalières pour maladie ou accidents de travail, assurance vie, certains plans d'épargne, etc. Ces caractéristiques, notent Palier et Erhel, rapprochent la CSG des prélèvements en vigueur en Grande-Bretagne, dans l'État-providence beveridgien par excellence[37]. Un autre volet du financement concerne le « remboursement de la dette sociale » mis en place en 1996 par le plan Juppé. Cette nouvelle cotisation obligatoire, prélevée sur la même assiette que la CSG à hauteur de 0,5 % pour initialement treize ans, a été prolongée une première fois en 1998 puis de nouveau en 2004. Il est intéressant de rappeler que le taux initial de la CSG en France (1,1 % à ses débuts) n'a cessé d'être augmenté : 2,4 % en 1993, 3,4 % en 1997, 7,5 % en 1998, « ce qui atteste du potentiel d'influence de long terme d'une réforme initialement restreinte[38] ». En 1998, la cotisation maladie des actifs a été complètement remplacée par la CSG. La réforme d'août 2004 a poursuivi cette tendance, en haussant les taux appliqués aux revenus du patrimoine (de 7,5 à 8,2 %) et aux retraites (de 6,2 à 6,6 %). Alors que la cotisation patronale est restée assise sur la seule masse salariale et que les exonérations de cotisations patronales se multiplient depuis les années quatre-vingt-dix, on assiste à un transfert discret du

36. Palier B. & Bonoli G., « Phénomènes de *Path Dependence* », *Revue française de science politique*, vol. 49, n° 3, 1999, p. 399.

37. Erhel C. & Palier B., « Europe sociale et Europe de l'emploi », *Économies et sociétés*, 2005, p. 1531-1556.

38. *Ibid.*

financement de la protection sociale en France vers l'impôt. Sous le quinquennat Macron, ces orientations et choix budgétaires ont fait l'objet de plusieurs mesures nouvelles : nous les étudierons, comme les autres réformes de protection sociale menées sous ce quinquennat, dans les parties suivantes de l'ouvrage.

Chapitre 5

Politiques familiales et logement

La politique familiale française trouve ses origines dans les suites de la première guerre mondiale. La dépression démographique provoquée notamment par le creux de naissances pendant la guerre a entraîné la raréfaction des familles nombreuses : les familles de quatre enfants et plus, qui représentaient encore près de 20 % des familles en 1901, n'étaient plus que 12 % en 1926[1]. C'est dans ce contexte que le Conseil supérieur de la natalité (CSN) fut créé, à l'initiative du ministre de l'Hygiène, de l'Assistance et de la Prévoyance sociale. En 1921, le CSN fut chargé de « rechercher toutes les mesures susceptibles de combattre la dépopulation, d'accroître la natalité, de développer la puériculture et de protéger et honorer les familles nombreuses[2] ». Dès sa première réunion, le CSN intervint dans un débat à l'ordre du jour à la chambre parlementaire sur l'augmentation du prix du pain. Le CSN se fit entendre auprès du président de la République ; les familles de trois enfants en dessous de 16 ans et les veuves de deux enfants et plus se virent attribuer des bons de pain quotidiens à prix réduit dès le lendemain. Selon Fernand Boverat, « le décret du 3 février 1920 a sauvé de la faim des centaines de milliers d'enfants ; il constitue en outre le premier pas sérieux qui ait été fait en France pour relever la natalité[3] ».

1. De Luca Barrusse V., « La revanche des familles nombreuses : les premiers jalons d'une politique familiale (1896-1939) », *RHPS*, vol. 2, n° 1, 2009, p. 47-63.

2. Décret du 27/01/1920.

3. Boverat F., « Le pain à bon marché pour les familles nombreuses », Revue de *l'Alliance*, mars 1920.

Dans la période de l'entre-deux-guerres, ce conseil va se prononcer pour le développement d'habitations à loyer modéré destinées aux familles nombreuses ; pour des tarifs préférentiels dans les moyens de transport ; pour la mise en place d'un quotient familial, « principe selon lequel on divise le revenu total des membres de la famille qui vivent ensemble au foyer par le nombre de personnes de cette famille[4] ». L'action menée par les natalistes et les familiaux aboutit au vote de plusieurs mesures dans l'entre-deux-guerres, regroupées le 29 juillet 1939 dans le Code de la famille et de la natalité françaises[5]. On distingue dans ses chapitres deux catégories de mesures : celles qui concernent les aides financières, et celles visant à diffuser une idéologie familialiste. Dans le premier axe, on trouve la reprise du décret-loi du 12 novembre 1938 qui avait introduit des allocations familiales : 10 % du salaire pour deux enfants, 30 % pour trois, 50 % pour quatre, 70 % pour cinq… si bien qu'un père de six enfants voit son salaire pratiquement doubler avec les allocations familiales, quel que soit son niveau de revenu. Des abattements d'impôt sont prévus, le prix des cantines scolaires est baissé pour les familles nombreuses, et le nombre d'enfants est pris en compte pour l'attribution des bourses scolaires. À partir de 1926, les frais de scolarité dans les établissements secondaires et à l'université sont réduits jusqu'à 75 % pour les familles d'au moins trois enfants scolarisés. Les lois relatives à la construction des Habitations bon marché prévoient que ces logements soient accordés en priorité aux familles.

Mais le Code de la famille développe également toute une série de mesures concernant conjointement la « protection de la famille » et ladite « protection de la race »… Car la politique familiale élaborée dans l'entre-deux-guerres ne s'en est pas tenue à des mesures financières : elle était portée par des groupes de pression faisant de « l'idée familiale » la condition d'un prétendu nécessaire redressement moral de la nation. À partir de la décennie vingt, l'Alliance nationale pour l'accroissement de la population française a obtenu l'introduction à

4. CSN, Collection des impressions, séance du 19 avril 1920.

5. Chauvière M. & Bussat V., *Famille et codification*, Paris, La Documentation française, 2000.

l'école d'un enseignement sensibilisant aux risques du vieillissement démographique, mais aussi de la désertification du territoire, de la perte de l'influence française, voire de l'invasion étrangère... Une certaine idée de la famille et de la patrie fut martelée. Parmi les mesures emblématiques, on peut citer la médaille de la Famille française créée en 1920 pour distinguer les mères de cinq enfants et plus, et remise lors de la fête des Mères, instituée la même année. Le régime de Vichy ne reniera pas ce legs de l'entre-deux-guerres et intensifiera encore la promotion de l'idéologie familialiste[6].

Après la seconde guerre mondiale s'érigent de nouveaux dispositifs qui viennent alimenter une politique familiale différente. En 1945, la Libération permet la naissance de l'Union nationale des associations familiales (UNAF). Les caisses d'allocations familiales, l'UNCAF puis la CNAF (et la MSA dans le monde rural) deviennent des instruments de gestion de la politique familiale, et sont administrés avec les partenaires sociaux concernés (syndicats patronaux et professionnels et mouvements familiaux). En 1946, la réforme de la Sécurité sociale intégra une branche Famille et acheva de légitimer la protection de la famille comme priorité nationale[7]. S'ouvre alors ce qu'Antoine Prost a qualifié d'« âge d'or de la politique familiale[8] ». Jusqu'aux années soixante, l'attention des pouvoirs publics fut focalisée sur certains domaines : la protection de la mère et de l'enfant, l'amélioration de leur santé. La politique d'encouragement au maintien de la mère au foyer fut financièrement incitative pour les couples ayant au moins deux enfants ; mais à partir de 1962, le faible montant de l'allocation de salaire unique n'a plus encouragé les mères à rester chez elles. Une étape décisive fut franchie au début des années soixante-dix lorsque la

---

6. Capuano C., *Vichy et la famille. Réalités et faux-semblants d'une politique publique*, Rennes, PUR, 2009.

7. Chauvière M., « La recherche socio-historique sur le champ familial », *Informations sociales*, vol. 139, n° 3, 2007, p. 22-28.

8. Prost A., « L'évolution de la politique familiale en France de 1938 à 1981 », *Le Mouvement social*, n° 129, 1984, p. 7-28.

politique familiale commença à changer de paradigme pour intégrer progressivement celui de « la mère qui travaille[9] ».

À partir de la fin des années soixante-dix, les partenaires sociaux et les décideurs politiques se sont accordés sur la nécessité de développer une politique d'accueil de la petite enfance pour aider enfin « les mères à concilier emploi et famille[10] ». En 1978 fut supprimée la condition d'activité professionnelle jusqu'alors requise pour percevoir des prestations familiales : toutes les familles pourraient les recevoir, indépendamment du statut d'actif ou non. Mais ce n'est qu'avec l'avènement de la gauche au pouvoir en 1981 que l'accès des femmes à l'emploi devint un réel enjeu politique. Élu en partie grâce à l'électorat féminin, le président Mitterrand initia le premier secrétariat d'État à la famille puis, en 1982, les premières « conférences de la famille ». Des « contrats-crèches » mis en place en 1983 encouragèrent les collectivités à développer des structures de garde, les caisses d'allocations familiales prenant en charge une partie des dépenses. En 1989, c'est la déclaration des droits de la famille qui fut proclamée par l'UNAF, réunie en congrès, en présence du président Mitterrand. L'UNAF regroupait désormais, depuis une réforme de 1975, les unions départementales mais aussi les principaux mouvements d'action générale : Confédération nationale des associations familiales catholiques, Associations familiales protestantes, Conseil national des associations familiales laïques, Familles rurales… L'UNAF a beaucoup pesé sur l'agenda des politiques familiales depuis les années soixante-dix mais n'a pas été le seul acteur influent.

Une autre forme de mobilisation a abouti à un cadrage distinct des politiques familiales, en matière de modification de l'autorité parentale et de protection des enfants. Dans les années soixante-dix et quatre-vingt, c'est la mobilisation des associations féministes et des professionnels au contact des enfants victimes de violences sexuelles

---

9. Fagnani J. & Letablier M.-T., « La politique familiale française », in Maruani M. (dir.), *Femmes, genre et sociétés*, Paris, La Découverte, 2005, p. 167-175.

10. *Ibid.*

qui a permis de prendre conscience des violences patriarcales[11]. Laurie Boussaguet montre que c'est cette mobilisation qui a permis de faire émerger les violences sur mineurs en tant que problème public. Toutefois, Boussaguet constate aussi que si les féministes ont été à l'initiative de la dénonciation du problème public, cette situation n'a été que de courte durée. Les actrices féministes n'ont pas disparu de la scène publique mais le contexte a évolué : dans les années quatre-vingt-dix, ce sont en effet les associations de protection de l'enfance, mais aussi des associations ayant pour objet unique la lutte contre la pédocriminalité sur Internet (telles que « Le Bouclier ») et des familles de victimes qui publicisent l'enjeu des abus sur mineurs. Celui-ci est construit sous un nouvel angle : le problème public prioritaire dans les années quatre-vingt-dix est très éloigné de celui porté par les militantes féministes dix ans plus tôt ; il ne s'agit plus d'inceste mais de pédophilie, soit des abus sexuels extra-familiaux. L'éclatement de plusieurs affaires à l'instar de celle de Marc Dutroux en Belgique et la transformation des configurations d'acteurs s'intéressant à ces questions ont favorisé la mobilisation de nouveaux « faiseurs d'agenda ». La mobilisation des familles amène alors à se focaliser sur la pédophilie et à mettre la lutte contre la récidive au premier plan. La construction des solutions d'action publique s'effectuerait désormais moins en termes de soin que de traitement pénal.

Au-delà de la protection de l'enfance, dont l'arsenal juridique a été renforcé dans les années quatre-vingt et quatre-vingt-dix, la fin du siècle vit ressurgir avec force un autre débat sensible, mais sur le plan économique cette fois : les aides financières aux familles. Depuis le début du siècle, les associations de familles avaient cadré l'enjeu de manière budgétaire : il fallait que les charges pesant sur les familles nombreuses ne soient pas supérieures aux autres, et donc que l'État soutienne leurs dépenses. Toutefois, ce cadrage posait le problème de l'universalité et/ou de la modulation des allocations familiales suivant le niveau

---

11. Boussaguet L., « Les "faiseuses" d'agenda. Les militantes féministes et l'émergence des abus sexuels sur mineurs en Europe », *Revue française de science politique*, vol. 59, n° 2, 2009, p. 221-246.

de revenu : si le problème à traiter était celui de l'inégalité financière face au « risque » familial, pourquoi ne pas soutenir uniquement les ménages pauvres – plutôt que d'accorder des allocations à toutes les familles, y compris favorisées ? L'UNAF et la CNAF se sont toujours opposées à cette conditionnalité de ressources ; à la suite de la seconde série des conférences de la famille en 1997, elles réagirent avec vigueur au projet de mise sous condition des allocations familiales. Face à l'opposition de l'UNAF et une grande mobilisation, la mesure a été abandonnée rapidement ; mais le débat fut vif et il le restera pendant longtemps. Pour Alain Supiot, les allocations familiales n'expriment « ni assurance ni charité », mais une forme de « solidarité » : « c'est pourquoi l'affaiblissement des mécanismes de sécurité sociale, telle la baisse des prestations familiales [...] affecte la cohésion nationale[12] ». La redistribution verticale (entre riches et pauvres) étant assurée par l'imposition progressive des revenus, une forme de redistribution horizontale tendrait à garantir l'attachement de tous à la collectivité. Michel Borghetto partage la même analyse et s'inquiète du risque de voir les autres prestations impactées si la modulation des allocations familiales ouvre la voie :

> La pente vers des dispositifs similaires en matière de santé ou de politique sociale risquerait d'être très glissante. Pourquoi ne pas ensuite imaginer rembourser les médicaments en fonction des ressources ou moduler le montant de certaines allocations très spécifiques [?] Si s'accroît le nombre de ceux qui, tout en participant activement au financement du système, s'en voient exclus par des mesures de « ciblage » (mise sous condition de ressources ou modulation du montant des prestations), il y a lieu de craindre que la société ne se divise et se fragmente insensiblement[13].

À la suite de l'annulation du projet de modulation des allocations familiales, Lionel Jospin a rassuré les représentants des familles en pérennisant l'allocation de rentrée scolaire et en augmentant l'aide

12. Supiot A., « Ni assurance ni charité, la solidarité », *Le Monde diplomatique*, nov. 2014, p. 3.

13. Borghetto M., « Modulation des allocations familiales : "Une pente glissante" », *Le Monde*, 21/10/2014.

au logement des jeunes salariés précaires. En 2001, les documents normatifs sont révisés et intégrés dans le Code de l'action sociale et des familles. En matière de protection, la loi du 6 mars 2000 crée le Défenseur des enfants, autorité indépendante chargée de garantir les droits de l'enfant[14]. Mais c'est surtout en matière d'union et de parentalité que le gouvernement Jospin a le plus innové. C'est le 15 novembre 1999 en effet que le Pacte civil de solidarité (PACS) est institué. Convention entre deux personnes physiques majeures, de sexe différent ou de même sexe, le PACS donne aux couples un statut en établissant des droits et des obligations entre les deux contractants (patrimoine, fiscalité, logement...). Toutefois, le PACS ne crée pas de lien familial juridique entre les partenaires, ni avec la famille de l'autre. Il n'a pas d'incidence non plus s'agissant des enfants, que ce soit en matière de filiation, d'autorité, d'adoption ou de procréation. Les débats ont été vifs autour du PACS[15], même si rapidement le nombre élevé de contrats a montré le succès de la mesure : en 2008, un peu moins de dix ans après sa création, on enregistrait un peu plus d'un PACS pour deux mariages signés annuellement[16].

Concernant l'accompagnement à la paternité, le 21 décembre 2001 la loi de financement de la sécurité sociale a instauré le congé paternité. Porté par Ségolène Royal, ce congé a été ouvert à l'ensemble des actifs et a permis aux pères de cesser leur activité pendant une période de onze jours – dix-huit en cas de grossesse gémellaire. Le 4 mars 2002, la loi a offert aux parents la possibilité de transmettre à leur enfant le nom du père, de la mère ou les deux accolés. À la suite de l'alternance, le nouveau ministre à la Famille Christian Jacob annonça le 28 avril 2003 la mise en place d'une prestation d'accueil du jeune enfant (PAJE) comportant une prime à la naissance ou à l'adoption et deux compléments variables selon que le parent diminue ou non son activité. Le 7 novembre 2006, Philippe Bas présenta quant à lui

14. À partir du 1er mai 2011, cette institution sera assurée par le Défenseur des droits.

15. Rault W., *L'invention du PACS*, Paris, Presses de Sciences Po, 2009.

16. 265 404 mariages et 146 030 PACS ; source : Prioux F. & Mazuy M., « L'évolution démographique récente en France », *Population*, vol. 64, n° 3, 2009, p. 445-494.

son plan visant à développer et diversifier l'accueil en crèches : création de quarante mille places sur cinq ans, s'ajoutant aux soixante-douze mille programmées de 2002 à 2008 ; autorisation des microcrèches susceptibles d'accueillir trois à neuf enfants ; répartition du congé maternité de seize semaines selon le souhait de la mère, avec trois semaines incompressibles avant l'accouchement. Toutefois, et en dépit des réformes successives, il faut noter que « la participation des pères aux activités parentales reste limitée, en dépit des discours sur les "nouveaux pères"[17] ». Les pères au foyer pendant les premières années de leur enfant restent cantonnés à un profil type : majoritairement ouvriers ou employés, ils ont des salaires plus modestes que ceux de leurs partenaires et vivent souvent avec des conjointes plus diplômées ayant de fortes contraintes professionnelles[18]. Puisque les femmes subissent toujours sur le marché du travail entre 17 et 24 % de salaire en moins que les hommes, les inégalités socio-économiques poussent les couples à reproduire eux-mêmes un choix inégalitaire, en faisant s'arrêter la mère plutôt que le père lorsqu'il faut s'occuper des enfants. Les inégalités économiques renforcent les inégalités de genre.

Face à la crise économique de la fin des années 2000, les gouvernements ont multiplié les mesures d'économies et modifié le financement des politiques familiales. Sous Nicolas Sarkozy, le gouvernement annonça la fin de la compensation versée par l'État à la SNCF au titre des tarifs sociaux et familiaux ; mais le projet a été retiré suite à une forte mobilisation. Le 1er janvier 2013, le plafond du quotient familial a été abaissé de 2 336 euros à 2 000 euros. Au 1er janvier 2014, le plafond a été de nouveau baissé à 1 500 euros pour combler le déficit de la branche famille : une solution retenue par le Premier ministre socialiste Jean-Marc Ayrault, pour ne pas moduler les allocations familiales. Le 29 septembre 2014, le gouvernement a proposé d'allonger la durée d'obligation de partage du congé parental et de reporter de quatorze à seize ans la majoration des allocations. Les députés ont ajouté lors

---

17. Fagnani J. & Letablier M.-T., « La politique familiale française », art. cit.

18. Boyer D. & Renouard S., « Les pères bénéficiaires de l'APE », *L'e-ssentiel de la CNAF*, n° 17, 2003.

du vote de la loi une disposition modulant les allocations familiales. Le vieux projet de modulation des allocations familiales a ainsi finalement été mis en place; mais là où le gouvernement de 1997 avait prévu de supprimer les aides pour les plus aisés, la majorité socialiste acte une réduction de moitié pour les familles aux revenus supérieurs à 6 000 euros nets par mois, et une division par quatre pour celles aux revenus supérieurs à 8 000 euros. Parallèlement, et sur le plan du droit des unions, le 17 mai 2013 c'est la loi ouvrant le mariage et l'adoption aux couples de même sexe qui est promulguée, malgré une mobilisation forte de la « Manif pour tous », parfois qualifiée de « Mai 68 conservateur[19] ».

Le quinquennat Macron s'est ainsi ouvert dans un double contexte de débat sur les politiques familiales – sur le plan du financement et des valeurs. Financièrement, il a engagé de nouvelles économies sur les prestations; sur le plan de la filiation, il a amorcé un débat sur l'ouverture de la procréation assistée aux couples de femmes. Les politiques familiales font discussion sur les questions de financement bien sûr, comme les autres domaines de protection sociale. Mais elles sont particulièrement sensibles aussi parce qu'elles touchent aux valeurs et accompagnent les recompositions sociologiques de la famille. Relater plus en détail ces débats et leur évolution au cours du mandat d'Emmanuel Macron sera l'objectif des parties suivantes de cet ouvrage.

---

19. Brustier G., *Le Mai 68 conservateur. Que restera-t-il de la manif pour tous ?*, Paris, Les éditions du Cerf, 2014.

Conclusion

La protection sociale avant l'élection d'Emmanuel Macron

La protection sociale désigne l'ensemble des politiques de gestion partagée des risques sociaux. Elle n'a pas existé de tout temps, et trois mouvements historiques peuvent être dégagés. On peut envisager d'abord le risque de perte de revenu en s'en remettant à la chance et à la providence. Mais si la providence fait défaut, si le sort s'acharne, comment déjouer la fatalité ? L'approche de la « prévoyance » constitue la deuxième option face à l'incertitude : bien gérer les risques sociaux, ce serait mettre de côté pour anticiper l'avenir. La prévoyance peut être individuelle ou collective – à mesure que les travailleurs mettent en commun une partie de leur salaire dans des sociétés de secours mutuel, qui les assurent en cas de perte de revenu. C'est ici que les termes « revenus de remplacement » et « revenu de transfert » prennent le sens qu'on leur attribue encore : la protection sociale accorde des prestations qui sont autant de revenus de redistribution entre les bien portants et les valides, les salariés et les personnes privées d'emploi. Mais si s'en remettre à la providence, et même souscrire à des formes de prévoyance, étaient des choix individuels, le passage à la souscription obligatoire a forgé progressivement la technique de l'assurance sociale que nous connaissons. Le fait que les travailleurs payent tous des cotisations, sans pouvoir décider de s'exclure ou de « prendre le risque » soi-même de ne pas s'assurer, est en effet une manière de contourner les effets pervers de la prévoyance facultative. En effet, le problème de l'assurance volontaire – et donc non obligatoire – serait de laisser chaque individu face au calcul des risques qu'il encourt.

Ce calcul est impossible individuellement (personne ne peut savoir s'il subira un accident de travail, une maladie), mais il est possible à l'échelle collective. C'est pour cette raison que la protection sociale est une couverture solidaire, contre des risques sociaux dont nous savons qu'ils vont toucher certains parmi nous, et pour lesquels nous décidons de nous protéger collectivement.

Le temps long de la protection sociale compte, les décisions accumulées en matière de politique familiale, d'emploi, de santé, sédimentent des pratiques et des institutions – au point que certaines traditions d'analyse ont parfois eu tendance à supposer une inertie de l'État social. La protection sociale est-elle irréformable ? Si la science politique insiste sur le poids des décisions passées, elle montre aussi que des décisions d'apparence anecdotique au moment où elles sont prises peuvent être des bifurcations décisives des politiques publiques. En matière de travail par exemple, l'exonération de cotisations salariales pour les employeurs initiée pour des publics cibles au début des années quatre-vingt-dix a progressivement été étendue à tous les travailleurs proches du SMIC, jusqu'à devenir une modalité massive de soutien à l'emploi – et conséquemment un problème récurrent pour le financement de la protection sociale. En matière de maladie, des déremboursements, tickets modérateurs et autres techniques de « reste à charge » ont été expérimentés successivement ; elles ne signifient pas que le citoyen n'a pas la possibilité de recourir aux spécialistes de son choix ou d'avoir des frais d'optiques élevés, mais qu'il devra prendre en charge les surcoûts ou souscrire à une complémentaire généreuse – complémentaires dont le rôle a été étendu ces dernières années. Concernant les retraites, après une extension des droits jusqu'aux années quatre-vingt, plusieurs réformes ont tendu à augmenter la durée de cotisation et repousser l'âge de sortie. Bruno Palier, comme Fabien Eloire *et al.*, y voient le résultat d'une logique gestionnaire plus prégnante depuis les années quatre-vingt-dix.

Les politiques adoptées sous le quinquennat Macron se sont-elles inscrites en continuité ou en rupture avec l'histoire sociale ? Les modifications adoptées sous ce mandat ont-elles suivi un modèle, ou furent-elles très différentes suivant les risques sociaux concernés ?

Partie 2

Les réformes sociales sous Macron

Introduction

Des propositions de campagne à l'exercice du pouvoir

Quelles ont été les politiques sociales adoptées sous le quinquennat Macron ? Peut-on identifier une continuité et une vision particulière des politiques publiques entre les annonces d'Emmanuel Macron candidat puis l'exercice du pouvoir présidentiel ? Cette partie sera organisée de manière chronologique, en quatre périodes successives. Nous présenterons d'abord les actions d'Emmanuel Macron en tant qu'ancien ministre, candidat à la présidentielle, et les composantes de son programme ayant trait aux politiques sociales. Nous analyserons ensuite les dix-huit premiers mois de réformes sociales du quinquennat Macron, de mai 2017 jusqu'au début du mouvement des Gilets jaunes. Nous verrons qu'une période plus conflictuelle sur le plan social s'est nouée au mitan du quinquennat, dans la séquence allant des Gilets jaunes fin 2018 jusqu'au débat parlementaire sur la réforme des retraites en 2020. Une dernière période, enfin, s'est ouverte avec la crise du coronavirus – et nous nous demanderons dans quelle mesure la crise de cette fin de quinquennat a impliqué des changements dans l'agenda du gouvernement.

Chapitre 6

En marche : programme, propositions sociales, parcours vers l'Élysée

Lorsqu'Emmanuel Macron annonce le 16 novembre 2016 sa candidature à la présidence, il n'a pas encore de programme. Le mouvement En marche sur lequel il s'appuiera pour remplir les fonctions classiques dévolues aux partis n'a été formé qu'en avril 2016 et il faudra attendre le 2 mars 2017 pour qu'un programme soit publié. Mais contrairement à ce qui a souvent été lu dans la presse au cours de sa campagne[1], Emmanuel Macron n'est pas totalement un outsider en politique et des discours, des prises de position et des choix passés ont pu marquer l'opinion publique et permettre de forger avant la campagne présidentielle des a priori positifs ou négatifs à son égard.

Si Emmanuel Macron n'a pas été encarté pendant longtemps[2], s'il n'a jamais été élu avant 2017 et ne correspond donc pas à la figure traditionnelle du candidat gravissant patiemment les échelons au sein d'une famille partisane, il a été conseiller sous François Hollande, plus précisément secrétaire général adjoint de la présidence de la République. Cette fonction occupée jusqu'en 2014 lui a accordé une première expérience à l'Élysée ainsi que des réseaux de connaissances utiles en campagne électorale. Il fut ensuite désigné en août 2014 par François Hollande pour succéder à Arnaud Montebourg à la tête du ministère de l'Économie, un des portefeuilles ministériels les plus

1. Voir par exemple : « Emmanuel Macron : l'outsider qui monte », *Capital*, 14/01/2017.

2. Sauf brièvement au Parti socialiste, de 2006 à 2009.

importants pendant le quinquennat Hollande et plus généralement dans les gouvernements de la Ve République. Il occupa ce poste deux années, jusqu'à quitter le gouvernement en août 2016. Il annonça officiellement sa candidature à la présidence le 16 novembre 2016. Son *curriculum vitae* avant de rejoindre l'exécutif, diplômé de l'Institut d'études politiques de Paris, formé à l'ENA (2002-2004) et inspecteur des Finances de 2004 à 2007, le rapproche davantage d'un parcours d'ascension politique-type sous la Ve République[3] que de ce qui a été parfois présenté comme totalement inédit ou « disruptif »[4]. Même s'il faut attendre mars 2017 pour pouvoir s'appuyer sur un programme écrit, Emmanuel Macron a dévoilé rapidement des intentions ayant trait aux politiques sociales – et qui intéressent le champ d'analyse de ce livre.

C'est surtout lors de son passage au ministère de l'Économie, de l'Industrie et du Numérique qu'Emmanuel Macron s'est fait connaître du grand public. Il marqua le quinquennat Hollande en faisant adopter la loi « pour la croissance, l'activité et l'égalité des chances économiques » dite « loi Macron » – dont le projet fut présenté en Conseil des ministres le 10 décembre 2014. Peut-on tirer de cette première « loi Macron » des éléments d'intention concernant les politiques sociales, ou plus généralement une vision particulière du rôle de l'État dans l'Économie ? L'analyse du texte dans son intégralité est complexe car le projet de loi liste une série de mesures touchant au commerce, au marché du travail, aux professionnels du droit, aux petites et moyennes entreprises. Il faut se reporter aux discours qui l'accompagnent pour saisir l'intention ; dans son communiqué du 15 octobre 2014, intitulé « Libérer l'activité et restaurer l'égalité des chances économiques », Emmanuel Macron indiquait vouloir « libérer l'activité partout en France et dans tous les secteurs. [...] Je veux être très clair sur l'esprit de ce projet : [...] ce sera un texte pour ceux qui veulent travailler, créer, produire, embaucher ».

---

3. Genieys W. (dir.), *Sociologie politique des élites*, Paris, Armand Colin, 2011.

4. « Emmanuel Macron, un outsider de plus en plus crédible », *Capital*, 13/01/2017.

Présentée en Conseil des ministres puis votée par les chambres parlementaires, la loi s'est articulée autour de trois axes : « libérer », « investir », « travailler ». La mesure sans doute la plus connue est l'autorisation d'exploiter de nouvelles lignes privées d'autocars, ou « cars Macron ». Toujours en matière de transport, mais cette fois-ci concernant le permis de conduire, la loi a transféré la surveillance de l'épreuve théorique (le code) à des centres privés agréés. La privatisation de l'examen du Code de la route implique que 30 euros sont demandés aux candidats pour chaque présentation à l'examen. Sur le commerce, le texte a autorisé l'ouverture des magasins le dimanche, sans autorisation spéciale cinq fois par an, et jusqu'à douze au total sur accord du maire. Le texte a créé aussi des « zones touristiques internationales », au sein desquelles le travail le dimanche et en soirée est désormais possible toute l'année. Répondant à une question de la députée Jacqueline Fraysse sur le travail le dimanche, Emmanuel Macron a répondu à l'Assemblée : « en ce qui concerne le travail dominical, là encore, n'ayez pas peur des libertés que nous proposons d'introduire. [...] La société du choix, c'est aussi la société de l'émancipation, et c'est le projet de société que nous devons porter ».

D'autres éléments du texte touchent plus directement encore au droit social. En matière de licenciement, un plan social pourra désormais être proportionné non plus au groupe auquel appartient l'entreprise, mais aux moyens dont dispose l'entreprise seule qui se trouve en redressement. Auparavant, dans les firmes en redressement ou liquidation judiciaire, les directions régionales des entreprises, de la concurrence, de la consommation, du travail et de l'emploi (DIRECCTE) se prononçaient sur la validité du plan de licenciement au regard des moyens dont disposait l'ensemble du groupe. L'article 101 du projet de loi Macron adopté, ce périmètre est réduit à l'entreprise, ce qui conduit à homologuer plus facilement les plans sociaux. Des amendements présentés par le gouvernement ont souhaité aussi plafonner les indemnités octroyées par le juge prud'homal aux salariés en cas de licenciement abusif. Le Conseil constitutionnel a toutefois été saisi, et il a censuré la mesure de plafonnement.

Si cette première « loi Macron » a parfois été qualifiée de « fourre-tout » et qu'elle n'est pas précisément une loi de protection sociale, il est intéressant de noter que c'est par la thématique du chômage que le ministre débuta sa présentation à l'Assemblée le 16 décembre 2014 : « Étant donné le niveau du chômage et l'anémie de plusieurs secteurs d'activité, il n'est plus possible de maintenir le *statu quo*. » L'usage du terme « pragmatique » est systématique au long du texte : « Nous devons adopter une approche pragmatique du travail. [...] C'est l'objectif que poursuit la réforme relative au travail du dimanche. Considérée tantôt comme insuffisante, tantôt comme régressive, cette mesure cristallise bien des inquiétudes ; le texte cherche pourtant un équilibre pragmatique[5]. »

Au-delà de cette loi promulguée le 7 août 2015, d'autres textes ont été proposés durant la période au cours de laquelle Emmanuel Macron a été ministre, permettant d'identifier plus clairement l'approche sociale du futur candidat à la présidentielle. Le projet de loi « Macron 2 » n'a pas été retenu, mais plusieurs de ses propositions ont été reprises et redistribuées dans d'autres textes. Emmanuel Macron a défendu l'insertion de dispositions permettant d'abaisser les qualifications nécessaires à l'exercice de plusieurs dizaines d'activités dans la « loi sur la transparence, la lutte contre la corruption et la modernisation de la vie économique » (loi du 9 décembre 2016). C'est également Emmanuel Macron qui était en fonction lorsque le rachat de la branche énergie d'Alstom par l'entreprise américaine General Electric a été autorisé[6]. Si l'entreprise avait promis au gouvernement de créer un millier d'emplois avant fin 2018, dès janvier 2016 le groupe a supprimé sept cent soixante-cinq emplois en France ; fin août 2016, General Electric a annoncé la fermeture du site d'Alstom à Belfort, puis en octobre 2017 la suppression de trois cent cinquante postes à Grenoble. Interrogé de manière virulente au sujet des restructurations économiques,

5. « Emmanuel Macron retrouve les salariés d'Ecopla, à Saint-Vincent-de-Mercuze, en Isère », *France 3 Auvergne Rhône Alpes*, 30/09/2016.

6. « Emmanuel Macron autorise l'investissement de General Electric avec Alstom », Communiqué de presse du ministère de l'Économie, 05/11/2014.

Emmanuel Macron a reconnu des « limites à l'action publique » : « Le rôle des responsables politiques, ce n'est pas de démontrer en toutes circonstances des capacités, des protections que parfois ils n'ont plus. »

Comme ministre de l'Économie, Emmanuel Macron a pu suggérer une intention concernant les thématiques qui intéressent la protection sociale (chômage, licenciements). Toutefois, il faudra attendre son entrée en campagne pour que ses conceptions plus précises soient présentées. Une fois le mouvement En marche lancé il organisa un grand meeting le 12 juillet 2016 à la Mutualité. Le premier discours du candidat fit très peu référence à l'État-providence : le mot « social » n'y fut prononcé que deux fois, concernant la responsabilité sociale des entreprises et le déclassement des classes moyennes. Au meeting de Strasbourg le 4 octobre 2016, le mot « social » ne fut prononcé que deux fois également, cette fois-ci pour parler de la représentativité des députés. L'expression « État-providence » n'était toujours pas mentionnée, pas plus que celle de « protection sociale » ni de « droit social ». Il faudra attendre le discours du Mans, le 11 octobre 2016, pour que la thématique de la protection sociale apparaisse, dans les termes suivants : « Le système même, le modèle productif et social dans lequel nous nous sommes installés, n'est plus efficace, n'opère plus. Ce n'est pas une proposition magique qui nous fera sortir de là, c'est parce que ce système a été pensé pour une autre économie, pour une autre société, parce qu'il a construit une société de statut profondément injuste[7]. » À Bobigny, le 16 novembre 2016, Emmanuel Macron prononça un discours bref d'annonce de candidature sans détailler de proposition sociale. C'est que le thème avait été l'objet, le mois précédent, d'un passage long lors d'un meeting à Montpellier :

> Notre système, conçu avec solidité et pertinence au sortir de la seconde guerre mondiale, n'est plus adapté à notre monde. Ce ne sont pas des rafistolages dont nous avons besoin, ça n'est pas une énième discussion pour changer tel ou tel paramètre, ça n'est pas un énième débat, que nous avons depuis trop de décennies, pour nous apercevoir que ce système, qui est organisé de manière au fond statutaire, qui est financé uniquement

7. Emmanuel Macron, « Discours du Mans », 11/10/2016.

> sur le travail, ne permet plus de répondre à une société du mouvement [...]. Logiquement, cela implique que notre système de protection sociale soit moins financé par des cotisations sociales assises sur le travail et plus par l'impôt. [...] Le faire de manière claire et enfin assumée, parce que les inégalités du financement actuel, qui en sont les victimes? [...] Ce sont les classes moyennes françaises, ce sont les salariés, les artisans, les commerçants. C'est cette France-là qui aujourd'hui perd de ce mécanisme de financement, c'est cette France-là qu'il faut aider. C'est cette France-là qu'il faut reconnaître dans son travail, c'est cette France qui veut vivre, au fond, de son travail, et qu'il faut pleinement reconnaître[8].

Les questions sociales se sont précisées dans les discours d'Emmanuel Macron en 2016 et 2017, et progressivement structurées autour de quatre thèmes redondants: l'inadaptation du système de protection sociale hérité de la fin de la seconde guerre mondiale; le besoin de protéger le travailleur et non plus son emploi; le fait de financer la protection sociale autrement que par les cotisations sociales; la nécessité de donner le goût du risque et de la mobilité pour aller vers une « société du mouvement ». Les propositions concrètes et les chiffrages attendront la publication du programme en mars 2017 – bien que des commentateurs aient qualifié l'approche de « raisonnable » avant même l'énoncé des dispositions précises[9].

Au-delà de ces grandes intentions, le programme du candidat a détaillé finalement les points suivants en matière de protection sociale. Le point le plus étonnant est peut-être celui qui concerne le financement. En effet, l'équipe du candidat Macron chiffrait l'ensemble de ses promesses à cinquante milliards de dépenses supplémentaires, et soixante milliards de baisse de dépenses publiques – soit un différentiel de dix milliards de baisse nette, auxquelles s'ajoutait une promesse de vingt milliards de réduction des taxes, cotisations et impôts par an. Si l'on regarde les dépenses, les thématiques sociales étaient très circonscrites. Aux politiques de « formation et compétence » devaient être allouées quinze milliards, l'environnement devait obtenir quinze milliards,

8. Emmanuel Macron, « Discours de Montpellier », 18/10/2016.

9. Lenglet F., « Le programme économique de Macron est raisonnable », *RTL*, 24/02/2017.

l'agriculture cinq milliards, la santé cinq milliards, la modernisation des administrations cinq milliards et les transports et équipements locaux cinq milliards. Aucune dépense publique supplémentaire n'était prévue pour les politiques sociales hormis la santé et les politiques actives de formation. En face, concernant les réductions de dépenses publiques à hauteur de 60 milliards d'euros par an d'ici la fin du quinquennat, la « sphère sociale » était le premier poste impacté : 25 milliards de baisse des dépenses d'assurance chômage et des dépenses d'assurance maladie. Autrement dit, la moitié des nouvelles dépenses promises par le candidat Macron (50 milliards) était financée à elle seule par une baisse des dépenses sociales (25 milliards)[10].

Le social apparaît comme le premier poste de réduction budgétaire dans le programme de 2017 ; mais comment le candidat Macron espérait-il réduire les coûts, notamment d'assurance chômage ? En investissant dans la formation : « avec la diminution du chômage (avec pour objectif un taux à 7 %), les dépenses d'assurance chômage diminuent automatiquement »[11]. L'item « travail/emploi » du programme précisait en titre : « Le travail et l'emploi. Permettre à chacun de vivre de son travail[12]. » Ce faisant, Emmanuel Macron proposait en premier objectif de rendre le travail « plus rémunérateur pour les actifs » en augmentant la prime d'activité et en rétablissant l'exonération de cotisations sociales sur les heures supplémentaires. Le deuxième objectif était de rendre le « travail moins cher pour l'employeur », en réduisant les cotisations sociales patronales : « Nous faciliterons l'embauche des salariés peu qualifiés, en atteignant zéro charge générale au niveau du SMIC. »

Sur la lutte contre la pauvreté, priorité était donnée à la sortie de la précarité par le travail : « La lutte contre la pauvreté ne consiste pas seulement à permettre aux personnes fragiles de subsister. Elle vise à leur permettre de s'insérer dans la société, de s'émanciper, de devenir autonomes[13]. » Le candidat annonçait également une automatisation des

---

10. En marche, « Fiche synthèse budget ».

11. *Ibid.*

12. *Ibid.*

13. « Le programme d'Emmanuel Macron : pauvreté ».

droits pour lutter contre le non-recours : « Nous créerons un versement social unique et automatique pour lutter contre le non-recours aux aides sociales. » Il n'était pas prévu de revaloriser le RSA, contrairement à la prime d'activité : « Nous augmenterons de 50 % le montant de la prime d'activité. » En matière de logement, le *statu quo* serait maintenu : « Nous poursuivrons la production de logements sociaux au même niveau et au même rythme que ces dernières années. » Le dernier objectif dédié à la pauvreté, « donner accès à la formation et à l'emploi », rejoignait encore le travail : « Nous formerons 1 million de jeunes et 1 million de demandeurs d'emploi peu ou pas qualifiés et aujourd'hui sans perspective. » Dans le programme de Macron publié en version papier, le terme « pauvreté » ou « pauvre » n'apparaissait qu'une fois ; l'expression « RSA » une fois ; le terme « travail » apparaissait à vingt-neuf reprises[14]. Le terme « social » était principalement associé à la mobilité (« Je veux recréer une mobilité économique et sociale par le numérique »), aux cotisations et à la fraude (« La lutte contre la fraude aux prestations sociales sera amplifiée »). À titre de comparaison, dans le programme du candidat socialiste Benoît Hamon, le terme « social » était prononcé trente-deux fois, et il était associé à la « justice sociale », la « protection sociale », la « sécurité sociale », les « conquêtes sociales », la « couverture sociale », l'« aide sociale », la « démocratie sociale » et la « mixité sociale »[15].

Sur les retraites, Emmanuel Macron annonçait un « système universel de retraites » : « Après plus de vingt ans de réformes successives, le problème des retraites n'est plus un problème financier [...]. Pour la première fois depuis des décennies, les perspectives financières permettent d'envisager l'avenir avec "une sérénité raisonnable" selon le Comité de suivi des retraites. L'enjeu aujourd'hui n'est donc pas de repousser l'âge ou d'augmenter la durée de cotisation[16]. » Était

14. Vingt-neuf occurrences du terme « travail », quatre de « travailleur ». Source : Emmanuel Macron, « Programme présidentiel », 2/03/2017.

15. Benoît Hamon, Programme présidentiel, 16/03/2017. Dans le programme de Jean-Luc Mélenchon, le mot « social » est mentionné 63 fois. Sur tous les candidats nous renvoyons à : « Présidentielle 2017 : candidats, programmes... », *Le Monde*, 15/04/2017.

16. « Le programme d'Emmanuel Macron : retraites ».

annoncé « un système universel de retraites où un euro cotisé donne les mêmes droits », sans toutefois que davantage de précisions ne soit donné : pas de système de point, sachant que l'« on ne conduit pas une réforme aussi ambitieuse dans la précipitation. Autant les orientations sont claires, autant il faut prendre le temps des consultations sur les modalités. [...] Nous rechercherons un consensus sur les modalités de fonctionnement du nouveau système[17]. » Le programme publié dans sa version papier insistait : « Nous ne toucherons pas à l'âge de départ à la retraite, ni au niveau des pensions[18]. »

Sur les débats de société et la famille, « nous défendrons le mariage pour tous[19] ». Le candidat En marche se déclarait également favorable « à l'ouverture de la procréation médicalement assistée (PMA) pour les femmes seules et les couples de femmes », mais pas à « la gestation pour autrui (GPA) ». Sur la santé, enfin, Emmanuel Macron souhaitait obtenir des économies en réalisant davantage d'actions de prévention : « nous investirons davantage pour prévenir plutôt que guérir[20] ». Une meilleure prise en charge de certains soins était annoncée : « nous nous engageons à ce qu'aucun soin utile ne soit déremboursé » et notamment « s'agissant des lunettes, des prothèses dentaires et de l'audition, nous fixons l'objectif de 100 % de prise en charge pour 2022 ». Toutefois, cet objectif était annoncé sans augmentation des dépenses publiques, ni du prix des complémentaires, mais avec plus de concurrence : « Nous favoriserons la concurrence, en instaurant notamment trois contrats types que devront proposer assureurs et mutuelles. » Était annoncée enfin une intention en matière d'installation des praticiens (« Nous nous battrons contre les déserts médicaux »), sans mesure plus détaillée dans le programme. Les cinq milliards de dépenses supplémentaires en matière de santé seraient affectés à « un plan d'investissement en soins primaires » et surtout à « l'innovation en santé, dans le déploiement de la télémédecine et dans l'hôpital de demain ».

---

17. *Ibid.*

18. Emmanuel Macron, « Programme présidentiel », 2/03/2017, p. 7.

19. « Le programme d'Emmanuel Macron : familles et société ».

20. « Le programme d'Emmanuel Macron : santé ».

Chapitre 7

De mai 2017 à novembre 2018 : une première année et demie d'intenses réformes sociales

Suite à l'élection d'Emmanuel Macron à la présidence de la République le 7 mai 2017, Édouard Philippe est nommé Premier ministre, puis dans le champ des affaires sociales Muriel Pénicaud est appelée à être ministre du Travail et Agnès Buzin ministre des Solidarités et de la Santé. Les réformes sociales débutent immédiatement.

Révision du Code du travail : la première des réformes

Le 6 juin 2017, la ministre du Travail Muriel Pénicaud présente les orientations d'une révision du Code du travail et l'intention de passer par ordonnance. Le « projet de loi d'habilitation à prendre par ordonnances les mesures pour le renforcement du dialogue social » est déposé à l'Assemblée nationale le 29 juin 2017, huit jours seulement après l'ouverture du cycle de législature, et adopté avec le vote des députés de La République en marche et des Républicains. Les cinq ordonnances sont adoptées en Conseil des ministres le 22 septembre 2017, puis promulguées dès le lendemain. Que contiennent-elles ?

Les ordonnances reviennent d'abord sur le sujet des indemnités prud'homales : les indemnités en cas de licenciement abusif étaient jusque-là décidées par le conseil des prud'hommes, représentant à parts égales intérêts des salariés et des chefs d'entreprise. À l'issue des nouvelles ordonnances un salarié de trente ans d'ancienneté dans une entreprise, s'il est licencié sans cause réelle ni sérieuse, ne peut plus obtenir comme dédommagement au conseil des prud'hommes que vingt mois de salaire maximum. Outre le plafonnement des indemnités, l'ordonnance divise le délai de recours par deux : un salarié ne pourra plus faire appel aux prud'hommes que dans les douze mois suivant le préjudice qu'il estime avoir subi, contre vingt-quatre mois auparavant. Concernant le licenciement économique, pour apprécier les difficultés financières d'une entreprise qui veut lancer un plan social, seule la santé de l'entreprise en France fera foi. Craignant des faillites organisées ou des montages complexes pour noircir le tableau des comptes des filiales françaises, les syndicats avaient demandé à disposer des moyens nécessaires à l'examen des faits. Le gouvernement, qui avait envisagé de leur accorder un délai de quinze jours pour cette expertise, est finalement revenu sur cette proposition[1].

Concernant les règles du droit du travail applicables dans l'entreprise, un des objectifs du gouvernement était de mettre l'accord d'entreprise en avant. Depuis les nouvelles ordonnances les dispositions d'un accord d'entreprise prévalent sur les dispositions de l'accord de branche, que l'accord d'entreprise soit conclu avant ou après. Les accords peuvent concerner tous les thèmes sauf ceux prévus explicitement dans les articles L. 2253-2[2] et L. 2253-1 du Code du travail[3]. L'accord d'entreprise peut être moins favorable que l'accord de branche concernant par exemple la durée de la période d'essai du salarié, les préavis de licenciement, mais aussi les indemnités de rupture de contrat. La réforme inverse ainsi la hiérarchie des normes : les normes décidées au

1. Belouezzane S., « Réforme du Code du travail : ce que contiennent les ordonnances », *Le Monde*, 31/08/2017.

2. La prévention des effets de l'exposition aux facteurs de risques professionnels spécifiques, l'emploi des travailleurs handicapés, l'effectif à partir duquel les délégués syndicaux peuvent être désignés, les primes pour travaux dangereux ou insalubres.

3. Principalement les salaires minima hiérarchiques, les classifications, l'égalité professionnelle hommes-femmes, la mutualisation des fonds de la formation, les garanties collectives complémentaires et certaines mesures spécifiques relatives à la durée du travail, à la répartition des horaires et aux contrats. Voir pour plus de précisions : art. L. 2253-1 du Code du travail.

plus près de l'entreprise peuvent prévaloir sur celles décidées au sein du secteur ou à l'échelle du pays.

La réforme modifie aussi les critères de reconnaissance de la pénibilité, en supprimant quatre des dix critères qui donnaient jusqu'alors droit au compte personnel de prévention de la pénibilité (manutention manuelle de charges lourdes, postures pénibles, vibrations mécaniques et risques chimiques). Enfin, de nouveaux « accords de compétitivité », nommés aussi « accords de performance collective », permettront à une entreprise de faire baisser ses coûts de production en jouant sur la durée du travail et sur les rémunérations. Une fois l'accord passé avec les syndicats majoritaires dans l'entreprise (et non dans la branche), les nouvelles dispositions deviennent immédiatement applicables et se substituent à toute clause contraire du précédent contrat de travail des salariés. Par le biais d'un accord de performance collective, il sera par exemple possible pour l'employeur de modifier le nombre d'heures ou de jours travaillés dans le cadre de forfaits annuels, sans que ne soit recueilli l'accord du salarié en question. De manière idéal-typique, la société PSA a adopté en 2018 un accord de performance collective pour son site de Vesoul en faisant prévaloir les nouvelles dispositions du Code du travail. Cela permit à la direction du groupe Peugeot-Citroën d'aménager la durée de travail, les modalités d'organisation et de répartition, mais aussi de moduler la rémunération. Le plan fit passer la durée du travail hebdomadaire dans l'entreprise de trente-cinq heures à trente-sept heures quarante-cinq, sans que les heures effectuées dans ce delta de deux heures quarante-cinq ne donnent lieu à majoration pour heures supplémentaires. L'accord de performance collective, tel qu'il a été pensé dans le cadre des nouvelles ordonnances, a d'autant plus de poids qu'il est contraignant immédiatement : ses dispositions se substituent automatiquement à toute clause contraire du contrat de travail. Si un salarié refuse, l'employeur pourra le licencier et le licenciement sera considéré comme légal ; il devra être accepté par les conseils des prud'hommes comme ayant « une cause réelle et sérieuse[4] ».

4. De Paillerets S., « Accord de performance collective : décryptage », *Les Échos*, 20/08/2018.

Opposés à ces ordonnances, les syndicats CGT, FSU, Solidaires et UNEF ont appelé à manifester le 12 septembre 2017. Une citation du président Macron, en déplacement à l'étranger, ajouta à la colère des manifestants quelques jours avant la rentrée sociale : « Je serai d'une détermination absolue et ne céderai rien, ni aux fainéants, ni aux cyniques, ni aux extrêmes[5]. » Le 12 septembre, entre 223 000 et 400 000 personnes descendirent dans la rue pour manifester leur opposition au projet gouvernemental – selon que les chiffres proviennent de la police ou des syndicats. Évoquant une « très forte » mobilisation pour une « première », le numéro un de la CGT Philippe Martinez appela à une deuxième journée de mobilisation le 21 septembre. Toutefois, les chiffres de la deuxième journée d'action ne furent pas aussi importants. Il faut dire que l'opposition syndicale et politique fut d'abord divisée sur les modalités : Jean-Luc Mélenchon manifesta le 12 septembre à Marseille à l'appel de la CGT, mais il organisa aussi avec la France Insoumise sa propre journée de mobilisation le 23 septembre. Les hésitations de l'opposition n'ont pas empêché toutefois une majorité de Français de se déclarer opposée aux ordonnances : d'après un sondage Harris Interactive pour LCP publié le 9 octobre 2017, près de six Français sur dix (57 %) soutenaient les grèves et les manifestations contre les ordonnances[6]. Toutefois, quelle que soit leur opinion sur le mouvement, une forte majorité des répondants (84 %) estimait que le gouvernement maintiendrait sa ligne et que la contestation risquait d'échouer.

Un paradoxe apparaît au moment de réaliser l'analyse *a posteriori* du mouvement social contre la réforme du Code du travail. D'un côté, les manifestations n'ont pas été aussi importantes que lors de la loi El Khomri l'année précédente, et elles l'ont été de moins en moins à chaque appel : 37 700 personnes ont manifesté lors de la journée de mobilisation du jeudi 19 octobre, soit une mobilisation trois fois plus

---

5. « Emmanuel Macron : je ne céderai rien, ni aux fainéants, ni aux cyniques, ni aux extrêmes », *Le Point*, 8/09/2017.

6. Sondage mené du 4 au 5 octobre auprès de 1 137 personnes de 18 ans et plus (méthode des quotas).

faible que lors de la manifestation du 21 septembre (132 000), et six fois moindre que le 12 septembre[7]. Le mouvement s'est fortement essoufflé au point que le secrétaire général de la CGT, Philippe Martinez, devait concéder au journal *Les Échos* le 13 novembre 2017 l'arrêt probable des manifestations à l'issue du quatrième appel, préférant « organiser la résistance aux ordonnances dans les entreprises ». Mais face à cet échec militant de premier abord, il faut souligner que la séquence est une réussite politique et syndicale paradoxale sur deux plans.

D'abord, le front syndical s'est élargi. Alors que ni Force Ouvrière ni la CGC n'étaient représentés dans les premiers cortèges, FO a rejoint le quatrième et dernier appel à la grève et à la manifestation interprofessionnelle du 16 novembre, ainsi que treize fédérations de la CFE-CGC. Deuxièmement, ce premier automne social du quinquennat a réussi, sinon à faire barrage au gouvernement, du moins à rallier de plus en plus de Français à la cause des organisations syndicales. À l'issue des deux premières manifestations, début octobre 2019, les Français étaient 65 % à déclarer leur opposition à la révision du Code du travail, contre 58 % lors du sondage Harris publié un mois avant. En octobre 2017, ils étaient également plus nombreux à penser que la réforme allait réduire le pouvoir des syndicats dans les entreprises (76 %, + 5 points) et détériorer les conditions de travail (63 %, + 9 points). Seuls 29 % pensaient qu'elle allait permettre de réduire le chômage[8].

Une opinion publique qui se cristallise rapidement

L'imputation des causes concernant le rapport entre politiques publiques et opinion est toujours difficile à trancher[9]. Les Français se sont-ils opposés aux ordonnances parce qu'ils faisaient un peu moins confiance au gouvernement que dans les premières semaines du quinquennat ? Ou se sont-ils mis à retirer leur confiance au gouvernement à mesure

7. Chiffres du ministère de l'Intérieur.

8. « Ordonnances : une majorité de Français favorable au mouvement de contestation », *Le Point*, 9/10/2017.

9. Gonthier F., « Qui bouge quand l'opinion bouge ? », *Revue française de science politique*, vol. 65, n° 1, 2015, p. 61-84.

que les choix concrets de politiques publiques étaient précisés ? Sans trancher sur ses causes définitives, toujours est-il que la fracture entre l'opinion et l'exécutif semble avoir été particulièrement forte et rapide au cours de cette mandature. La cote de confiance du président a en effet décru plus vite que celle de ses prédécesseurs : selon le baromètre Ifop-JDD publié le 26 août 2017, le chef de l'État a perdu 14 points de confiance en un mois seulement. Seuls 40 % des Français se déclaraient satisfaits de son action en août 2017, et 57 % se déclaraient mécontents (dont 20 % « très mécontents »)[10]. Cette chute abrupte au mois d'août 2017 prolongeait celle du mois précédent (- 10 points en juillet) pour aboutir à un effondrement de 24 points dès le premier été du mandat. À titre de comparaison, 54 % des répondants se déclaraient satisfaits de François Hollande en août 2012, et Nicolas Sarkozy recueillait 69 % d'opinions favorables à la même période en 2007, d'après le même institut[11]. Les commentateurs et journaux ont tenté d'imputer des causalités, et les modifications des politiques sociales engagées au début du quinquennat font partie des hypothèses. Outre la réforme du Code du travail, et concernant cette fois-ci les politiques familiales, c'est l'annonce par le gouvernement le 2 juillet 2017 d'une baisse des aides au logement qui semble avoir d'abord heurté l'opinion. L'annonce du coup de rabot sur les aides au logement dont les APL a meurtri fortement les plus jeunes : en août 2017, la confiance dans le nouveau président a reculé de 14 points chez les 18-24 ans et de 15 points chez les 25-34 ans. Plus surprenant, la confiance dans le chef de l'État a dévissé presque autant auprès des cadres et des professions intellectuelles supérieures (– 15 points) que chez les ouvriers (– 18).

Concernant les ressources de la protection sociale, l'annonce d'une hausse de CSG le 4 juillet 2017 a là aussi rencontré des oppositions fortes. Cette hausse a été planifiée en même temps qu'une baisse des cotisations sociales. Autrement dit, à budget identique, la protection sociale serait moins assise sur le travail et davantage sur d'autres ressources – en l'occurrence les revenus des retraités, mis à contribution eux aussi

10. L'enquête a été menée par l'Ifop auprès de 1 023 personnes âgées de 18 ans et plus.

11. Source : « La popularité de Macron s'effondre encore », *JDD*, 26/08/2017.

par la réforme. Jusqu'alors, la CSG sur les retraites était calculée au taux normal de 6,6 % ; après la confirmation de la réforme et le vote de la loi de financement de la Sécurité sociale à l'Assemblée à l'automne 2017, le taux plein de CSG (touchant 7 millions de retraités) est passé à 8,3 %, soit une hausse de 1,7 point[12].

On peut interpréter ce changement de plusieurs manières – nous en proposons trois pour l'instant, que nous détaillerons davantage dans la troisième partie de cet ouvrage. On peut y voir la poursuite de la fiscalisation de la protection sociale, déjà observée depuis longtemps par Palier et Bonoli : les régimes d'État-providence conservateurs-corporatistes, confrontés au chômage et à la concurrence internationale sur les salaires, tendent à modifier le financement de leurs caisses de protection en diminuant la part des ressources prélevées sur le travail et en faisant payer par l'impôt ce qui était autrefois prélevé en cotisations[13]. On peut y voir deuxièmement, et plus simplement, une baisse des revenus des retraités : prélever davantage de CSG sur les seniors a le même effet que de réduire les retraites. Augmenter les prélèvements obligatoires sur les retraités (ou sur les chômeurs, ou les malades, ou toute personne recevant une prestation de transfert) revient en effet à réduire le niveau desdites prestations sociales. On peut y voir aussi, troisièmement, une politique économique de l'offre, qui réduit les cotisations sociales payées par les employeurs au profit d'une hausse de l'offre. C'est l'inverse d'une relance keynésienne « par le haut », qui prévoit au contraire d'augmenter les prestations en baissant les prélèvements. Quelle que soit l'interprétation que l'on privilégie, la hausse de la CSG semble avoir porté un coup fort à la confiance que les plus âgés portaient au chef de l'État : dans l'enquête d'opinion Ifop-JDD publiée le 26 août 2017, le président de la République perdait

12. Godeluck S., « Budget de la Sécurité sociale : la hausse de la CSG a été votée », *Les Échos*, 7/10/2017.

13. Palier B. & Bonoli G., « Phénomènes de *"path dependence"* et réformes des systèmes de protection sociale », art. cit. Voir également : Navarro M. & Zucman G., « Quel avenir pour le financement de la protection sociale ? », *Regards croisés sur l'économie*, vol. 1, n° 1, 2007, p. 157-166.

14 points d'opinions favorables chez les plus de 50 ans et 16 points parmi les retraités.

Si des commentateurs interprètent la baisse de cote de popularité de l'exécutif comme le résultat de choix concrets de politiques publiques (modification de la CSG, réforme du Code du travail), d'autres soulignent le poids des mots et des symboles utilisés par le nouveau président[14]. Il ne nous appartient pas de discuter si « lorsqu'Emmanuel Macron s'exprime et qu'il y a une caméra, il contrôle tout ce qu'il dit » ou si les envolées comme « la petite phrase d'hier, à la veille d'une grande réforme sociale » sont « à la fois stratégiques et sincères, elles accompagnent et préparent l'opinion sur le contenu des grandes réformes à venir[15] ». Le 2 juillet 2017, Emmanuel Macron avait en effet évoqué « les gens qui réussissent et les gens qui ne sont rien », lors de l'inauguration d'un incubateur de start-up. Critiqué pour une phrase jugée méprisante, l'Élysée avait dénoncé les usages détournés d'une phrase « sortie de son contexte[16] ». Mais le terme « fainéants », utilisé pour décrédibiliser les manifestants contre la réforme du Code du travail, renforça l'impression de distance entre l'exécutif et une partie de la population. Le 15 octobre 2017, le président ajouta sur TF1 : « Je crois à la cordée, il y a des hommes et des femmes qui réussissent parce qu'ils ont des talents, je veux qu'on les célèbre [...] si l'on commence à jeter des cailloux sur les premiers de cordée c'est toute la cordée qui dégringole. » À un chômeur, dans les jardins de l'Élysée, il rétorqua également le 15 septembre 2018 : « Hôtels, cafés, restaurants, je traverse la rue et je vous en trouve, du travail ». Enfin, et concernant précisément les dépenses sociales, une vidéo diffusée par l'Élysée exposa le président en train de déclarer qu'« on met un pognon de dingue dans les minima sociaux », ajoutant « on met trop de pognon, on déresponsabilise et

---

14. Nancy J.-L., *Mascarons de Macron*, Paris, Galilée, 2021 ; Delporte C., « Un président de la République doit s'inscrire dans une histoire et dans l'Histoire », *Revue des Deux Mondes*, 26/05/2017.

15. Analyse de Christian Delporte. Source : Entretien avec Christian Delporte, *Le Monde*, 17/09/2018.

16. « Les "gens qui ne sont rien" : l'équipe Macron tente d'atténuer la polémique », *L'Express*, 3/07/2017.

on est dans le curatif». Ces formules ont installé rapidement l'image d'un «président des riches». Dès une enquête réalisée par Vivavoice les 12 et 13 septembre 2017, 53 % des répondants considéraient que la politique économique de la nouvelle majorité profitait aux catégories les plus aisées. Parmi les raisons, la réduction des APL, la hausse de la CSG pour les retraités, les ordonnances travail revenaient le plus dans les réponses. Concernant la redistribution également, la suppression de l'impôt sur la fortune le 20 octobre 2017, puis l'instauration d'une *flat tax* de 30 % sur les revenus du capital lors du vote du projet de loi de Finances pour 2018, ont aussi pu marquer fortement l'opinion publique.

Qu'est-ce qui fixe une image politique ? Pourquoi, en l'occurrence, les Français considèrent-ils Macron comme le «président des riches» ? L'image «s'est cristallisée dès les premiers mois dans l'opinion. Et elle n'a fait que se renforcer», relève Thierry Herrant[17]. «C'est un marqueur indélébile. Emmanuel Macron sera sans doute pour toujours le président des riches», analyse pour sa part Gaël Sliman, du cabinet Odoxa. Il faut dire que d'après un sondage réalisé en juin 2019, 75 % des Français déclaraient que ce qualificatif correspondait bien au chef de l'État ; la proportion est restée stable en 2018 et 2019. Au sein du spectre électoral, l'impression est étonnamment partagée, qu'il s'agisse d'électeurs socialistes (83 %) ou proches du parti Les Républicains (71 %). Le style présidentiel est jugé hautain : une majorité de Français estiment que le président n'est pas «humble» (82 %) et pas «proche des gens» (76 %). «Cela fait de lui un président jugé hors-sol, éloigné de la réalité quotidienne des gens» pour Thierry Herrant. D'où viendrait cette image ? L'enquête Odoxa est intéressante, car elle révèle que l'impression dans l'opinion s'explique bien plus par les réformes concrètes des politiques publiques que par le style de communication. Macron était qualifié de «président des riches» en raison de ses mesures jugées «injustes» pour 69 % des Français. 30 % seulement

17. «Pourquoi les Français considèrent Macron comme le "Président des riches"», *Challenges*, 04/07/2019.

expliquaient leur qualification négative par « son attitude, son ton et sa communication ».

Santé, handicap, assurance chômage : la poursuite du projet réformateur en 2018

D'autres mesures que l'ISF, la CSG ou les ordonnances travail ont abordé les enjeux de protection sociale pendant la première année du quinquennat. Concernant les commerçants, le projet de loi de financement de la Sécurité sociale pour 2018 a acté la promesse du candidat Macron de supprimer le Régime social des indépendants (RSI), et d'intégrer progressivement dans le régime général leur protection maladie. Une phase transitoire de deux ans fut mise en place, pendant laquelle les différentes missions du RSI allaient être reprises en gestion par le régime général. Le même projet de loi de financement de la Sécurité sociale rétablit à l'inverse le jour de carence pour les fonctionnaires, qui avait été créé sous la présidence de Nicolas Sarkozy et supprimé sous François Hollande.

Toujours en matière sociale, mais cette fois-ci dans le champ du handicap, un rapport fut rendu le 16 janvier 2018 par Jean-Marc Borello à la ministre du Travail Muriel Pénicaud[18], rapport dont le slogan « nul n'est inemployable » sera répété et aura un impact au sein du secteur social tout au long du mandat. Le rapport y définit les dépenses sociales comme un « investissement » : « notre dette la plus lourde est envers les exclus : l'inclusion est un investissement social ». La formule « nul n'est inemployable » fut reprise largement par l'exécutif par la suite – nous y reviendrons et l'analyserons plus en détail dans la troisième partie du livre.

En matière d'assurance chômage, c'est le 2 mars 2018 que fut annoncée l'ouverture des droits aux allocations-chômage pour les démissionnaires, promesse de campagne : « Nous ouvrirons les droits à l'assurance chômage aux salariés qui démissionnent. Tous les cinq ans, chacun y aura droit, s'il choisit de démissionner pour changer d'activité ou développer son

18. Borello J.-M., « Donnons-nous les moyens de l'inclusion », 16/01/2018.

propre projet professionnel », avait inscrit Emmanuel Macron dans son programme. Le projet de loi « pour la liberté de choisir son avenir professionnel » fut présentée en Conseil des ministres le 27 avril 2018 ; mais loin de la promesse, la loi définit une liste de critères tellement stricts que très peu de salariés démissionnaires pourraient bénéficier de la mesure. Ainsi, pour être éligible, le projet de loi adopté le 1er août 2018 établit qu'il faudrait :

- Justifier au minimum d'une ancienneté de cinq ans dans l'entreprise que l'on quitte ;
- Avoir un projet de reconversion nécessitant une formation qualifiante (c'est-à-dire, donnant droit à un diplôme), projet dont Pôle Emploi contrôlerait la mise en œuvre par la suite ;
- Voir son dossier validé en amont par une commission paritaire régionale ;
- Et concernant les artisans, indépendants, professions libérales, entrepreneurs et agriculteurs, ceux-ci ne pourront avoir droit au chômage que s'ils prouvent qu'ils réalisaient un bénéfice annuel d'au moins 10 000 euros ; ils n'auront droit qu'à 800 euros mensuels pendant six mois.

Seuls 2 à 3 % des démissionnaires, soit entre « 20 000 et 30 000 » personnes d'après la ministre du travail Muriel Pénicaud[19], devraient pouvoir remplir les conditions strictes retenues. Emmanuel Macron avait pourtant été clair pendant la campagne, reprenant la même proposition dans la version papier de son programme (page 7), sur son site de campagne et dans le discours du 10 décembre 2016 à Paris : « Je veux que tous les cinq ans, tous les salariés puissent avoir accès à ce droit de chômage s'ils décident de démissionner. » Mais les prérequis excluent, de fait, la majorité du public « à commencer par les salariés de moins de 30 ans qui sont aussi, traditionnellement, le gros des troupes des démissionnaires », explique Jean-François Foucard de la

19. « Muriel Pénicaud : "Nous allons créer de nouveaux droits au chômage" », *Le Parisien*, 6/04/2018.

CFE-CGC[20]. « Avant 30 ans, poursuit-il, on alterne surtout entre des contrats en CDD et des périodes de chômage. Comment voulez-vous, alors, pouvoir justifier d'une ancienneté aussi longue avec des parcours de la sorte ? »

Sur la base de la réforme de 2018, le surcoût engendré par une plus grande ouverture de l'indemnisation devait être de 380 à 680 millions d'euros par an d'après le ministère. Or, ce qui fut le plus critiqué par les syndicats dans cette réforme fut l'absence de ressources associées. Michel Beaugas de FO déplora en effet que le seul paramètre laissé aux mains des partenaires sociaux – qui gèrent les caisses de l'assurance chômage – soit la baisse de l'indemnisation des demandeurs d'emploi : « Le gouvernement doit trouver 500 millions d'euros pour financer l'indemnisation des démissionnaires et des indépendants. [Mais] comme il n'y a pas d'augmentation du budget, ils vont nous demander 500 millions d'économies sur ce cumul et de réduire les droits des plus précaires[21]. » De fait, le projet de loi « pour la liberté de choisir son avenir professionnel » mit en place un outil de contrôle de la recherche d'emploi des demandeurs d'emploi via l'expérimentation d'un « journal de bord » dans des régions expérimentales. D'autres modifications réglementaires en cascade furent adoptées par décrets à la suite de la loi du 1er août 2018. Ainsi les procédures de Pôle Emploi liées aux « manquements aux obligations des demandeurs d'emploi et aux sanctions applicables » ont été rendues plus strictes[22]. Le décret paru le 3 janvier 2019 au Bulletin officiel de Pôle Emploi précisa que Pôle Emploi pourrait, de son propre chef et sans autorisation préfectorale préalable, décider de suspendre l'indemnisation d'un chômeur – alors qu'auparavant l'organisme devait saisir le préfet.

20. « Chômage après démission : pourquoi la promesse de Macron ne touchera quasiment personne », *Capital*, 23/02/2018.

21. Josselin C., « Le projet de loi avenir professionnel qui arrive à l'Assemblée n'a rien de protecteur selon FO », *L'inFO militante*, 11/06/2018.

22. « Manquements aux obligations des demandeurs d'emploi et sanctions applicables », *Bulletin officiel de Pôle Emploi*, Instruction n° 2019-1 du 3/01/2019, p. 139.

Toutes ces réformes sociales ont été menées dans un climat social dense en 2017 et 2018, et elles ont été associées à d'autres décisions qui ont pu renforcer de manière conjointe des oppositions et colères sociales. Les cheminots se sont lancés à partir du mois d'avril 2018 dans une grève perlée contre la réforme ferroviaire. La réforme, adoptée au Parlement à la mi-juin, prévoyait l'ouverture à la concurrence du transport des voyageurs et la fin du statut des cheminots. Se voulant un symbole global de la contestation, une « fête à Macron » fut organisée le 5 mai par le député LFI François Ruffin, rassemblant plusieurs dizaines de milliers de personnes à Paris, sans effet sur l'agenda social du gouvernement. À l'été 2018, Édouard Philippe annonça que le projet de loi de finances pour 2019 serait marqué par un ralentissement de la croissance, qui imposerait des économies sur les prestations sociales. Il annonça que « dès le 1er septembre 2019, les cotisations salariales sur les heures supplémentaires seront supprimées pour tous les salariés » pour un surcoût de « 2 milliards[23] ». À l'inverse, le RSA serait strictement indexé sur l'inflation et ne connaîtrait pas de coup de pouce supplémentaire par rapport à la loi. Trois prestations sociales, « l'APL, les allocations familiales, les pensions de retraite », seraient déconnectées de l'inflation, en ne progressant que « de 0,3 % par an en 2019 et en 2020 ». Pour rendre ces arbitrages, l'exécutif a fait le choix d'une politique « qui privilégie [...] la rémunération de l'activité et qui rompt avec l'augmentation indifférenciée des allocations », expliqua le Premier ministre : « Nous assumons une politique de transformation et de maîtrise des dépenses qui privilégie, je le redis, la rémunération de l'activité et qui rompt avec l'augmentation indifférenciée des allocations[24] ».

Plan pauvreté : le tournant social du quinquennat ?

Cette rigueur sur les allocations sociales fut contrebalancée par le président de la République et son annonce le 13 septembre 2018 du plan pauvreté, plusieurs fois reporté. Repas à 1 euro, petits-déjeuners

23. « Édouard Philippe privilégie le travail plutôt que les prestations sociales dans son projet de loi de finances 2019 », *Le Monde*, 26/08/2018.

24. « Édouard Philippe dévoile les mesures chocs pour le budget », *JDD*, 25/08/2018.

dans les écoles prioritaires… Parmi les mesures concrètes, Emmanuel Macron annonça vouloir développer les modes de garde : accompagnement et formation des professionnels de la petite enfance, encouragement des communes à construire des crèches[25]. Pour les jeunes sans formation de 16 à 18 ans, Emmanuel Macron indiqua vouloir imposer pour la rentrée 2020 une formation obligatoire, en annonçant la « généralisation » de la garantie jeunes d'accompagnement à l'emploi. L'orientation du président fut détaillée lors du discours au musée de l'Homme, à Paris : « enrayer les inégalités de destin qui se perpétuent de génération en génération ». En continuité avec le projet du candidat Macron qui était de fluidifier la société française et de favoriser une « société du mouvement », ce sont les obstacles à la mobilité et les assignations à rester à la même place économique et sociale qui furent les principales cibles du président. On retrouve en substance une préférence théorique pour une société de l'égalité des chances plutôt qu'une société de l'égalité des places, pour reprendre la catégorisation théorique proposée par François Dubet[26]. La nouveauté ? Un « changement radical d'approche » d'après Emmanuel Macron, à savoir la sortie d'une « logique de prestation monétaire ». Les options idéologiques se précisèrent et deux éléments principaux peuvent être relevés dans le discours du 13 septembre 2018. D'abord, priorité fut donnée à la sortie de la pauvreté par l'activité économique : « Nous devons aussi permettre à tous de retrouver le chemin du travail. » Sur le thème des inégalités, ensuite, le discours accorda une place très grande à l'atténuation des inégalités des chances, mais pas à la réduction des inégalités d'arrivée. Autrement dit, pour reprendre les termes de Jean-Claude Passeron, on retrouve un « modèle-limite d'une société où la mobilité sociale serait maximisée et où les rapports de classe resteraient inchangés[27] ». L'inégalité des chances et l'absence de

25. Président de la République, « Présentation de la stratégie nationale de prévention de lutte contre la pauvreté », Paris, 13/09/2018.

26. Dubet F., « Égalité des places, égalité des chances », *Études*, vol. 414, n°1, 2011, p. 31-41. Voir également : Arrignon M., *Justice et injustices sociales*, *op. cit.*

27. Passeron J.-C., *Présentation de Schumpeter, Impérialisme et classes sociales*, Paris, Flammarion, 1984.

mobilité sociale sont alors décriées, mais les inégalités de richesse ne sont pas dénoncées : « Il y a toujours des gens pour ouvrir une voie, il y a des gens plus véloces, il y a des gens qui ont plus de chances, il y a tout un tas de raisons. Mais il en faut ! » Filant de nouveau la métaphore de « la cordée » qu'il avait déjà utilisée, Macron expliquait dans ce discours de 2018 sur la pauvreté qu'il ne servait à rien de vouloir empêcher les plus riches de s'enrichir : « Tirer sur la corde pour qu'ils montent moins vite n'aidera pas ceux qui restent en bas. »

Au-delà des conceptions philosophiques de la justice sociale, sur lesquelles nous reviendrons à la fin de ce livre, deux annonces concrètes ont surpris dans ce plan pauvreté. La première, c'est la reprise du terme de « revenu universel » tel qu'il avait été popularisé pendant la campagne présidentielle par le socialiste Benoît Hamon. Contre « le maquis » des prestations, Emmanuel Macron annonça en effet le 13 septembre 2018 « un revenu universel d'activité qui fusionne le plus grand nombre possible de prestations ». S'il opta pour le terme « universel », Emmanuel Macron ne reprit pas toutefois l'idée d'un revenu pour tous : « Je n'ai jamais cru à un revenu universel qui puisse être sans activité. » Par ailleurs, ce RUA devrait s'accompagner d'un renforcement du contrôle des allocataires, dans une logique de réciprocité renforcée : « C'est aussi dans un parcours de responsabilité que chacun sera inscrit. »

Pour clore cette sous-partie sur les dix-huit premiers mois des réformes sociales sous Macron, nous pouvons souligner un double paradoxe concernant le financement des politiques de lutte contre la pauvreté. Les différentes mesures annoncées par Emmanuel Macron le 13 septembre 2018 furent en effet chiffrées : huit milliards d'euros sur quatre ans, d'après le porte-parole du gouvernement[28]. Le premier paradoxe est le suivant : comment comprendre l'annonce de dépenses sociales supplémentaires, alors que la rigueur budgétaire était au menu du gouvernement depuis le début du quinquennat et que le chef du gouvernement avait même annoncé des économies supplémentaires ?

---

28. « "Notre plan pauvreté se chiffre à 8 milliards d'euros, c'est un choix politique très fort" », affirme Benjamin Griveaux », *20 minutes*, 12/09/2021.

Notre grille d'analyse par le gouvernement incitatif, proposée en 3e partie de cet ouvrage, permettra de dépasser ce paradoxe apparent.

Deuxième paradoxe : alors que le discours du 13 septembre 2018 devait symboliser l'entrée dans le temps social du quinquennat, qu'il s'adressait aux précaires et aux plus pauvres (Emmanuel Macron était monté au pupitre à l'issue d'une journée où des citoyens choisis exposaient leurs récits de vie), c'est à la suite de ce tournant que la France est entrée dans un des conflits sociaux les plus durs de son histoire récente. 17 novembre 2018 : premier acte des « Gilets jaunes », deux cent quatre-vingt mille manifestants, soixante-treize gardes à vue, d'après le ministère de l'Intérieur. L'objectif de cet ouvrage n'est pas d'épuiser l'explication d'un mouvement social qui reste complexe à analyser. Mais il est possible de s'interroger sur ce que le mouvement des « Gilets jaunes » a à voir avec certaines réformes sociales du quinquennat : corrélation, hasard de calendrier, causalité ?

Chapitre 8

Des Gilets jaunes aux retraites : une rupture ?

« Le samedi 17 novembre 2018, “acte I” du mouvement des “Gilets jaunes”, restera une date dans l’histoire de France » d’après le dossier spécial que la revue *Le Débat* a consacré au mouvement. Inattendu, le mouvement des Gilets jaunes a fait l’objet de querelles d’interprétation[1] : mouvement spontané ou profond, inédit ou somme toute assez classique dans l’histoire des mobilisations ? À ses débuts, on le sait, le mouvement regroupait des automobilistes en colère face à la hausse des prix du carburant[2]. Mais si l’augmentation de la taxe sur les produits pétroliers a été l’élément déclencheur, elle n’en constitue pas la seule explication. Les Gilets jaunes s’inscrivent dans la longue histoire des mouvements sociaux en France et, par certains aspects, ils reproduisent des schémas historiques familiers. Les politiques fiscales ont en effet souvent été évoquées pour comprendre l’origine des soulèvements populaires[3]. Dans le même temps, les Gilets jaunes se distinguent de plusieurs manières. Premièrement, le mouvement s’est démarqué par ses lieux de rassemblement décentralisés – « rhizomiques », auraient pu dire Gilles Deleuze et Félix Guattari. Dès le premier samedi, on dénombrait 788 points de blocages. Rien de si nouveau, nous dit la

1. « Les Gilets jaunes : une querelle des interprétations », *revue Lignes*, vol. 2, n° 59, 2019, p. 1-240.

2. Sur les scenarii alternatifs de taxe carbone – plus ou moins justes socialement – voir : Berry A. & Laurent E., « Taxe carbone, le retour, à quelles conditions ? », *OFCE Workingpapers*, n° 06, 2019, p. 1-38.

3. Delalande N., *Les batailles de l’impôt*, Paris, Seuil, 2011.

sociologie des mobilisations, dans le fait que le pouvoir soit contesté dans la rue: à New York, le mouvement Occupy Wall Street s'était installé en 2011 dans le parc du quartier de la Bourse. À Paris en 2016, le mouvement Nuit Debout avait occupé la place de la République afin de dénoncer le projet gouvernemental de réforme, déjà, du Code du travail. Le pouvoir est banalement interpellé par la rue; ce qui est nouveau toutefois, c'est peut-être la plus grande vulnérabilité des systèmes de décision à l'heure de la métropolisation et de la dépendance aux flux[4]. Pour les acteurs des protestations, il ne s'agirait plus tellement d'influencer ou de faire pression sur des centres de pouvoir, mais de déstabiliser un système métropolitain constitué de communications et de réseaux. Deuxième « nouveauté » des Gilets jaunes à discuter, la manifestation semble s'être d'abord organisée sans l'intervention des corps intermédiaires mais par des réseaux sociaux. Mi-décembre 2018, un collectif d'économistes dénombrait sur Facebook 1548 groupes de plus de cent membres associés aux Gilets jaunes[5]. Là encore, ce n'est pas une réelle nouveauté, mais si des manifestations massives ont déjà été lancées et catalysées par des réseaux sociaux ailleurs dans le monde, c'est la première fois qu'une mobilisation de cette ampleur était observée en France.

La couverture médiatique des Gilets jaunes fut très forte. Pour le mot-clé « Gilets jaunes », on trouve 181 563 articles journalistiques publiés entre le 1er octobre 2018 et le 1er juillet 2019[6]. De nombreuses grilles de lecture ont été avancées pour expliquer l'événement. Dans le cadre académique, Sebbah *et al.* ont analysé les Gilets jaunes sur Facebook et Twitter à l'aide de techniques d'analyses textuelles[7]. À partir de l'enquête du Baromètre de la confiance du CEVIPOF, Algan *et al.* ont étudié les

4. Arrignon M., *Sociologie et politiques urbaines*, *op. cit.*, 2020.

5. Boyer P. *et al.*, « Les déterminants de la mobilisation des Gilets jaunes », *Revue économique*, vol. 71, n° 1, 2020, p. 109-138.

6. Source : Factiva.

7. Sebbah B. *et al.*, *Les Gilets Jaunes, des cadrages médiatiques aux paroles citoyennes*, rapport de recherche préliminaire, université de Toulouse, 26/11/2018.

caractéristiques sociodémographiques des soutiens aux Gilets jaunes[8]. L'enquête s'intéressait cependant au positionnement politique de ces soutiens, mais pas aux manifestants eux-mêmes. Une autre enquête, cette fois-ci économétrique, s'est focalisée sur les espaces de la contestation, en observant la localisation des blocages par département et par zone d'emploi. Les auteurs en ont déduit plusieurs dimensions de la mobilisation, croisant les résultats électoraux, les décisions politiques et les caractéristiques socio-économiques des populations.

Tableau 2. Corrélations entre variables de mobilisation des Gilets jaunes

	Département			Zone d'emploi		
	Online		*Offline*	*Online*		*Offline*
	Memb.	Publ.	Bloc.	Memb.	Publ.	Bloc.
Part des véhicules diesel	– 0,36*	– 0.18	– 0,31*	– 0,01	– 0,05	– 0,28*
Routes passées à 80 km/h	0,49*	0,15	0,44*	0,15*	0,16*	0,50*
Abstention	0,21*	0,08	0,38*	0,11	0,12*	0,28*
Vote Macron 1er tour	– 0,01	– 0,06	– 0,12	– 0.12*	– 0,18*	– 0,11*
Navettes moyennes	0,03	0,13	– 0,12	0,15*	0,15*	– 0,16*
Taux de chômage	0,22*	0,24*	0,27*	0,19*	0,25*	0,21*
Inégalités salariales	0,49*	0,30*	0,52*	0,12*	0,14*	0,31*
Âge moyen	– 0,54*	– 0,27*	– 0,47*	– 0,04	– 0,02	– 0,32*
Densité de population	0,53*	0,34*	0,66*	0,11	0,12*	0,80*
N	89	89	89	296	296	296

Notes : 1) Memb. est le nombre de membres, Publ. est le nombre de publications et Bloc. est le nombre de blocages ; 2) Pour les astérisques, on peut rejeter l'hypothèse de non-corrélation avec un niveau de confiance à 95 %.

Si la décision d'augmenter la taxation sur le diesel a été le déclencheur apparent des contestations, en réalité les données administratives montrent que la part des véhicules diesel immatriculés par commune était négativement corrélée avec les indicateurs de mobilisation : ce ne sont pas les personnes directement impactées par la taxe carbone qui se sont mobilisées le plus. En fait, les facteurs les plus prédictifs de la participation au mouvement étaient d'ordre socio-économiques. Qu'il s'agisse du taux de chômage ou des inégalités, les territoires mobilisés

8. Algan Y. *et al.*, « Qui sont les Gilets jaunes et leurs soutiens ? », *Note de l'Observatoire du bien-être du CEVIPOF*, 2019-03.

furent ceux avec à la fois des taux de chômage et des niveaux d'inégalités plus élevés que la moyenne.

Si les travaux économétriques renseignent sur le profil des territoires où se sont jouées la majorité des mobilisations, ils ne permettent pas de connaître précisément le profil des individus qui ont manifesté. Permettant d'affiner ce profil sociologique, une grande enquête de science politique a été menée auprès des manifestants. Les politistes et sociologues confirment d'abord que « la contestation des Gilets jaunes est largement portée par des personnes issues des classes populaires[9] ». Le collectif a mené son enquête *in situ* par questionnaire, répétée dans le temps, sur différents lieux de mobilisation (ronds-points, manifestations, AG et blocages). Les femmes comptent pour 43 % des personnes interrogées et ont tenu le *leadership* sur de nombreux ronds-points. Le taux de chômage dans l'échantillon était de 16 %, soit beaucoup plus élevé que la moyenne nationale autour de 10 % – ce qui confirme l'enquête économétrique vue plus haut. La précarité économique de beaucoup d'enquêtés était manifeste lorsque l'on examine les revenus par foyer : 25 % d'entre eux déclaraient vivre dans un foyer où le revenu était inférieur à 1 200 euros mensuels, 50 % sous le seuil de 2 000 euros par mois. Cela contraste avec le revenu disponible médian d'un foyer français de 2 519 euros[10]. En ce qui concerne les catégories socioprofessionnelles, les Gilets jaunes étaient composés surtout d'ouvriers, d'employés, de petits indépendants et dans une moindre mesure de professions intermédiaires.

Concernant le rapport à la politique, les Gilets jaunes ont constitué la première expérience de mouvement social pour beaucoup. Un peu plus du tiers des Gilets jaunes interrogés (35 %) refusaient de se situer sur le clivage gauche-droite ; parmi ceux qui se situaient sur l'échelle politique, ils étaient bien plus nombreux (44 %) à se situer à gauche – entre 1 et 3 sur une échelle allant de 1 à 7 – qu'à droite (15 %), soit entre

9. Collectif d'enquête sur les Gilets jaunes « Enquêter *in situ* par questionnaire sur une mobilisation. Une étude sur les Gilets jaunes », *Revue française de science politique*, vol. 69, n° 5, 2019, p. 869-892.

10. Source : INSEE, « Revenu, niveau de vie et pauvreté en 2016 », 2018.

5 et 7 sur cette même échelle. Près de 17 % déclaraient appartenir ou avoir appartenu à un parti politique, 32 % à un syndicat et 38 % à une association. Les partis cités recoupent l'ensemble du spectre politique, à l'exception notable du centre et de La République en marche. Chez les militants syndicaux, on retrouve de nombreux membres, actuels ou anciens, de la CGT, ainsi que d'autres organisations comme SUD, la CFDT ou FO. « Ce n'est donc pas, ou du moins pas uniquement, une mobilisation de "néophytes", mais bien un mouvement social dans lequel se retrouvent à la fois des primo-mobilisé·e·s et des individus fortement politisés aux ressources militantes certaines » conclut le collectif d'enquête.

Des questions ont également été posées sur les revendications. L'amélioration du pouvoir d'achat, des demandes de réformes institutionnelles et de luttes contre les inégalités sont les plus citées. Si l'on replace les personnes sur l'axe gauche-droite, on constate une différence nette : les revendications concernant la lutte contre « les inégalités et l'injustice » sont plus représentées chez les personnes de gauche plutôt qu'à droite (10 à 12 points d'écart), celles sur le pouvoir d'achat sont plus représentées chez les Gilets jaunes se déclarant à droite (entre 13 et 18 points d'écart). Toutefois il faut rapporter ces proportions au volume des répondants : sur les 927 personnes ayant répondu à la question des « motifs et revendications », un peu plus de 400 se disaient de gauche, quand moins de 140 se classaient à droite.

Au-delà des enquêtes quantitatives, des informations supplémentaires concernant les politiques publiques peuvent être obtenues en analysant davantage les demandes sociales. Dans un communiqué aux députés le 29 novembre 2018, la délégation du mouvement des Gilets jaunes a listé une série de revendications dont plusieurs touchaient à la redistribution et aux politiques sociales : davantage de progressivité dans l'impôt et davantage de tranches ; un système de retraite qui reste « solidaire et donc socialisé. Pas de retraite à points » ; une indexation des retraites et des allocations sur l'inflation ; hausse du Smic à 1 300 euros net ; « salaire maximum fixé à 15 000 euros ». Ces revendications ont fait l'objet d'un sondage organisé par la coordination des Gilets jaunes, auquel chaque personne se disant appartenir au mouvement était invitée à répondre. Les 12 586 réponses[11] révèlent un vote extrêmement majoritaire (88 % de votes positifs) sur la proposition associant redistribution, progressivité de l'impôt et lutte contre l'évasion fiscale. L'indexation des retraites et des allocations sur l'inflation a recueilli elle aussi un grand soutien, avec 76 % de votes favorables. La remise en place de l'ISF a recueilli 75 % de votes positifs. L'opposition au système de retraites par points agrégeait 70 % de votes positifs, le plafonnement des hauts salaires « en établissant un rapport entre le plus haut et le plus bas », 69 %.

Ces résultats donnent une indication sur les préférences d'action publique des sympathisants des Gilets jaunes. Mais si le nombre de répondants est quinze fois supérieur aux échantillons habituellement pris en compte par les instituts de sondage professionnels, le résultat doit être pris avec prudence puisque les intervalles de confiance ne peuvent pas être contrôlés. Il faut s'en remettre à des sondages significatifs statistiquement pour confirmer les résultats ; sur les ressources fiscales, un sondage IPSOS réalisé du 9 au 13 novembre 2018 indiquait que seuls 19 % des Français se déclaraient favorables à « la suppression de l'Impôt sur la fortune remplacé par l'Impôt sur la fortune immobilière ». 26 % des Français seulement trouvaient par ailleurs que la « hausse de la CSG en échange de la baisse des cotisations chômage » était une « bonne chose ».

L'exécutif, après avoir refusé de réagir dans les dix premiers jours du mouvement, a finalement annoncé des modifications des politiques publiques – mais peu touchant aux politiques sociales. Le 10 décembre 2018, Emmanuel Macron débuta ainsi une allocution télévisée : « Françaises, Français, nous voilà ensemble au rendez-vous de notre pays et de notre avenir. Les événements de ces dernières semaines [...] ont mêlé des revendications légitimes et un enchaînement de violences inadmissibles. » Rejetant les violences d'un côté, mais reprenant certaines revendications de l'autre, l'exécutif a fait le tri dans les mesures. Il a

11. Résultats disponibles sur : <https://revendicationsGiletsjaunes.fr/>

rapproché certaines demandes sociales de son propre programme, interprétant le conflit social comme une impatience : « Nous voulons une France où l'on peut vivre dignement de son travail ? Sur ce point, nous sommes allés trop lentement[12]. » Le gouvernement n'aurait pas à changer d'agenda mais à accélérer (« Je veux intervenir vite et concrètement »), à aller « plus loin ». Il annonça quatre mesures principales, toutes focalisées sur le pouvoir d'achat : les salariés au niveau du Smic percevraient une hausse de 100 euros par mois « sans qu'il en coûte un euro de plus pour l'employeur ». Les retraités touchant moins de 2 000 euros par mois seraient exemptés de la hausse de la CSG : « L'effort qui leur a été demandé était trop important », a reconnu l'Élysée. Alors qu'aucune demande des Gilets jaunes ne concernait ce point, les heures supplémentaires seraient versées « sans impôts ni charges dès 2019 » – ce qui était en fait dans le programme d'En marche. La défiscalisation concernerait aussi les primes versées en fin d'année par des entreprises volontaires.

Emmanuel Macron a par ailleurs maintenu les principales réformes contestées par les manifestants : « J'entends que le gouvernement poursuive l'ambition des transformations de notre pays [...] ; nous avons devant nous à conduire une réforme profonde de l'État, de l'indemnisation du chômage et des retraites. Elles sont indispensables. » Le terme « allocation » ne fut pas prononcé dans le discours du 10 décembre, ni « prestation », ni « RSA », ni « protection sociale », ni « politique sociale ». Sur le plan institutionnel, Emmanuel Macron annonça la mise en place d'un Grand Débat national. Ce Débat finalement « piloté par le gouvernement[13] » proposa quelques modifications d'action publique – reconnues après coup comme modestes. Comme l'écrit l'un des observateurs officiels du Grand Débat, Pascal Perrineau[14] : « Le scepticisme sur la capacité du pouvoir à tenir compte de ses enseignements

12. Emmanuel Macron, « Adresse du Président de la République à la Nation », 10/12/2018.

13. Perrineau P., « Le grand débat national : la démocratie participative à grande échelle », *Pouvoirs*, vol. 175, n° 4, 2020, p. 113-129.

14. À la demande du gouvernement, Pascal Perrineau a été désigné comme « garant » officiel et a été membre du comité de suivi.

est fort : 64 % des Français ne font pas "confiance au gouvernement pour répondre aux attentes des Français qui s'expriment dans le grand débat". […] Certaines d'entre elles témoignent d'une telle opposition aux réformes mises en œuvre au cours de la première moitié du mandat d'Emmanuel Macron (en particulier la suppression de l'impôt sur la fortune en ce qui concerne les biens mobiliers) qu'il est pour lui très difficile de convaincre. »

Automne 2019-printemps 2020 : prime d'activité, garantie jeunes, révision de l'assurance chômage

L'année 2019 s'est ouverte sur l'extension de la prime d'activité, conformément à l'annonce présidentielle. Le plafond a été relevé pour toucher un million de personnes de plus[15]. Ce chiffre est toutefois un maximum puisque le versement de la prime n'est pas automatique et qu'il doit être demandé à la CAF. Or on sait que le taux de non-recours est important pour ce genre de dispositif : en 2016, dernière date d'évaluation chiffrée du non-recours, 27 % des personnes éligibles ne demandaient pas la prime d'activité[16]. Au cours de l'hiver et du printemps 2019, la mobilisation des Gilets jaunes a diminué sur les ronds-points, mais les manifestations se sont poursuivies de manière hebdomadaire les samedis lors des différents « actes », agrégeant d'autres mouvements et saturant l'espace médiatique du fait de heurts avec les forces de l'ordre, interpellations et condamnations. Le calendrier gouvernemental de réforme s'est réenclenché ; le 13 février 2019 a eu lieu le premier cycle d'installation des conférences régionales de lutte contre la pauvreté. Les mesures concrètes ont rencontré des avis partagés ; la prime de 1 000 euros supplémentaire par place de crèche pour les communes les plus pauvres a recueilli un assentiment général, de même que la création d'un fonds pour proposer à l'école des petits-déjeuners et des tarifs de cantine accessibles. Le dédoublement des classes de CP et CE1 a rencontré des avis plus ambivalents. L'augmentation

15. Source : site du gouvernement dédié à la prime d'activité.

16. Drees, *Rapport d'évaluation de la prime d'activité*, 2017.

des enseignants en primaire, mais à budget constant pour l'Éducation nationale, s'est traduite par une hausse du nombre d'élèves par classe dans le secondaire et par une réforme du lycée baissant le nombre de postes et d'heures enseignées dans plusieurs matières[17]. De même, la mesure du plan pauvreté intitulée « Généraliser l'accompagnement vers l'emploi des allocataires de minimas sociaux », avec l'annonce d'une obligation contractuelle des départements d'instruire dans un délai d'un mois l'orientation de tout bénéficiaire du RSA, a rencontré des réactions variées suivant les interlocuteurs dans les territoires – nous le verrons dans la partie 3 de l'ouvrage. L'extension enfin de la « garantie jeunes » fut, là aussi, commentée diversement. Cette mesure avait déjà été expérimentée pendant le quinquennat précédent auprès des 16-25 ans ni scolarisés ni au travail. La garantie jeunes se traduit par la prise en charge des bénéficiaires de façon collective, le versement d'une allocation de 355 euros mensuels en moyenne par mois, et la priorité donnée à la multiplication des expériences professionnelles selon une logique de « *work first* ». D'abord expérimenté dans une dizaine de territoires en 2013, le dispositif a accueilli deux cent vingt-neuf mille jeunes entre octobre 2013 et la fin juillet 2018. La garantie jeunes aurait permis à des milliers de 16-25 ans de débuter sur le marché du travail, la part des bénéficiaires « déclarant être principalement en emploi » étant de 41 % à la sortie du dispositif[18].

Mais les effets de long terme de la garantie jeunes sur le retour à l'emploi sont à nuancer. Il ne s'agit que d'un contrat d'un an, renouvelable pour une période de six mois maximum. Concernant les montants, la garantie jeunes plafonne à 355 euros, ce qui est le tiers du seuil de pauvreté. Le choix de prioriser la garantie jeunes ne permet pas de faire face à la gravité de l'enjeu : la moitié des pauvres ont moins de 30 ans en France, et leur taux de pauvreté a largement augmenté depuis

17. Dejardin C., « Réforme du bac : destruction créatrice ou chaos annoncé ? », *Le Débat*, vol. 206, n° 4, 2019, p. 60-71.

18. Bissuel B., « Emploi : bilan positif pour la garantie jeunes, dispositif d'aide pour les 16-25 ans en décrochage », *Le Monde*, 18/04/2019.

vingt ans, passant de 8 % à 13 % entre 2002 et 2018[19]. Peut-on dire que le gouvernement soutient massivement avec ce dispositif le retour à l'activité, alors que six bénéficiaires sur dix sortent de la garantie jeunes sans travail ?

Concernant les autres mesures de 2019, une importante réforme de l'assurance chômage a été présentée dans la continuité de la loi pour la « liberté de choisir son avenir professionnel » de l'année précédente. Les partenaires sociaux sont en théorie les décisionnaires en matière de règles d'indemnisation du chômage. Mais si les partenaires sociaux n'arrivent pas à un accord, l'État peut légiférer. C'est ce qui s'est passé en l'espèce : le gouvernement avait envoyé fin septembre 2018 une lettre aux partenaires sociaux demandant de remettre des propositions « dans un délai de quatre mois[20] ». Ce délai, et surtout l'étendue des demandes gouvernementales, s'est révélé « non tenable » d'après Patrick Liébus de l'Union des entreprises de proximité, déplorant « les maladresses de l'exécutif, dans un contexte social tendu ». Face à l'échec de la négociation entre patronat et représentants de salariés, Édouard Philippe et Muriel Pénicaud ont annoncé leur réforme de l'assurance chômage le 18 juin 2019. Le gouvernement l'a présentée comme un moyen de rendre l'emploi plus attractif : les premiers arguments sur la page dédiée à la réforme étaient en effet que « l'inactivité paye parfois mieux que le travail » et que « la durée du chômage s'allonge avec le montant de l'allocation[21] ». Pour étayer le premier point, le gouvernement mit en exergue le fait qu'« en alternant contrats courts et période de chômage, plus d'un chômeur sur cinq touche une allocation supérieure à son salaire mensuel net antérieur moyen, selon Pôle Emploi. Le mode actuel d'indemnisation n'incite donc pas à la reprise d'un emploi ». L'argument est toutefois discutable. Pour apprécier le fait qu'une allocation incite financièrement ou non à en « sortir », il ne faudrait pas

---

19. Seuil du taux de pauvreté à 50% du revenu médian. Source : Madeline B., « Les jeunes vont payer l'addition en matière d'emplois et de revenus », *Le Monde*, 26/11/2020.

20. Gouvernement, « Document de cadrage en vue de la négociation de la convention d'assurance chômage », 25/09/2018.

21. Source : site du gouvernement dédié à la réforme chômage, < https://www.gouvernement.fr/que-contient-la-reforme-de-l-assurance-chomage> [consultée le : 11/06/2021].

regarder la différence entre cette allocation et le salaire précédemment reçu, mais entre le salaire *futur* et l'allocation. Les études de sociologie et d'économie du travail qui se sont intéressées en détail aux parcours d'allocataires ont montré que, même en cas de perte financière à la reprise d'emploi, des allocataires préféraient reprendre un travail – ne serait-ce que parce qu'il ne faut pas laisser passer sa chance dans la file d'attente du chômage, que la durée de perception du chômage est limitée, que le travail « recharge » les droits sociaux, que les offres d'emploi sont rares en période de contraction de l'activité[22].

Pour atteindre « 3,4 milliards d'économies de 2019 à 2021 », le gouvernement a revu les règles d'indemnisation au-delà de ce qui avait été envisagé par les partenaires sociaux. À partir du 1er novembre 2019, il faudrait avoir travaillé six mois sur les vingt-quatre derniers mois au lieu de quatre sur vingt-huit pour accéder à l'assurance chômage. Cette restriction des conditions d'accès « va d'abord toucher les travailleurs les plus fragiles », souligne François Fontaine, de l'École d'Économie de Paris. « C'est un point de vigilance car ils sont aussi touchés par d'autres aspects de la réforme[23]. » Les premiers concernés seront les jeunes qui n'ont pas assez de mois de cotisation.

De plus, le mode de calcul de l'allocation a été révisé : les indemnités chômage seraient désormais calculées sur le revenu mensuel moyen au cours des vingt-huit mois (que l'on ait travaillé l'ensemble des vingt-huit mois, ou connu des périodes d'interruption pour maladie, maternité, chômage partiel...), et non sur les seuls jours travaillés comme auparavant. D'après une note d'impact de l'UNEDIC, 37 % des nouveaux allocataires allaient sortir perdants dès la première année de la réforme[24]. Les conditions de rechargement des droits ont également été durcies : il faudra avoir travaillé six mois au lieu d'un, au cours de

22. Nous reviendrons sur ces éléments de sociologie du travail dans la troisième partie du livre.

23. Fayolle F., « Bonus-malus, indemnisation : le gouvernement frappe fort avec sa réforme de l'assurance chômage », *Challenges*, 18/06/2019.

24. UNEDIC, « Impact de la réforme de l'assurance chômage », Note d'impact de l'UNEDIC, 2019, p. 1-60.

sa période de chômage, pour voir ses droits à indemnisation prolongés. Le gouvernement a aussi mis en place une baisse dégressive dans le temps pour certaines allocations. Côté entreprises, pour lutter contre les contrats courts, un bonus-malus d'un point sera appliqué sur les cotisations d'assurance chômage en fonction du taux de rupture de contrats donnant lieu à inscription à Pôle Emploi. La mise en place de ce bonus-malus, au 1er janvier 2020, n'était toutefois prévue que dans sept secteurs de l'économie, et deux secteurs parmi ceux qui utilisent le plus les CDD échapperont à la mesure : le bâtiment et la santé.

Famille et santé en 2019

Si l'on observe ce qui a été engagé en matière de famille et de débats de société, 2019 a été marquée par les consultations sur la loi bioéthique, qui a abouti à l'extension de la PMA à toutes les femmes. Concernant la santé, c'est cette année-là qu'a également été entériné le projet de loi relatif à l'organisation du système de santé, intitulé « Ma Santé 2022 », dont les grandes intentions avaient été annoncées en septembre 2018 par Emmanuel Macron. Le plan de réforme gouvernemental prévoyait notamment la suppression du numerus clausus (pour la rentrée 2020), la structuration des hôpitaux dits « de proximité », recentrés sur certaines missions et la généralisation de l'espace numérique de santé pour tous les patients[25]. Le projet de loi fut voté en pleine crise des hôpitaux[26]. Débutée le 18 mars 2019 à l'hôpital Saint-Antoine, un mouvement social initié d'abord dans les services des urgences avait rapidement gagné d'autres services hospitaliers. En cause, la « gouvernance d'entreprise » et les coups de rabot des budgets de financement des dépenses de santé, avec des valeurs (prix et salaires) ayant baissé de 0,3 % en moyenne entre 1996 et 2016 alors que le nombre de patients aux urgences est passé de dix millions à vingt et un millions sur la période[27]. De fait, les rémunérations des soignants hors spécialistes sont particulièrement

25. Ministère de la Santé et des Solidarités, Dossier de presse, 18/09/2022.

26. Collectif, « Hôpitaux publics : les raisons de la colère », *Le Point*, 13/11/2019.

27. Wintrebert H., « Grève des urgences : comprendre la crise », *Le Parisien*, 11/06/2019.

basses en France eu égard à la comparaison internationale[28] ; or à une aide-soignante demandant davantage de moyens, Emmanuel Macron répondit le 5 avril 2018 : « Il n'y a pas d'argent magique. » C'est dans ce contexte que deux cent onze services d'urgences se sont mis en grève le 30 juillet 2019, d'après le décompte du « Collectif inter-urgences ». Après huit mois de crise, des milliers de médecins, aides-soignants et infirmières ont de nouveau manifesté le 14 novembre 2019. Le gouvernement dévoila un plan d'urgence comprenant des primes, mais sans convaincre les représentants syndicaux. La motion du Collectif inter-hôpitaux signée en assemblée générale le 10 octobre 2019 précisait en effet ses demandes, à savoir « un changement de logique dans le financement de l'hôpital public avec l'abandon de la tarification majoritaire à l'activité [et] une augmentation significative des salaires », mais aussi « l'arrêt des fermetures de lits d'hospitalisation[29] ». La politique de fermeture de lits a pourtant été poursuivie pendant le mouvement de grève : la France a perdu trois mille quatre cents lits d'hôpitaux en 2019, après une baisse de quatre mille deux cent en 2018, d'après les données officielles de la DREES[30]. Le mouvement de grève des hôpitaux s'est poursuivi en décembre 2019, rejoint à partir du 5 décembre 2019 par l'ensemble des professions dans le deuxième plus grand mouvement social du quinquennat après les Gilets jaunes : la mobilisation contre la réforme des retraites.

Les retraites, ou l'acmé d'une période de contestation

Une réforme des retraites était annoncée dans le programme d'Emmanuel Macron mais ses contours étaient encore incertains. Surtout, énonçait le candidat Macron en 2017, « après plus de vingt ans de réformes successives, le problème des retraites n'est plus un problème financier », précisant que « nous ne toucherons pas à l'âge de départ à la retraite, ni au niveau des

28. Palier B., « Où va l'argent de la santé ? », *Le Monde*, 19/04/21.

29. Collectif inter-hôpitaux, « Motion du CIH », 10/10/2019.

30. « 3400 lits d'hôpitaux ont été supprimés en 2019 », *Les Échos*, 29/09/2020.

pensions[31] ». Missionné le 14 septembre 2017, le haut-commissaire Jean-Paul Delevoye remit son rapport pour un système universel de retraite le 18 juillet 2019. Le principe était celui d'une retraite par points.

Un système de retraite par points

La retraite par points est l'un des différents modes de calcul de retraite possibles, l'autre étant basé sur un nombre de trimestres. La retraite par points fonctionne par cumul des points acquis par le salarié tout au long de sa carrière. Les cotisations versées chaque année sont totalisées et le montant est transformé en points, qui viennent s'ajouter au nombre de points acquis les années antérieures.

La différence avec le calcul par trimestre concerne surtout la valeur de la retraite. Dans le mode de retraite précédent, le salarié pouvait savoir qu'il aurait droit à une retraite complète après 172 trimestres validés, ce qui est une autre manière de parler d'années de vie active (quarante-trois ans). Le montant de la retraite était anticipable, en calculant la moyenne des salaires des vingt-cinq meilleures années de carrière[32].

Avec une retraite à points, on peut considérer que la logique reste identique en apparence : chaque salarié cumule des points annuellement (comme on accumulait auparavant des trimestres), et passé un certain nombre d'années il est possible de convertir les points en pension.

Mais le problème autour de la valeur du point dans le nouveau système est double – et il se rencontre dans la période de travail puis au moment de la retraite. Pendant la vie active d'abord, les droits acquis sont déterminés en fonction de la valeur d'acquisition du point pour l'année en cours. L'enjeu est donc le suivant : combien faut-il avoir reçu de salaire pour acquérir un point, ou dit autrement, quel est le « prix » d'un point ? L'enjeu au moment de l'acquisition des points se retrouvera plus tard, au moment de la conversion des points en pension : quelle sera la valeur de chaque point en euro, lorsqu'il s'agira de partir à la retraite et de connaître le montant de sa pension ?

L'incertitude sur le niveau des retraites vient du fait que la valeur du point peut être modifiée par le législateur d'une année à l'autre. Autrement dit, alors que

---

31. Emmanuel Macron, « Programme présidentiel », 2/03/2017, p. 7.

32. Conditions fixées par la réforme Touraine de 2014.

dans un système où l'on garantissait un montant de retraite calculé sur les vingt-cinq meilleures années de salaire (donc que ce calcul ne dépendait que de votre salaire, votre productivité ; c'était un décalque de votre vie professionnelle), le passage à la retraite par points ajoute une incertitude : non seulement votre retraite va être plus ou moins élevée si vous avez beaucoup ou peu cotisé (comme auparavant), mais de surcroît son niveau peut varier suivant les majorités politiques et la décision de fixation du point d'indice (indexation du point sur l'inflation ? Sur l'évolution des salaires, comme en Suède ? Pas d'indexation, voire baisse de la valeur du point ?). Le rapport Delevoye prévoyait que le point pourrait être modifié en fonction, par exemple, de l'équilibre financier du système, de la démographie, ou de l'état de l'économie. Cette incertitude a amené Édouard Philippe à proposer, face à la contestation sociale, de graver la valeur du point dans une « règle d'or » législative en 2020. Mais cette formule n'était pas une garantie juridique pour les citoyens, le principe de « règle d'or » n'étant pas reconnu dans le droit français. L'inquiétude a pu être renforcée aussi par le fait que, dans les pays étant passés à un système de retraites par points (en Allemagne) ou des systèmes proches (« comptes notionnels » en Suède), la valeur du point a pu connaître des fluctuations importantes au cours du temps. Face à l'incertitude sur la valeur du point – et donc face à l'inquiétude sur sa retraite –, les salariés ont recouru plus massivement à des retraites complémentaires par capitalisation en Suède et en Allemagne, ce qui a étendu le secteur privé des fonds de pension dans ces pays[33]

Le projet de système par points fut rejeté par une partie des syndicats et la CGT, FO, la FSU et Solidaires appelèrent à la grève le 5 décembre. Au lendemain d'une deuxième journée d'action le 11 décembre 2019, Édouard Philippe dévoila d'autres détails de sa réforme, ajoutant à la retraite par points un âge pivot fixé à 64 ans, assorti d'un système de bonus-malus pour les salariés décidant de partir avant ou après ce seuil. Lors de la manifestation suivante, le 16 décembre, le nombre des contestataires doubla : soixante-seize mille dans la capitale, contre quarante mille le 5 décembre. Le front syndical s'unit aussi de manière inédite : s'ajoutant à la CFE-CGC, la CFDT, la CFTC et l'UNSA

33. Charpentier F., « Points, pénibilité, âge de départ, fins de carrière : ce qui est en cause dans la réforme des retraites », *RHPS*, vol. 13, n° 1, 2020, p. 119-126.

appelèrent officiellement à manifester. Le mouvement s'est poursuivi pendant la période des fêtes de fin d'année, et évolua dans ses formes en janvier, alternant grèves, manifestations, actions symboliques[34]. Une nouvelle journée interprofessionnelle fut organisée le 29 janvier puis, le 3 février, le projet de loi débuta en première lecture à l'Assemblée. Pas moins de vingt-deux mille amendements furent déposés par les groupes d'opposition, un record pour cette mandature. Une motion référendaire proposant à l'exécutif de soumettre son projet de loi au référendum fut votée par les groupes communistes, socialistes et apparentés, par la France Insoumise et le groupe « Libertés et Territoires » (divers gauche et droite). Mais le vote négatif du groupe LRM a suffi à rejeter cette option ; il faut dire qu'un référendum aurait été particulièrement risqué pour l'exécutif, tant les enquêtes d'opinion semblaient peu propices. Selon un sondage réalisé les 21 et 22 janvier, 61 % des Français estimaient que le gouvernement devait retirer sa réforme des retraites[35]. Le 6 février, après plus de deux mois de contestation, une nouvelle journée de mobilisation fut organisée par l'intersyndicale – la huitième depuis le début du mouvement, ce qui en fait un mouvement social plus étendu qu'en 1995, l'un des plus longs de la Ve République.

La réforme des retraites fut bien votée à l'Assemblée nationale en première lecture le 5 mars 2020, grâce à l'article 49.3 de la Constitution. Le projet de loi arriva au Sénat le 6 mars… jusqu'à ce que, le 16 mars, Emmanuel Macron annonce une interruption des travaux parlementaires pour cause d'épidémie de Covid-19.

---

34. Leclerc A., « Réforme des retraites : les actions symboliques et médiatiques des grévistes pour faire durer le mouvement », *Le Monde*, 16/01/2020.

35. Enquête réalisée en ligne par Elabe les 21 et 22 janvier 2020 auprès de 1 002 personnes de 18 ans et plus.

Chapitre 9

Les politiques sociales dans la crise du coronavirus

L'épidémie de coronavirus, et la crise économique et sociale qui s'est ensuivie, ont été une modification importante du contexte des politiques sociales en France. C'est une nouvelle étape du quinquennat qui s'ouvrit alors – dont nous proposons de détailler les enjeux ici.

Les politiques sociales et la pandémie : un état des lieux

À de nombreux égards, la crise de Covid a surpris par son ampleur et les premiers temps ont pu créer un état de sidération renforcé par le confinement de mars-avril 2020 et l'interruption brutale du calendrier parlementaire et des mouvements sociaux. La loi du 23 mars 2020 a instauré un « état d'urgence sanitaire », permettant au Premier ministre de prendre par décret des mesures de confinement et d'interdire les rassemblements. Dans cet ouvrage, l'objectif n'est pas de prétendre réaliser un bilan juridique ou sanitaire exhaustif de la période, mais d'étudier ce que le nouveau contexte a pu signifier pour la protection sociale.

Concernant les problèmes sociaux d'abord, des enjeux de politiques sociales sont apparus, et leur gravité est ressortie de manière plus criante au cours de la crise de Covid. Sur un plan sanitaire, il s'agissait de juguler la propagation d'une épidémie, d'adopter des mesures de traitement puis de vaccination de la population une fois les vaccins disponibles.

Démographiquement, on sait que ce furent les Français les plus âgés qui subirent le plus lourd tribut. D'après les données démographiques de l'INED, dès la fin du premier mois de l'épidémie, les décès par Covid19 se concentraient aux grands âges : 84 % concernaient des personnes de 70 ans ou plus. La mortalité avant 60 ans représentait à peine 5 % des décès cumulés dus au Covid. Les décès au-delà de 90 ans représentaient 19 % du total des décès, alors que les plus de 90 ans comptent seulement pour 4,8 % de la population totale.

Graphique 3. Pyramide des âges des décès liés au Covid-19 (par âge, en pourcentage du total des décès liés au Covid-19

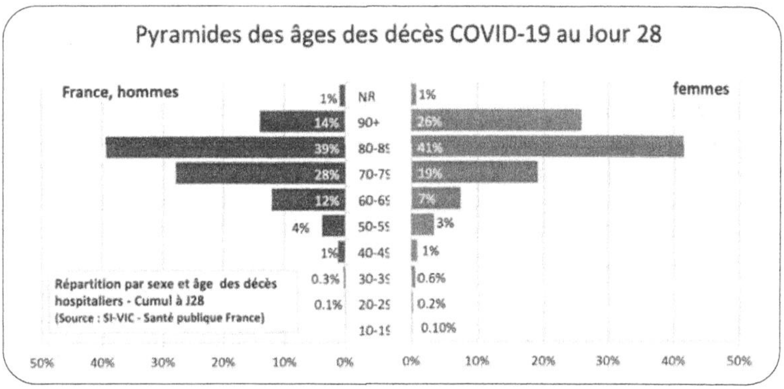

Source : INED, « La démographie des décès par Covid-19 », 2020.

L'épidémie a également accru des problèmes sociaux préexistants. En termes de rapport de genre, les confinements ont vu augmenter les violences faites aux femmes et aux enfants. Dès la première semaine de confinement en mars 2020, une hausse sensible des signalements pour violences conjugales a été observée, avec une augmentation de 36 % dans la zone de la préfecture de police de Paris[1]. Ce constat n'est pas uniquement hexagonal. L'ONG Care exprimait cette alerte dès le début du mois d'avril 2020 : « Alors que 43 % de la population mondiale est invitée à rester chez elle, c'est une épidémie silencieuse, taboue

1. « Confinement : les violences conjugales en hausse », *Le Monde*, 27/03/2020.

– celle des violences – qui va être exacerbée[2]. » À la fin du mois d'avril 2020, l'ONU évaluait à quinze millions le nombre de cas de violences conjugales imputables à un trimestre de confinement dans le monde.

En termes d'inégalités de revenus, ce sont les plus jeunes et les plus pauvres qui ont été touchés par les effets de la crise. « Si les personnes âgées ont subi les plus lourdes conséquences en termes de santé, les jeunes vont payer l'addition en matière d'emplois et de revenus », notait l'Observatoire des inégalités[3]. D'après Élise Huillery, professeure à Paris-Dauphine, « les emplois intérimaires, les premiers à avoir été supprimés dans les entreprises, les services à la personne, qui ont eux aussi disparu massivement, sont souvent leur source principale de revenus[4] ». Quant au chômage, « il constitue une sorte de double peine » pour les jeunes, relève Lucas Chancel de l'École d'économie de Paris[5]. Compte tenu des conditions d'accès aux allocations, « les plus précaires n'ont pas droit aux aides destinées aux victimes de la crise, parce qu'ils n'ont pas acquis le minimum de droits pour y accéder ». Ces analyses ont été confirmées par le baromètre d'octobre 2020 réalisé par Prism'emploi, selon lequel la crise sanitaire aurait entraîné une baisse des ressources pour 41 % des jeunes, les obligeant à réduire leur niveau de vie (34 %) et à compter sur les aides de leur famille (23 % d'entre eux). Pour l'Observatoire des inégalités, la situation fut d'autant plus inquiétante que cette crise frappait une population qui se paupérisait déjà depuis une vingtaine d'années. « Cette situation repose vraiment la question de l'ouverture du RSA aux moins de 25 ans et de l'accessibilité des jeunes aux aides sociales », milite la chercheuse Élise

2. Arbrun C., « Les femmes sont les premières victimes de la crise : le cri d'alarme de l'ONG Care », *Terrafemina*, 3/04/2020.

3. Jeanneau L., « Pauvreté : les jeunes vont payer l'addition de la crise sanitaire », *Alternatives économiques*, 27/11/2020.

4. Madeline B., « Les jeunes vont payer l'addition en matière d'emplois et de revenus », *Le Monde*, 26/11/2020.

5. *Ibid.*

Huillery[6]. « Comment expliquer que la société française refuse d'accorder un revenu minimum aux plus jeunes ? » s'est interrogé Louis Maurin de l'Observatoire des inégalités. Il estimait que « 7 milliards d'euros suffiraient » pour permettre « aux 18 -24 ans d'obtenir un minimum social qui leur est refusé jusqu'à maintenant ».

Les inégalités de richesse se sont aussi accrues par le haut, par la hausse des plus gros patrimoines. Selon les estimations du gouverneur de la Banque de France, l'épargne supplémentaire devait atteindre un total de 165 milliards d'euros pour les années 2020 et 2021[7]. La fermeture des restaurants, musées, la réduction des voyages ont été autant d'éléments ayant fait baisser les dépenses des plus riches. À partir des données du Groupement des cartes bancaires, le Conseil d'analyse économique a montré qu'une grande partie des ménages n'avait pourtant pas pu épargner plus que d'habitude pendant les confinements : les 20 % des ménages les plus pauvres ont vu leur épargne se réduire en 2020. Si l'on regarde le décile des Français les plus aisés, les chiffres du CAE montrent que l'on doit aux 10 % les plus riches plus de la moitié de l'argent accumulé au cours de la pandémie[8].

Il est encore trop tôt pour réaliser un bilan définitif de la situation sociale, alors que toutes les données ne sont pas encore disponibles[9], et que même si la reprise économique a été rapide en 2021 les effets sociaux complexes de la pandémie seront longs à mesurer. En revanche,

---

6. *Ibid.* Voir également à ce sujet : Barbier J.C., Zemmour M. & Théret, B, « La protection contre le chômage, les politiques d'emploi, l'insertion et les minima sociaux », *in* Barbier J.C. *et al.*, *Le système français de protection sociale*, Paris, La Découverte, 2021, p. 87-102.

7. « Covid-19 : 165 milliards d'euros d'épargne sur 2020-2021 », *Le Point*, 13/04/2020.

8. Bounie D. *et al.*, « Dynamiques de consommation dans la crise : les enseignements en temps réel des données bancaires », *Rapport du CAE*, n° 049-2020, p. 8-9.

9. Le directeur de l'INSEE indiquait sur son blog, en novembre 2021, que l'institut avait encore du mal à garantir la fiabilité des données sur les revenus des plus pauvres lors la dernière crise, étant donné que les seules microsimulations possibles pour l'instant prenaient en compte les ménages « ordinaires », ce qui exclut les personnes qui vivent en communautés (résidences étudiantes, maisons de retraite, etc.), les personnes sans domicile, etc. Voir : INSEE, « Estimation avancée du taux de pauvreté monétaire et des indicateurs d'inégalités », *INSEE Analyses*, n°70, nov. 2021.

nous pouvons dresser un bilan des changements des politiques sociales adoptés pendant la période.

Des changements de politiques publiques pendant la crise du Covid

Au cours de la crise du Covid le sentiment d'une priorité non conditionnelle à la protection de la santé a pu prédominer dans un premier temps – l'expression « quoi qu'il en coûte », exprimée par le président le 12 mars 2020, ayant été commenté à de multiples reprises. Au-delà des discours, peut-on identifier des modifications profondes des réformes sociales au cours de la période ?

En matière de protection contre le chômage, le gouvernement a adopté des modifications avec le Covid. Il y a d'abord eu la mise en place d'un système de chômage partiel. Le principe est que le salarié reçoit de son employeur une indemnité de 70 % de son salaire brut (soit environ 84 % de son salaire net) et l'entreprise bénéficie d'une allocation du même montant de l'État. Pour la financer, le gouvernement a pu compter sur l'intervention de la Commission européenne, qui a débloqué une enveloppe de 100 milliards pour l'ensemble des pays de l'UE avec le programme « SURE ». Sur ce point, les pays européens se sont inspirés de la crise de 2008 et de la bonne résistance alors de l'emploi allemand du fait du recours massif au chômage partiel[10]. En France, le chômage partiel aurait coûté à l'État 22 milliards d'euros pour la période allant de mars à septembre 2020, d'après le ministre de l'Économie. Mais le coût total est probablement sous-estimé, et pourrait atteindre plus de 50 milliards sur l'ensemble de la crise[11]. Auditionné le 25 juin 2020 au Sénat par la Commission des affaires sociales, le directeur adjoint de l'UNEDIC a précisé que la question de l'amortissement de cette dette était « désormais un sujet sérieux sur la table des pouvoirs publics et

10. Charpail C., « France – Allemagne : l'incomparable chômage partiel », *Revue de l'IRES*, vol. 74, n° 3, 2012, p. 209-221.

11. Besse Desmoulières R. & Tonnelier A., « La facture du chômage partiel en France est encore largement sous-estimée », *Le Monde*, 22/04/2020.

des partenaires sociaux». Le dispositif a été rendu moins généreux : à compter du 1er mai 2021, hors entreprises fermées administrativement, les salariés ne perçurent plus qu'une indemnité de 72 % de leur salaire net au lieu de 84 % auparavant.

En matière de protection chômage, la deuxième mesure importante au cours de la crise fut le report – pour partie – de la réforme chômage. La deuxième phase de cette réforme, entamée en novembre 2019, devait entrer dans sa deuxième phase le 1er avril 2020, mais a été repoussée d'abord au 1er septembre 2020, puis au 1er juillet 2021. La réforme Pénicaud prévoyait qu'il fallait avoir cumulé au moins six mois travaillés à temps complet pour percevoir ses allocations pendant six mois supplémentaires. Outre cette règle qui concerne les «droits rechargeables» pour les travailleurs alternant emplois courts et chômage, la règle commune devait également être modifiée : alors qu'il fallait auparavant avoir travaillé quatre mois sur les vingt-huit derniers mois pour être indemnisé, désormais il faudrait avoir travaillé six mois à temps plein sur les deux dernières années. Un jeune entré dans la vie active, qui a travaillé deux mois chaque été pendant ses études, ne pouvait donc plus toucher le chômage. Un éditorial du *Monde* a pris position, en qualifiant cette réforme censée rapporter 3,4 milliards d'économies de «punitive[12]». «Ça va être une tuerie», s'alarmait en septembre 2019 Laurent Berger de la CFDT. Au moins 40 % des demandeurs d'emploi devaient subir des conséquences négatives de la réforme, que ce soit sur le niveau des allocations ou la durée de perception, selon les estimations de l'UNEDIC. «Oui, les règles sont plus dures, mais dans un contexte où il y a de l'emploi», rétorquait Muriel Pénicaud avant la crise[13].

Si les nouvelles règles d'éligibilité et de rechargement des droits sont bien appliquées depuis le 1er novembre 2019, la réforme comportait un second volet, qui devait s'appliquer un an et demi plus tard, soit en

12. «Assurance-chômage, une réforme punitive», *Le Monde*, 31/10/2019.

13. Sénécat A. & Maad A. «Huit cas concrets pour comprendre ce qui change dans l'indemnisation des chômeurs», *op. cit.*

avril 2020[14]. Ce volet comportait un bonus-malus pour les entreprises enchaînant les contrats courts et de nouvelles modalités de calcul du salaire journalier de référence. Or, compte tenu des impacts de la crise sanitaire, un report de cette partie de la réforme de l'assurance chômage a été annoncé par le Premier ministre en juillet 2020. Les syndicats, fait suffisamment rare pour être souligné, se sont unanimement prononcés pour, non pas le report, mais la suppression de la réforme. La CFDT, la CFE-CGC, la CFTC, la CGT et FO ont rédigé le 14 octobre 2020 un courrier exhortant l'exécutif à y renoncer, puis ils ont réaffirmé leur opposition le 23 février 2021 dans un autre communiqué. Le 2 mars 2021, le gouvernement a confirmé que le projet de réforme de l'assurance chômage serait mené à son terme, mais en suivant un plan légèrement différent de ce qui était anticipé.

Les règles d'indemnisation seraient bien modifiées. Mais la nouveauté serait l'instauration d'un plancher en dessous duquel l'allocation ne pourrait pas descendre. Ainsi, dans le cas d'une personne ayant travaillé au SMIC pendant huit mois sur deux ans, l'indemnisation à laquelle elle pourrait prétendre serait de 667 euros pendant quatorze mois. Cela aurait été de 389 euros durant deux années si les décrets de 2019 avaient été appliqués jusqu'au bout, mais de 985 euros pendant huit mois en vertu de la réglementation antérieure. Avec ce nouveau système, huit cent mille personnes subiraient une baisse des sommes octroyées par Pôle Emploi[15]. Les autres nouveautés obéissent à des modalités d'application un peu différentes, tenant compte de la conjoncture : pour pouvoir accéder au régime d'assurance chômage, il faudra avoir travaillé au moins quatre mois en temps de crise, mais ce seuil sera porté à six mois quand l'économie ira mieux. La démarche du gouvernement repose sur l'idée qu'en taillant dans l'indemnisation, « les demandeurs d'emploi seront plus motivés pour retourner au boulot, mais rien ne le démontre », a dénoncé François Hommeril de la CGC. De manière inattendue, l'ancien directeur de cabinet de Muriel Pénicaud, Antoine

14. Page du gouvernement dédiée à l'assurance chômage, consultée le 20/03/2021.

15. Bissuel B., « Le gouvernement abat ses cartes sur la réforme de l'assurance-chômage », *Le Monde*, 3/03/2021.

Faucher, a pris part au débat en jugeant négativement l'application de la réforme[16] : « La réforme, quand elle a été présentée il y a presque deux ans, se justifiait car elle intervenait dans un contexte de croissance économique. [...] Depuis, la situation a radicalement changé : [...] dans les efforts légitimes à demander à la France dans le monde post-Covid-19, pourquoi commencer par les chômeurs ? »

Suivant notre présentation par « risque social », nous pouvons poursuivre l'analyse avec les politiques de lutte contre la grande pauvreté. Au cours de la crise, la trêve hivernale pendant laquelle les locataires ne peuvent pas être expulsés a été repoussée jusqu'au 10 juillet 2020. Puis les expulsions ont repris de juillet à octobre, et la nouvelle période de trêve s'est ouverte le 1er novembre. Sur le risque famille et celui de grande pauvreté, le gouvernement a annoncé le 15 avril 2020 une aide exceptionnelle de 150 euros par ménage bénéficiant du RSA ou de l'allocation de solidarité spécifique, et 100 euros supplémentaires par enfant. Le gouvernement n'a pas annoncé de mesures spécifiques pour les plus pauvres pendant les six mois suivants ; puis, le 14 octobre 2020, le président a reconnu que la crise sanitaire frappait « de manière très injuste, encore plus dans les milieux les plus précaires » et le 24 octobre Jean Castex a détaillé des nouveautés. Il a prévu la création de trente mille postes dans les structures d'insertion par l'activité économique et des accompagnements renforcés à la recherche d'emploi. Il a rappelé que « les travaux sur le revenu universel d'activité vont se poursuivre », sans toutefois que des annonces à ce sujet aient été faites depuis. Par ailleurs, le plan de relance de 100 milliards annoncé par le ministre de l'Économie le 3 septembre 2020 a intégré, pour une faible part, des mesures pour les plus pauvres : principalement un complément sur l'aide alimentaire et une majoration de 100 euros de l'allocation de rentrée scolaire. Les associations telles la Fondation Abbé Pierre et ATD Quart-Monde se sont émues qu'une si faible partie du plan de relance soit consacrée à l'aide aux plus pauvres. Seuls 800 000 euros

16. Foucher A., « Réforme de l'assurance-chômage : "Les demandeurs d'emploi concernés vont avoir un lourd sentiment d'injustice" », *Le Monde*, 2/03/2021. Antoine Foucher, avant d'être directeur de cabinet de Mme Pénicaud, a été directeur des relations sociales au Medef.

en effet, soit 0,8 % des 100 milliards d'euros du plan de relance, furent orientés vers les plus pauvres[17]. Trente-cinq associations et quatorze collectifs de lutte contre la pauvreté réunis dans le réseau « Alerte » ont dénoncé dans un communiqué : « Plan de relance : les plus précaires, une fois de plus ignorés ! ». Laurent Berger, secrétaire général de la CFDT, a repris lui aussi cette critique. Face à la contestation, le président de la République a annoncé une aide le 14 octobre 2020 : il convient « pour les bénéficiaires du RSA et des APL – ce qui touche du coup tous les jeunes très largement, les 18-25 ans – d'avoir une aide exceptionnelle, pendant ces 6 semaines qui viennent, de 150 euros plus 100 euros par enfant ». Mais le gouvernement est revenu sur le périmètre du dispositif dans les jours qui ont suivi : les bénéficiaires des APL ont touché la prime de 100 euros par enfant, mais ceux sans enfant n'ont eu droit à rien. Les jeunes de 18 à 25 ans sans enfant (et sans RSA, puisqu'il n'est pas ouvert aux moins de 25 ans) n'ont pas touché l'aide, contrairement à l'annonce faite par le président[18]. Plus profondément, concernant l'argumentaire mobilisé, le chef de l'État a refusé une revalorisation des minima sociaux et a mobilisé l'argumentaire suivant pour s'en expliquer : « Moi, je tiens aussi à une chose, c'est qu'on ne perde pas nos fondamentaux. Nos fondamentaux, c'est la lutte contre la pauvreté par le retour à l'activité et le travail[19]. »

Concernant le risque « vieillesse », le gouvernement avait présenté en 2019 son projet de réforme des retraites et engagé la procédure accélérée en janvier 2020. Or, après le vote du projet de loi en première lecture à l'Assemblée nationale, c'est Emmanuel Macron lui-même qui a interrompu la navette parlementaire, par son discours du 16 mars 2020. La manière dont l'annonce a été faite est significative, et nous en reproduisons ici l'extrait : « Nous sommes en guerre. Toute l'action

---

17. Lazarova R., « Le Plan de relance efface les pauvres », *La Gazette des communes*, 08/09/2020.

18. « Covid-19 : non, les 18-25 ans ne seront pas "largement bénéficiaires" de l'aide de 150 euros », *Franceinfo.fr*, 16/10/2020. Suite au quiproquo provoqué chez les étudiants par l'erreur d'Emmanuel Macron, une aide a été ajoutée pour les boursiers début décembre 2020.

19. Interview d'Emmanuel Macron, 14/10/2020.

du gouvernement et du Parlement doit être désormais tournée vers le combat contre l'épidémie. De jour comme de nuit, rien ne doit nous en divertir. C'est pourquoi, j'ai décidé que toutes les réformes en cours seraient suspendues, à commencer par la réforme des retraites. » À la suite d'une réunion avec les partenaires sociaux le 16 juillet 2020, le nouveau Premier ministre Jean Castex a indiqué que la réforme des retraites serait « maintenue », mais a annoncé « une nouvelle méthode ». Il a saisi le Conseil d'orientation des retraites afin d'évaluer la situation financière en distinguant la partie liée à la crise et le déficit structurel du régime. Jean Castex avait indiqué vouloir régler ce dossier « à court terme » ; mais les annonces suivantes ont été contradictoires.

Le 3 septembre 2020, Jean Castex a expliqué dans une interview sur RTL, dans une double négation étonnante : « Le gouvernement que je dirige n'a pas l'intention de ne pas traiter le sujet des retraites, un sujet réel. » Il a rejeté l'hypothèse d'un allongement du temps travaillé – alors que le site du gouvernement indiquait toujours vouloir « incit[er] les Français, sans les y forcer, à travailler un peu plus longtemps ». Jean Castex a mis en avant la crise comme explication du revirement gouvernemental. Il a insisté : « La réforme universelle, engagée par Emmanuel Macron pour arrêter les régimes spéciaux, nous la conduirons. » Il a répété que « la priorité aujourd'hui, c'est l'emploi. Mais il n'est pas question de mettre la poussière sous le tapis au sujet des retraites ». Il avait eu pourtant un autre usage de la crise dans son premier discours de politique générale en juillet : « En matière de retraites, la crise nous invite plus que jamais à poursuivre nos objectifs vers un système plus juste et plus équitable. » La crise impose-t-elle donc une pause, une annulation d'une partie de la réforme, ou au contraire invite-t-elle « plus que jamais à poursuivre nos objectifs » ?

En matière de santé, les adaptations à la crise ont été nombreuses, des évaluations sont en cours et débordent le cadre de ce seul ouvrage[20]. La crise a en effet amené à modifier non seulement les modes de

20. Sur une présentation des recherches en cours sur la gestion de la pandémie, voir : Weible C. M. *ET AL.*, « COVID 19 and the policy sciences », *Policy Sciences*, vol. 53, 2020, p.225-241.

financement des soins (tests, vaccination, traitements), les infrastructures de prise en charge des malades (nombre de lits, transports de patients entre régions au plus fort de l'épidémie), les instruments de communication et de traçage des populations, les relations centre-périphérie et le rôle des collectivités (distribution de masques, mise en place de vaccinodromes…). À la suite du Ségur de la santé, une revalorisation salariale a été accordée aux personnels hospitaliers en première ligne lors de cette pandémie – lesquels personnels avaient fait grève pendant plusieurs mois l'année précédente, dénonçant déjà le risque que faisaient peser les fermetures de lits à l'hôpital. Face au risque d'exposition extrême de l'exécutif dans un régime de décision centralisé (le président annonçant personnellement le confinement, puis les modalités de déconfinement, de vaccination) une des stratégies a été de mettre en avant des figures d'expert comme codécisionnaires dans un modèle classique d'évitement du blâme[21] : mise en place d'un nouveau « Conseil de défense sanitaire » autour du président, s'appuyant sur les recommandations du « Conseil scientifique Covid-19 » en mars 2020, puis du « Conseil d'orientation de la stratégie vaccinale ». Cette multiplication d'instances hybrides associant experts et élus entérine la tendance longue à l'agencification de l'action publique[22] en particulier en politique de santé. Sur le plan des conditions de travail en période de confinement, des règles ont été discutées entre partenaires sociaux et des recommandations ont été émises par certaines organisations[23]. Conclure définitivement sur les changements en cours serait prématuré, dans la mesure où des modifications sont prévues au moment de l'écriture de ces lignes (adaptations aux variants, passes sanitaires, vaccinations et nouveaux rappels). C'est pourquoi nous proposons

21. Hassenteufel P., « Handling the COVID 19 crisis in France : Paradoxes of a centralized state led health system », *European Policy Analysis*, vol. 6, n° 2, 2020, p. 170-179.

22. Sur le recours à des agences dans la période, voir : Vauchez A., « Contre le Covid-19, la stratégie du court-circuit a un coût, des biais et des effets pervers », *Le Monde*, 29/01/2021. Sur le plus long terme, voir : Benamouzig D. & Besançon J., « Les agences, de nouvelles administrations publiques ? », in Borraz O., (dir.), *Politiques publiques 1*, Paris, Presses de Sciences Po, 2008, p. 283-307.

23. Accord national interprofessionnel du 26/11/2020 : « Pour une mise en œuvre réussie du télétravail ».

de nous focaliser sur les domaines de politiques sociales présentées ci-dessus, afin non pas de proposer une analyse exhaustive, mais de tenter une première catégorisation des formes qu'ont pu prendre les discours de crise sur les sujets étudiés.

Théoriser les changements : quatre impacts possibles de la crise sur les politiques publiques

Voici les quatre hypothèses classiques que l'on peut tester concernant le rapport entre crise et justification des réformes sociales :

- H1) Réorientation des réformes : la crise est utilisée pour justifier la modification des réformes en cours.
- H2) Pause des réformes : la crise est utilisée pour justifier une pause ou le ralentissement du processus de réforme.
- H3) Maintien des réformes : la crise est utilisée pour justifier le maintien voire l'accélération du calendrier de réforme.
- H4) Hypothèse nulle : la crise n'est pas mentionnée dans les négociations sur les réformes en cours.

Pour établir ces hypothèses, nous nous sommes appuyés sur des études déjà menées au cours de la crise de 2008 concernant les manières par lesquelles des acteurs politiques modifiaient leurs argumentaires sur les réformes sociales[24]. Dans le cas présent, l'hypothèse H2 peut d'abord être confirmée. Eu égard à la réforme de l'assurance chômage, Muriel Pénicaud a annoncé le 16 mars 2020 sur BFM TV que la réforme était « reportée ». C'est l'adaptation au nouveau contexte qui a été mobilisée comme explication : « La réforme a été conçue dans un contexte qui n'a plus rien à voir avec celui que nous connaissons aujourd'hui. »

Dans le cas de la réforme des retraites, l'annonce de suspension de la réforme a d'abord pris les atours d'une simple interruption. À la suite d'une réunion avec les partenaires sociaux le 16 juillet 2020, le Premier ministre Jean Castex a annoncé que « la priorité des priorités

24. Arrignon M., « Poursuivre malgré la crise ? Changement de contexte et continuité des politiques d'emploi en Europe », *Politique européenne*, vol. 4, n° 42, 2013.

désormais, c'est la lutte contre la crise». La conjoncture – ici, la crise économique et de l'emploi – a été utilisée pour justifier la mise en pause d'une révision structurelle – la réforme des retraites. Le Premier ministre a toutefois précisé, comme dans le cas de l'assurance chômage, qu'il ne s'agirait que d'une pause : «Je suis donc déterminé à ce que cette réforme, parce que c'est l'intérêt du pays, aille à son terme d'ici la fin de cette législature[25]. » La nouvelle ministre du Travail Élisabeth Borne, elle aussi, a insisté sur le contexte, l'urgence, qui imposerait une modification de l'agenda immédiat. Elle a précisé dans un entretien au *Parisien* le 2 mars 2021, que « la réforme des retraites n'[était] pas dans l'agenda social des prochaines semaines». La fin de la pause n'était pas indiquée plus précisément.

Toutefois, l'annonce d'une « suspension » de toutes les réformes, « à commencer par la réforme des retraites », a pu être ambiguë et laisser supposer autant une pause (hypothèse H2) qu'une réorientation (H1) ou un maintien du contenu de la réforme (H3). La polysémie du terme « suspension » utilisé par le chef de l'État est significative. Le dictionnaire du Trésor de la langue française en précise le sens : le terme « suspension » est l'« action de suspendre quelque chose/ quelqu'un ». Le terme peut désigner une pause (« interruption momentanée ») et dans d'autres cas, plus rares, un arrêt définitif (« suspension des poursuites » en droit pénal et commercial). Qu'elle soit intentionnelle ou fortuite, la référence à la suspension maintient donc une ambiguïté lexicale : le discours d'Emmanuel Macron proposait d'éloigner ou au moins de laisser en « suspens » le conflit en faisant appel à « l'union nationale ». Les députés de la majorité ont hésité dans leurs réactions – à l'image de Cendra Motin, députée LREM de l'Isère et rapporteure du volet organique de la réforme des retraites, qui en fut réduite à un truisme voire à une tautologie : « On reste sur le principe de la suspension. Il n'a jamais été question d'autre chose[26]. » D'autres métaphores, aussi incertaines, furent parfois

25. Discours de politique générale au Sénat, 16/08/2020.

26. Louis P., « Définitivement enterrée ou simplement reportée : quel avenir pour la réforme des retraites ? », *BFM Business*, 11/06/2020.

évoquées : « Si elle empêche le pacte républicain de se conclure, la réforme des retraites devrait être mise de côté », d'après le chef de file des députés LREM Gilles Le Gendre.

D'autres discours gouvernementaux ont sous-entendu, plutôt qu'une simple pause, une « modification des réformes » (hypothèse H1) – à commencer par cette même réforme des retraites. Jean Castex a par exemple affirmé le 16 juillet 2020 que le projet serait repensé à l'aide d'« une nouvelle méthode » qui distinguerait le « caractère structurel » de la réforme et son volet financier. Il a rejeté en septembre 2020 l'hypothèse d'un allongement du temps travaillé, mettant en avant la crise comme explication du revirement : « Si nous prenons des mesures d'âge ou d'allongement des durées de cotisations dans le contexte actuel, je ne dis pas qu'elles ne sont pas nécessaires, mais il y a quand même un consensus pour dire que ça aura des conséquences négatives sur l'emploi à court terme. » Le président de l'Assemblée nationale Richard Ferrand a quant à lui déclaré le 13 décembre 2020 que la réforme des retraites ferait « une excellente première réforme de deuxième quinquennat » – suggérant une annulation au cours de ce quinquennat-ci.

Si la crise a été utilisée politiquement par la majorité pour justifier parfois une pause des réformes (H2), parfois une annulation d'une partie voire de la totalité d'un projet (H1), elle a aussi été utilisée pour revendiquer une accélération du calendrier, ou expliquer que la crise avait rendu *d'autant plus nécessaires* les réformes planifiées au début du quinquennat (H3). Ce fut le cas pour la réforme chômage. D'après Élisabeth Borne, auditionnée par la Commission des affaires sociales du Sénat le 19 novembre 2020, « la crise n'invalide pas, au contraire, les fondamentaux de cette réforme. [...] Nous allons essayer de trouver les meilleurs réglages sur ces différents paramètres pour mener cette réforme de l'assurance chômage dont les objectifs ne sont pas invalidés par la crise ». Concernant le risque chômage, Élisabeth Borne a expliqué que la crise n'invalidait pas le principe des réformes, voire qu'elle donnerait davantage raison au gouvernement : les orientations adoptées dès le début du quinquennat seraient plus pertinentes encore.

Le ministre de l'Économie a mobilisé le même type d'argument sur la nécessité renforcée des réformes dans le nouveau contexte (H3). Le 28 novembre 2020, en pleine période de confinement, Bruno Le Maire a indiqué que la réforme des retraites était « la priorité absolue » ; il a répété le 12 janvier 2021 qu'elle était « plus que jamais nécessaire ». M. Bruno Le Maire a également fait un usage sémantique tout à fait significatif de la crise, indiquant que le nouveau contexte d'endettement était justement ce qui rendait la réforme pensée en 2019 plus que jamais utile : « Il n'y aura pas de hausses d'impôts, mais il va falloir identifier d'autres solutions [...]. L'État remboursera sa dette d'abord grâce au retour de la croissance, ensuite par une maîtrise de nos dépenses de fonctionnement et, enfin, par des réformes structurelles comme celle des retraites[27]. » La réforme des retraites, qui se justifiait en 2019 pour des raisons d'« universalité », est dorénavant expliquée, avec la crise, comme un moyen de rembourser le plan de 100 milliards du ministre de l'Économie. Les ministres des Comptes publics et de la Santé ont repris ce type d'argumentaire dans un entretien accordé au journal *Les Échos* le 15 mars 2021. Olivier Dussopt a jugé la réforme des retraites toujours « utile et nécessaire », et insisté sur l'importance renouvelée de la réforme « pour faire face aux déficits prévisionnels de grande ampleur du système de retraites » qui résultera de la crise.

Il n'y a pas de lien, ni nécessaire ni univoque, entre crise et politique publique. En effet, ce que nous apprend l'étude de la période ouverte par la crise du coronavirus, c'est que plusieurs discours opposés peuvent être mobilisés simultanément. Dans la dernière période du quinquennat, la crise a été utilisée pour justifier la modification ou l'annulation de réformes en cours (H1). Elle a parfois été utilisée pour justifier une simple pause (H2) ou, et de manière plus contre-intuitive, pour accélérer les réformes et les justifier « plus que jamais » (H3). Ces constats nous invitent à privilégier une analyse de type constructiviste pour analyser le rapport entre crise et politiques sociales. « Période

27. Bruno Le Maire, entrevue au journal *Le Parisien*, 27/11/2020.

décisive ou périlleuse de l'existence[28] », la crise peut certes être une séquence d'ouverture favorable à la renégociation des organisations et rôles institués[29], mais aussi être un facteur de continuité dans la mesure où le nouveau contexte rend plus difficile l'imputation des responsabilités. Comme l'explique un membre de cabinet ministériel chargé de l'autonomie, « la situation sanitaire a eu l'avantage, et le désavantage, de mettre en avant la situation des personnes âgées[30] ». La crise peut ouvrir une fenêtre d'opportunité pour la mise à l'agenda d'un problème social, mais sans être un facteur suffisant. À la fin du quinquennat l'enseignement fut typique : si la crise du Covid a permis de visibiliser temporairement la situation des personnes âgées et d'inscrire à l'agenda la constitution d'une nouvelle branche « dépendance » de la protection sociale en 2020, cela n'a pas suffi pour que l'augmentation significative du volume des personnels ni les aides promises aux familles face au coût de l'hébergement en maison de retraite soient votées ensuite à l'Assemblée[31].

28. Article « Crise », Dictionnaire Larousse, 2011.

29. Lagadec P., *La Gestion des crises*, New York, McGraw Hill, 1991.

30. Entretien n° 3.

31. Béatrice Jérôme, « Loi "grand âge" : une promesse non tenue », 1/12/2021.

Conclusion

Trois périodes pour les politiques sociales peuvent être dégagées du quinquennat. Dans les dix-huit premiers mois, le gouvernement a semblé avancer rapidement dans son programme de réforme. Les ordonnances promulguées le 23 septembre 2017 ont modifié les conditions du licenciement et des négociations en entreprise, la hiérarchie des normes, le niveau des indemnités prud'homales, les critères de pénibilité. Puis la réforme de l'ISF à l'automne 2017, l'augmentation de la CSG et les suppressions de cotisations salariales sur les heures supplémentaires ont modifié les ressources financières. Une révision de l'assurance chômage a été présentée en 2018 et le projet de loi « pour la liberté de choisir son avenir professionnel » a été adopté par l'Assemblée. Le climat social dense au printemps et à l'été 2018 n'a pas modifié fortement l'agenda gouvernemental jusqu'à l'hiver 2018-2019.

Dans un deuxième temps du quinquennat, les projets du gouvernement ont fait l'objet d'une contestation plus intense. Ce fut d'abord le mouvement des Gilets Jaunes qui, à partir d'une amorce sur la fiscalité, a débouché sur des contestations plus vastes de la politique gouvernementale. Le Grand Débat organisé par l'exécutif au premier semestre 2019 n'a pu que prendre acte de cette rupture : alors que les revendications de la coordination des Gilets jaunes insistaient sur une meilleure progressivité de l'impôt, un plafonnement des hauts salaires, une hausse du Smic et des allocations sociales, le président de la République a indiqué qu'il n'envisageait pas de changer de cap mais au contraire qu'il souhaitait aller « plus loin » et plus « vite ». Un an plus tard, le mouvement contre la réforme des retraites a confirmé que le quinquennat faisait face à une contestation plus ample, que ce soit dans la rue (dix appels à mobilisation de décembre à mars), au Parlement (nécessité de convoquer l'article 49.3) mais aussi chez les intellectuels – parmi lesquels des soutiens pourtant de première heure d'Emmanuel Macron[1].

On peut identifier un troisième temps du quinquennat à partir de la mi-mars 2020, et l'annonce par le président de la République de la « suspension » de « toutes les réformes ». Depuis lors, la crise du Covid a saturé l'espace médiatique et politique avec des effets ambivalents sur les politiques sociales. Certains éléments d'analyse nécessitant de ne pas conclure trop vite à une « réinvention » du macronisme face à la crise[2], il convient de pousser l'analyse comparée des dispositifs : après avoir présenté les réformes, peut-on identifier des caractéristiques communes – en croisant les politiques du travail, des retraites, de lutte contre la pauvreté ? Les concepts classiques de l'analyse des politiques publiques peuvent-ils aider à mieux comprendre les ruptures et les continuités sous ce quinquennat ?

---

1. Aghion P. *et al.*, « Réforme des retraites : l'alerte des économistes proches de Macron », *Le Monde*, 9/12/2019.

2. Rouban L., « Post-coronavirus : le macronisme peut-il encore se réinventer ? », *La Tribune*, 6/05/2020.

Partie 3

Les politiques publiques sous Macron au prisme des théories de l'action publique

Chapitre 10

Un quinquennat dépolitisé ?

Les entretiens menés du printemps 2020 à l'été 2021 révèlent que beaucoup ont du mal à identifier la logique d'ensemble des politiques sociales au cours du quinquennat. À l'échelle locale, d'après un enquêté spécialisé sur les aides aux plus pauvres, « ce quinquennat n'a quand même pas été particulièrement "prolixe" en développement des politiques sociales[1] ». Pour un autre, « pour l'instant, je n'ai pas vraiment d'information sur la stratégie. J'ai du mal à l'identifier[2] ». Pour un troisième, « le plan pauvreté, c'est flou, hein ? On manque de matière. On manque de débats[3] ». Il ajoute : « Le Revenu universel d'activité, vous en avez entendu parler, vous ? Mon sentiment, c'est qu'il y a des choses qui sont annoncées. Mais qu'elles ont du mal à s'imbriquer. » Est-ce à dire que les politiques sociales menées sous ce quinquennat n'auraient pas d'orientation claire ? La crise a-t-elle rendu cette ligne d'orientation plus difficile encore à distinguer ?

Identifier le macronisme, une difficulté partagée

Identifier une spécificité ou non du macronisme est un chantier qui mobilise non seulement des spécialistes des politiques publiques, mais aussi de sociologie et de philosophie politiques. Une des questions qu'on peut faire ressortir de cette littérature est la suivante : une ligne politique

1. Entretien n° 18.

2. Entretien n° 9.

3. Entretien n° 19.

dite « transpartisane » ou du « en même temps »[4] serait-elle par principe plus malléable à la crise, plus adaptable puisque moins dépendante d'une idéologie établie ? C'est l'hypothèse qu'on peut faire à la lecture du livre de Myriam Revault d'Allonnes, qui critique « le peu de substance de l'usage de certains concepts, voire le dévoiement de concepts philosophiques dans des discours macroniens[5] ». Vincent Martigny, lui, préfère minorer la nouveauté de ce quinquennat : « lorsqu'on est attentif au temps long de la politique, force est de constater que les "nouveaux mondes" sont rares[6] ». Il précise en matière d'exercice du pouvoir et de style de gouvernance : « La verticalité et la solitude du président, inscrites de fait dans la Constitution de la Ve République, sont redevenues la norme. De ce point de vue, Emmanuel Macron n'est pas en rupture : il a au contraire renforcé ces phénomènes. » En sociologie électorale, Luc Rouban a montré que l'élection d'Emmanuel Macron à la présidence, puis celle des candidats LREM aux élections législatives, avaient conduit à un paradoxe, ou en tout cas un malentendu. Pour Rouban, en effet :

> Le macronisme a été étiqueté de plusieurs manières mais toujours en désaccord avec ce qu'il était ou produisait vraiment dans la vie politique. Le macronisme associe le retour de l'autorité à l'Élysée à la volonté de réinterpréter la Ve République dans le sens d'une recherche de l'efficacité [...], c'est l'idéologie managériale étendue au politique. C'est le rêve de tous les hauts fonctionnaires réformistes étant passés par le secteur privé après s'être épuisés à produire des rapports dont personne ne tenait compte : mettre en avant les décisions prises en petit comité et les exécuter sans trop tenir compte des débats parlementaires ni des réactions syndicales. C'est un libéralisme par l'État qui voudrait passer en force[7].

---

4. Martigny V. & Strudel S., « De la campagne à la présidence Macron : vers la fin du "en même temps"? », *in* Dolez B., Fretel J. & Lefebvre R. (dir.), *L'entreprise Macron,* Presses universitaires de Grenoble, 2019, p. 127-138.

5. Revault d'Allonnes M., *L'Esprit du macronisme. Ou l'art de dévoyer les concepts*, Paris, Seuil, 2021.

6. « Le Prince face à la foule. Entretien avec Vincent Martigny », *Esprit*, octobre 2019, p. 83-91.

7. Rouban L., *Le paradoxe du macronisme*, Paris, Presses de Sciences Po, 2018, p. 163-164.

Rouban poursuit : « À bien des égards, le macronisme, qui se présente comme une opération de rattrapage du temps que la France aurait perdu dans la quête d'une normalité européenne et libérale, arrive donc à contretemps et en décalage. [...] Il ne résout pas la fracture sociale béante qui nourrit les populismes et ne fait pas disparaître le clivage gauche-droite. » Un chiffre illustre le dépassement impossible de l'opposition gauche-droite en France : la vague 8 de l'Enquête sociale européenne montre que seuls 45 % des Français approuvent l'idée selon laquelle des grandes différences de revenus sont acceptables si elles récompensent les talents et les efforts, contre 52 % des Allemands et 54 % des Britanniques. Surtout, cette moyenne française varie entre 34 % pour ceux qui se situent à gauche, et 59 % pour ceux qui se situent à droite. Comme l'écrit Rouban, « l'idée d'une grande transformation idéologique par laquelle s'opère une convergence programmatique vers le libéralisme au-delà du clivage gauche-droite n'est donc pas confirmée[8] ». Si l'on s'intéresse en particulier au thème de cet ouvrage, les politiques sociales, là aussi les clivages traditionnels perdurent : seuls 39 % des enquêtés de gauche trouvent que les aides sociales pèsent trop lourd dans l'économie, contre 66 % des enquêtés de droite.

En matière de politiques publiques, on peut pousser l'analyse de Luc Rouban en 2018 et la transposer à la période de crise de fin de mandat. Car le paradoxe le plus profond du macronisme est peut-être celui de l'élection d'un candidat qui promettait de réduire la part de la dépense publique et de libéraliser l'économie française, alors que trente mois plus tard la crise renforçait au contraire les demandes de protection sociale. Les enquêtes ESS (*European Social Survey*) et EVS (*European Values Study*) tendent à montrer que les périodes d'incertitudes, qu'elles soient économiques, sociales ou sanitaires, renforcent les besoins de solidarité et les demandes d'État-providence[9]. C'est le cas en moyenne en France, chez toutes les catégories d'âges,

8. *Ibid.*, p. 36.

9. Gonthier F., « Le souci des autres. Une forte progression parmi les jeunes générations », in Bréchon P. *et al.* (dir.), *La France des valeurs. Quarante ans d'évolutions*, Grenoble, PUG, 2019, p. 80-86.

et même chez ceux considérés à tort comme les plus individualistes. Certains observateurs ont annoncé que la pandémie risquait de faire ressurgir un conflit de générations, les plus jeunes se sentant limités dans leur liberté alors qu'ils sont moins touchés par le risque Covid. Or les enquêtes révèlent au contraire un sentiment de solidarité fort. Une enquête d'OpinionWay menée les 13 et 14 janvier 2021 montre que les 18-24 ans étaient par exemple un peu plus nombreux que la moyenne à souhaiter voir un nouveau confinement s'instaurer. Pour Anne Muxel, interviewée dans *Le Monde* du 8 février 2021, « les jeunes sont très conscients [...] des menaces de cette crise sanitaire. Cette pandémie crée plus de solidarité que l'on ne croit ».

D'après Jérôme Sainte-Marie, le macronisme serait d'autant moins adapté en période de crise qu'il aurait eu tendance à reproduire un vieux clivage de classes[10]. Sainte-Marie observe en effet la polarisation croissante de la société française autour de deux blocs non pas d'âge mais de classes. Polarisation ironique : au moment où les théoriciens de la doctrine présidentielle David Amiel et Ismaël Emelien niaient l'existence d'un vote de classe, la présidence Macron aurait vu, selon Sainte-Marie, « l'affirmation d'un bloc élitaire qui alimente un imaginaire de lutte de classes ». C'est la « dynamique du macronisme » selon la formule en sous-titre de l'essai. Philippe Raynaud a insisté sur la solitude du pouvoir macronien : « Cette solitude du pouvoir macronien ne peut qu'aggraver un handicap présent depuis le départ, mais que la magie des circonstances a temporairement fait oublier. Le macronisme souffre d'une méconnaissance ou d'une sous-estimation des diverses fractures qui traversent le pays. Plus grave, il pèche par méconnaissance des mécanismes à l'œuvre derrière ces fractures et, du coup, par incapacité de trouver un langage approprié pour s'adresser aux populations qui en sont victimes[11]. » C'est bien le retour d'une idéologie, mais d'une idéologie qui ne s'assume pas comme telle : « l'idée que les "premiers de cordée" vont tirer les derniers pour les

10. Sainte-Marie J., *Bloc contre bloc. La dynamique du macronisme*, Paris, Cerf, 2019.

11. « Macron, an I. Marcel Gauchet, Philippe Raynaud : un échange », *Le Débat*, vol. 4, n° 201, 2018, p. 4-15.

arracher à la trappe de la pauvreté est sympathique, mais sans grand rapport avec la réalité ». La caractéristique du macronisme serait donc, non pas une politique malléable ou sans idéologie, mais plutôt une dépolitisation apparente masquant des intérêts ou conflits de classe. On retrouve là une des définitions types de la dépolitisation – qu'il va falloir définir plus en détail.

La dépolitisation n'est pas l'absence d'idéologie

Ce quinquennat fut-il dépolitisé ? Pour pouvoir répondre à la question, il faut se mettre d'accord sur le fait que la dépolitisation n'est pas l'absence d'idéologie. Sur un plan théorique, comme le rappellent Maertens et Parizet[12], les premières études consacrées à la dépolitisation sont anciennes, que ce soit dans les travaux portant sur les politiques publiques, mais aussi les relations internationales et les mouvements sociaux. Ayant fait le relevé des termes utilisés les plus fréquemment pour désigner le phénomène, Lacombe et Marteu établissent ce champ lexical : dépolitiser, désidéologiser, désengager, neutraliser, techniciser, démobiliser[13]. La dépolitisation a d'abord pu faire référence, dans la littérature classique européenne et nord-américaine, au déclin des adhésions partisanes et à l'effacement de certaines formes d'activités liées à la prédominance des partis ou des syndicats[14]. Elle est souvent utilisée pour désigner des formes de professionnalisation des actions collectives, au profit de capacités d'expertise considérées comme indifférentes à l'affrontement entre idéologies. À cet égard, Matthew Flinders et Matt Wood constatent que « la grande promesse de la technicité [c'est que] des problèmes purement techniques ont quelque chose de rafraîchissant en tant qu'éléments factuels et neutres[15] ».

12. Maertens L. & Parizet R., « On ne fait pas de politique ! Les pratiques de dépolitisation au PNUD et au PNUE », *Critique internationale*, vol. 76, n° 3, 2017, p. 41-60.

13. Lacombe D. & Marteu E., Une « dépolitisation » de l'action collective des femmes ?, *L'Homme & la Société*, vol. 198, n° 4, 2015, p. 127-148.

14. Matonti F. (dir.), *La démobilisation politique*, Paris, La Dispute, 2005.

15. Flinders M. & Wood M., « Depoliticisation, Governance and the State », *Policy & Politics*, vol. 42, n° 2, 2014, p. 135-149.

Au sein de l'administration plus spécifiquement, Yves Mény a établi une catégorisation de la politisation de l'action publique et proposé trois idéaux-types :

> La politisation peut être de nature idéologique, c'est-à-dire qu'elle renvoie au système de valeurs auxquelles adhèrent les fonctionnaires [...]. La politisation peut être de nature partisane, c'est-à-dire qu'elle se marque essentiellement par l'adhésion explicite ou implicite des fonctionnaires à un parti politique. [...] La politisation peut enfin être structurelle. Dans ce cas de figure la politisation résulte moins des choix effectués par les hommes que de l'agencement même des organisations. Il est illusoire de penser que les organisations (et les hommes qui les gèrent) soient dépolitisées et « aseptisées » dans leur structure même et/ou leurs missions participent du politique[16].

Il n'y aurait donc rien de plus politique qu'un discours niant la dimension conflictuelle et les alternatives[17] – ou, pour plagier un ancien ministre britannique, cité par Yves Mény : « Il n'y a rien de tel qu'un haut fonctionnaire pour faire de la politique tout en prétendant le contraire. » Mais si l'administration est politique tout en prétendant le contraire, comment l'étudier ? L'enjeu méthodologique se complexifie en effet : étudier la dépolitisation, ce serait relever les refus de la politique qui trahissent, par leur négation même, un choix idéologique. Dans la lignée de ces préconisations, on peut définir la dépolitisation comme *une entreprise politique masquant la dimension idéologique des pratiques ou des choix de l'action publique*. Étudier la dépolitisation exige alors de dépasser les qualifications indigènes des acteurs et de repérer le politique dans des plans dits neutres ou intégrateurs.

---

16. Mény Y., « À la jonction du politique et de l'administratif : les Hauts fonctionnaires », *Pouvoirs*, n° 40, 1987, p. 21.

17. Robert C., « Penser la dépolitisation : ressources théoriques, enjeux définitionnels », in Robert C. (dir.), *Confiner la démocratie. Les dépolitisations de l'action publique*, Presses universitaires du Septentrion, 2021, p. 11-28.

La valorisation politique de l'apprentissage en contexte de crise

La crise aurait-elle permis d'apaiser la fin du quinquennat et de dépolitiser certains choix sensibles ? Lors du discours du 16 mars 2020 annonçant la « suspension » des réformes en cours, le président terminait par ces mots : « Nous gagnerons, mais cette période nous aura beaucoup appris. Beaucoup de certitudes, de convictions sont balayées. [...] Nous aurons appris et je saurai aussi avec vous en tirer toutes les conséquences. » Quatre jours plus tôt, le discours du 12 mars avait laissé entrevoir un retour en grâce des protections sociales : « Ce que révèle d'ores et déjà cette pandémie, c'est que la santé gratuite sans condition de revenu, de parcours ou de profession, notre État-providence, ne sont pas des coûts ou des charges mais des biens précieux. » Annonçant au printemps 2020 devoir « tirer des leçons » de la période, Emmanuel Macron a puisé massivement dans le lexique de l'apprentissage (« ce que révèle », « tirer les conséquences », « beaucoup appris »). Mais la valorisation politique de l'apprentissage en période de crise n'est pas nouvelle ; dans l'histoire de la présidence sous la Ve République, on peut même dire que c'est un lieu commun des campagnes de réélection. Le dernier président à s'être représenté pour un second mandat fut Nicolas Sarkozy, en 2012. Or il est frappant de constater que Nicolas Sarkozy avait lui aussi mis en avant la « crise » comme une source d'introspection. Les affiches de campagne en 2012 scénarisèrent en effet un candidat apaisé, assagi bien que marqué par les événements – les tempes grisées, et les rides plus accentuées que lors de la campagne précédente. Le choix des mots était lui aussi significatif. Dans un discours à Villepinte en 2012, le candidat à sa réélection déclarait : « J'ai appris », « j'ai tiré les leçons des réussites et des échecs ». Il poursuivait en disant s'être rendu compte que la fonction présidentielle nécessitait d'« assumer la dimension tragique de l'histoire » : « J'ai fait de mon mieux pour protéger les Français de toutes ces crises. » La droite n'a pas le monopole de ce champ lexical : à gauche, Mitterrand candidat à sa réélection en 1988 s'était référé à la crise des banlieues pour se présenter comme au-dessus des soubresauts du moment, ayant gagné en hauteur dans les circonstances : « Beaucoup d'hommes politiques ont une grande expérience de la vie locale [...]. Mais à la hauteur de l'État, quelques grands problèmes retiennent [davantage] l'attention de ceux qui gouvernent [...]. D'une certaine manière, je vous dirai que je comprends que [des Français] se révoltent. Et dans mes fonctions de président de la République, j'en souffre... J'ai envie vraiment de créer un élan, de mobiliser les énergies, pour que l'on s'attaque désormais [...] aux problèmes de la vie quotidienne, avec patience, sans romantisme, avec méthode[18]. » Il concluait ce discours au Bourget pour sa réélection : « Le jeu des circonstances et des chances a fait que je me suis avancé au-devant de la scène » ; « Nous l'avons fait et nous avons mis le temps, [...] mais j'ai appris ». Au-delà du discours général sur la crise comme moteur d'adaptation pragmatique, il faut détailler quels sont les impacts en matière de politiques publiques : à quoi sert le discours de l'apprentissage, quels choix justifie-t-il ? Or ce qui est significatif, c'est que dans le cas d'Emmanuel Macron comme dans celui de Nicolas Sarkozy dix ans plus tôt, le discours de crise a servi à justifier par des arguments nouveaux des choix politiques déjà tracés auparavant.

La crise comme paravent face à des réformes inefficaces ? Un retour au contexte de la Grande Récession de 2008

Pour comprendre comment les crises peuvent justifier des continuités politiques, revenons dix ans avant l'élection d'Emmanuel Macron. En 2007, Nicolas Sarkozy est élu sur un programme de revalorisation du travail. En matière de protection sociale, la grande réforme annoncée est le remplacement du RMI par le RSA. La réforme est justifiée pendant la campagne de 2007 par une réflexion critique sur le système de protection sociale et ses effets pervers sur le marché du travail. En infléchissant la « gouvernance de l'insertion » par le recours accru aux incitations, le RSA devait pousser à la reprise d'emploi et donc réduire la pauvreté.

18. « Interview de M. François Mitterrand Président et candidat à l'élection de 1988 », Antenne 2, 4/05/1988.

Mais l'expérimentation du RSA en 2008 et sa généralisation en 2009 ont rencontré plusieurs problèmes. Un an après le lancement du dispositif, la prime associée au RSA (le « RSA activité ») ne touchait encore qu'un tiers de sa cible. Alors que le haut-commissaire estimait que la prime devait se traduire immédiatement par sept cent mille pauvres en moins, « ce dispositif n'a pas forcément réduit considérablement le nombre de personnes situées sous le seuil de pauvreté[19] » : entre 2007 et le quatrième trimestre 2010, le nombre de chômeurs pauvres a même augmenté de 30 % en France. Le taux de pauvreté (à 60 % du revenu médian) s'est établi en 2010 à 14,1 % en France, contre 13,4 % en 2007[20]. La création du RSA n'a pas eu davantage d'effet sur l'emploi. D'après le rapport final du comité d'évaluation du RSA, le taux mensuel moyen d'entrée en emploi a été très proche dans les zones testant la prime de retour à l'emploi associée au RSA et celles ne la testant pas. La faible montée en charge du dispositif a soulevé des interrogations, jusqu'à risquer de mettre en question « sa pertinence sociale et à partir de là sa légitimité politique[21] ». Comment défendre une réforme dont les résultats étaient discutables ? C'est là que l'on assiste à un usage étonnant du contexte de crise pour défendre tant bien que mal la réforme. Au cours des entretiens réalisés à l'époque, nous avions constaté qu'aux questions sur les effets du RSA sur le marché du travail, les responsables administratifs et politiques répondaient par une mise en cause de la crise économique : le RSA était un bon dispositif dans son principe, mais il avait eu la « malchance[22] » d'être mis en œuvre au moment où la crise affectait l'économie française. Les défenseurs de la réforme ont modifié leurs arguments : d'après la ministre des Solidarités en novembre 2010, « en cette période de crise

19. Cité par EFIGIP, « Un an après son lancement, où en est le Rsa Activité en Franche-Comté ? », *Le Point sur...*, n° 57, octobre 2010.

20. Insee, « France, portrait social », Édition 2020 ; INSEE, « Revenus et patrimoine des ménages », *INSEE Références*, 2021, p. 21.

21. Warin P., « Un recours progressif au RSA : quelques questionnements », Communication à la 8e Journée des Insertions, Liège, 20/10/2010, p. 6.

22. Entretien semi-directif avec un membre de la direction de l'Agence nouvelle des solidarités actives, 29/09/2011.

que nous venons de traverser, le RSA a surtout joué son rôle protecteur pour les plus démunis[23] ». Désormais défendue avec des arguments keynésiens encore inédits quelques mois plus tôt, la réforme n'était pourtant pas un bon instrument de relance puisqu'elle distribuait des primes seulement à ceux qui étaient en activité – au moment même où ils étaient tendanciellement moins nombreux… Les résultats décevants des expérimentations en 2008-2009 auraient pu signifier l'abandon du projet ; à l'inverse, nous pouvons constater que la crise économique a été utilisée comme une opportunité de renouveler les argumentaires. Justifiée avec des arguments libéraux avant 2008, la réforme de l'assistance était justifiée avec des arguments keynésiens en 2009. Les arguments changeaient, la réforme était maintenue, la crise le justifiait.

Le tournant keynésien du macronisme : un malentendu à écarter

Si l'on se replace dans le contexte du quinquennat Macron, on observe que ce sont presque avec les mêmes mots que la déléguée interministérielle à la stratégie pauvreté a expliqué, devant la Commission des affaires sociales de l'Assemblée le 2 février 2020, que ses objectifs ne seraient pas atteints : « La stratégie de lutte contre la pauvreté a été conçue dans une période où l'économie était plutôt en croissance. » La réimportation d'arguments keynésiens dans la dernière période est reconnue publiquement par l'entourage présidentiel – un proche du chef de l'État cité par le journal *Le Monde* le 18 mai 2020 envisageant l'hypothèse de sortir « de la crise par un virage keynésiano-environnemental… ». Les politiques keynésiennes étaient pourtant dénoncées quelques mois auparavant ; en campagne législative pour LREM en 2017, Richard Ferrand avait publié une tribune dans *La Gazette des communes* le 28 février 2017 pour expliquer à quel point « la réduction des déficits publics est nécessaire ». Emmanuel Macron, dans son

23. Ministère des Solidarités, « Roselyne Bachelot-Narquin donne des précisions sur le rSa », Communiqué du 10/05/2011.

programme, était clair lui aussi : « Il n'y a pas de politique qui vaille sans responsabilité budgétaire. C'est pour cela qu'il faut RÉDUIRE NOS DÉFICITS. » Là où les politiques keynésiennes étaient vues comme un problème avant la crise, les réformes furent présentées après 2020 avec des arguments interventionnistes.

Les politiques publiques ont-elles vraiment été réorientées dans un sens keynésien ? Si la majorité LREM a semblé réutiliser Keynes au cours de la période, c'est par l'annonce en septembre 2020 du plan France Relance de 100 milliards d'euros sur deux ans. L'interventionnisme, l'endettement, le soutien à la reprise : beaucoup d'ingrédients des politiques associées au keynésianisme ont paru repris en 2020. Si l'on affine l'analyse macroéconomique pourtant, les économistes Jean-François Ponsot et Jonathan Marie déplorent une interprétation trop limitée ou partiale de Keynes, comme promoteur d'une dépense publique de dernier recours[24].

Pourquoi les plans de relance actuels n'expriment-ils pas de réel changement d'inspiration économique ? Pour Ulrike Lepont, il faut relativiser le « retour de l'État » : ni la nécessité de réduire son périmètre ni la priorité donnée au secteur privé pour l'allocation des ressources ne furent remises en cause dans les derniers plans de relance[25]. Du point de vue de la politique industrielle, les investissements publics restent conçus selon des modalités et avec des objectifs libéraux : durant les Trente Glorieuses, l'objectif des politiques d'investissement était de structurer des secteurs économiques entiers par des nationalisations, or les politiques d'investissement actuelles visent à encourager le développement des acteurs privés et du marché. Quand l'État investit au capital d'entreprises par le biais des banques publiques d'investissement, l'objectif n'est pas de nationaliser mais au contraire de se retirer dès que l'activité est rentable, de manière à réinvestir dans d'autres

---

24. Ponsot J.-F. & Marie J., « Relance économique : sommes-nous vraiment tous devenus keynésiens ? », *The Conversation*, 09/06/2020.

25. Lepont U., « Les plans de relance actuels ne remettent pas en cause le principe général de la supériorité du marché », *Le Monde*, 09/04/2021.

activités émergentes prometteuses, sur le modèle privé d'un fonds d'investissement.

Du point de vue de la politique budgétaire, la doctrine keynésienne s'accompagnait du développement de l'État social, caractérisé par la démarchandisation de pans entiers de l'économie et le développement du secteur public. Bien au contraire, souligne Ulrike Lepont, la valorisation actuelle du rôle d'« investisseur » de l'État s'accompagne paradoxalement d'une poursuite de sa critique néolibérale. Ainsi, si le ministre de l'Économie affirmait le 2 février 2021 que la dette liée à l'investissement était de « la bonne dette », il ajoutait aussitôt ne pas « être favorable à de l'endettement qui irait à des dépenses de fonctionnement pérennes ». Cette logique est au cœur des conclusions du rapport de la commission Arthuis, remis le 18 mars 2021 au gouvernement, qui fait porter le futur effort de réduction de la dette sur la redistribution, c'est-à-dire sur les politiques sociales.

Faudrait-il donc distinguer des plans de relance keynésiens, et des plans de relance libéraux ? Force est de constater que le plan annoncé par Bruno Le Maire en septembre 2020 n'est pas un outil de soutien à la demande. Sur les 100 milliards annoncés pour 2021 et 2022, c'est le volet « compétitivité » qui accapare le plus gros des subventions. La principale composante du plan est une baisse des impôts de production de 20 milliards pour les entreprises. Du côté des chômeurs et des plus pauvres, à l'inverse, seuls des plans de formations et de l'accompagnement vers l'emploi sont financés, sans allocation nouvelle ni soutien à la consommation. Les mesures ciblées sur les plus pauvres ne représentent que 0,8 % de France Relance.

La comparaison internationale nous rappelle que d'autres formes d'interventions étaient pourtant possibles. Aux États-Unis par exemple, le plan de relance est bien plus massif : 2 200 milliards votés en mars 2020, puis 900 milliards en décembre 2020, auxquels s'ajoutent 1 900 milliards en mars 2021[26] et un plan de 1 000 milliards à venir

26. « Joe Biden propose un plan d'investissement massif pour moderniser les États-Unis », *Le Monde*, 01/04/2021.

pour les infrastructures[27]. Certes, l'économie américaine est plus vaste mais en comparaison le plan français est clairement sous-dimensionné : le programme français représente entre 1 % et 5 % de notre PIB (si on intègre les mesures d'urgence de 2020 tels que le chômage partiel) alors que celui adopté outre-Atlantique représente entre 15 % et 25 % du PIB américain[28].

Concernant les mesures concrètes, le plan américain distribue des chèques aux ménages. Les Américains gagnant moins de 75 000 dollars par an et les couples dont les revenus ne dépassent pas 150 000 dollars annuels ont reçu un chèque de 1 400 dollars par personne. Le projet de loi de mars 2021 a également prévu 1 400 dollars supplémentaires par enfant à charge. De plus les allocations-chômage ont été augmentées pour toutes les personnes sans emploi : 300 dollars de plus par semaine, soit plus de 1 200 dollars mensuels supplémentaires jusqu'en septembre 2021.

En France au contraire, les associations telles ATD Quart-Monde ont dénoncé un plan de relance dans lequel les plus pauvres seraient « sacrifiés » : « Mais où est passée l'ambition qu'à la crise du Covid-19 succède un "monde d'après", plus juste socialement [...] ? Alors que le gros de la crise économique et sociale est encore à venir et que les personnes en situation de pauvreté et de précarité sont déjà durement impactées, elles restent celles qui bénéficieront le moins des mesures du plan de relance[29]. » La présidente d'ATD Quart-Monde a politisé la question en faisant le lien entre inégalités et plan de relance : « Les mesures budgétaires votées en 2018 et 2019 ont abaissé de 1 % le pouvoir d'achat des 9 % les plus pauvres et ont augmenté de 6 %

27. Le plan pour les infrastructures a été définitivement adopté par la Chambre des représentants le 6 novembre 2021, et promulgué le 15 novembre : « États-Unis : Biden promulgue le plan pour les infrastructures de $1.000 milliards », *La Tribune*, 15/11/2021.

28. Antonin C. *et al.*, « Les plans d'urgence et de relance dans les quatre plus grands pays de la zone euro, au Royaume-Uni et aux États-Unis », *in* OFCE, *L'économie européenne 2021*, La Découverte, 2021, p. 54-67.

29. Grard M.A., « Les plus pauvres sacrifiés dans le plan de relance », Communiqué de presse d'ATD Quart Monde, 3/09/2020.

celui des 1 % les plus riches. Nul doute que ce plan de relance [...] va encore amplifier ces inégalités. »

Le gouvernement français n'est pas devenu keynésien, ni au regard du plan intitulé France Relance, ni au regard des réformes prévues au cours de la crise. Les mesures de soutien aux entreprises prévues dans le plan de relance vont creuser le déficit public, a annoncé Bruno Le Maire en novembre 2020, lequel déficit devra être résorbé par des mesures d'économies qui touchent les politiques sociales[30]. Le plan France Relance organise ainsi le transfert de dépenses publiques vers les entreprises (soutien aux entreprises automobiles, soutien de 1,5 milliard à « l'avion vert », etc.), il creuse le déficit, tout en prévoyant dans le même temps de ponctionner les budgets sociaux pour compenser les choix faits au profit de l'offre.

Comment ce plan va-t-il être remboursé ? Dans l'économie keynésienne, le déficit public permet de soutenir l'économie au moment où les composantes de la demande globale, consommation, investissement, demande étrangère et variation des stocks, sont négatifs. Mais comment le déficit se résorbe ensuite ? Ce sont, d'après Keynes, les stabilisateurs automatiques qui doivent agir – lesquels représentent les taxes, impôts et cotisations, qui augmenteront pour renflouer les caisses de sécurité sociale et le budget de l'État une fois la crise passée. En l'occurrence, la hausse des prélèvements lorsque la crise sera passée a déjà été anticipée dans plusieurs pays. En Grande-Bretagne, pour financer une hausse des prestations sociales, le ministre des Finances a annoncé que l'impôt sur les sociétés passerait de 19 % à 25 % à partir de 2023 en Grande-Bretagne. Aux États-Unis, Joe Biden a indiqué en avril 2021 vouloir augmenter l'impôt sur les sociétés et la redistribution des plus riches vers les plus pauvres : suppression des exonérations d'impôt lors de la transmission du patrimoine aux héritiers ; hausse de 2,6 points du taux maximal d'imposition sur les revenus ; quasi-doublement des taxes sur le capital (de 20 % à 39,6 %) en particulier sur les plus-values boursières réalisées par les ménages aisés...

---

30. « Économie, santé : les vérités de Bruno Le Maire et d'Olivier Véran », *Le Parisien*, 28/11/2020.

En théorie keynésienne, l'imposition des plus riches et la redistribution vers les ménages modestes, par des prestations sociales et des aides directes, est juste socialement et efficace économiquement. Le mécanisme au cœur de la théorie keynésienne est la propension marginale à consommer, notée *c* (à savoir la part d'un revenu supplémentaire qui sera consommée plutôt qu'épargnée). La propension moyenne à consommer en France se situe aux alentours de 0,84 sur longue période : sur 100 euros de revenus, les Français dépensent en moyenne 84 euros et épargnent 16 euros[31]. Mais ces chiffres varient énormément suivant le niveau de vie du ménage. Les plus pauvres ont une propension à consommer proche de 1 (ils n'arrivent pas à dégager une épargne et utilisent la quasi-totalité de leur revenu pour vivre) alors que les plus riches ont une propension marginale à consommer proche de 0 (des revenus supplémentaires reçus par une personne aisée seront presque entièrement placés en produits financiers, et n'augmenteront que peu la consommation). Autrement dit, dans une optique keynésienne, la redistribution des revenus est efficace pour relancer l'économie : retirer 100 euros à un ménage aisé va amputer son épargne mais modifiera peu son niveau de consommation. Ces 100 euros transférés à un ménage pauvre feront, à l'inverse, fortement augmenter la consommation, et ils augmenteront la demande dans l'économie. Keynes proposait même d'évaluer l'efficacité d'un plan de relance de l'économie à l'aide de ce calcul de propension : c'est le multiplicateur keynésien, noté ***k***, qui est proportionnel à la propension marginale à consommer, soit $k = 1/1\text{-}c$. Cette équation signifie qu'une dépense publique permettra de relancer d'autant plus l'économie qu'elle sera accompagnée d'une redistribution vers les plus pauvres.

Une politique de relance sans redistribution sera moins efficace car une part importante des dépenses publiques sera captée par les plus aisés, qui placeront leurs revenus en épargne et en produits financiers, grossiront la spéculation et les marchés boursiers, et ne soutiendront pas la demande. Il faut de l'impôt et de la redistribution ; or le président de l'Assemblée

31. Valeur moyenne depuis quarante ans. Source : INSEE, comptes nationaux, « Taux d'épargne des ménages », 28/05/2021.

nationale a déclaré le 20 décembre 2020, à rebours des États-Unis et de la Grande-Bretagne, qu'« il n'y aura pas d'impôt Covid » en France. Le ministre de l'Économie a ajouté : « Nous ne reviendrons pas sur les baisses d'impôts décidées depuis 2017. » D'après un sondage OpinionWay publié par *Les Échos* le 20 avril 2021, 72 % des Français sont pourtant favorables à une hausse des taxes sur les plus hauts revenus. D'après un rapport de France Stratégie en 2020, la suppression de l'ISF et son remplacement par un Impôt sur la fortune immobilière ont eu pour effet d'augmenter très fortement les revenus des plus riches, avec une focalisation sur les 0,1 % les plus aisés. Pendant la crise Covid, l'épargne a augmenté de 120 à 150 milliards en France concentrés sur les plus aisés, alors que dans le même temps l'État annonçait un alourdissement de l'endettement public de 100 milliards. Des dizaines de milliards ont ainsi été transférés du public vers le privé. Contrairement aux États-Unis, le plan de relance français n'est un pas un plan favorable à l'État social ; c'est même l'inverse, c'est un plan d'endettement de l'État au profit de l'offre, accompagné de mesures anti-impôt et anti-redistribution. C'est un plan qui appauvrit les budgets publics, soutient les entreprises, et ne touche ni aux hauts revenus ni aux inégalités sociales.

Bien que l'expression « relance publique » ait amené certains commentateurs à imaginer un retour en force de Keynes dans tous les États développés, l'étude des choix concrets permet de nuancer fortement l'analyse pour ce qui est de la France. Si une conclusion temporaire peut être tirée de l'analyse des politiques publiques sous ce quinquennat, c'est qu'il convient de penser l'État libéral et interventionniste de manière simultanée : un État volontariste dans la libéralisation de l'économie, libéral vis-à-vis des richesses et sans limite dans leur création. C'est ainsi que le futur président Emmanuel Macron écrivait dans son programme en 2017 : « Notre pays n'aime pas toujours la réussite : ceux qui réussissent suscitent une forme de jalousie ou de suspicion. [Or] nous avons besoin que certains de nos concitoyens réussissent, créent de l'activité et des emplois, entraînant les autres avec eux. C'est pourquoi nous voulons libérer le travail et l'esprit d'entreprise ! » Chez Macron, la crise n'a pas modifié cette orientation économique d'ensemble. Avec quelles implications pour l'État-providence et la justice sociale ?

Chapitre 11

Un quinquennat sans idées sociales ?

Le plan France Relance conçu par le gouvernement en 2020 traduit une poursuite de la stratégie de l'offre et de baisse d'impôts menée depuis 2017. Sur le plan de la théorie économique on peut observer une continuité ; qu'en est-il en matière sociale ? Identifier des idées dominantes en matière de politiques sociales est un des enjeux les plus intéressants mais aussi les plus complexes méthodologiquement. Pour étudier les référentiels des politiques sociales, nous allons devoir faire un détour par la théorie de l'action publique, avant d'appliquer ces grilles d'interprétation à l'étude des entretiens.

La place des idées dans l'étude des politiques publiques

Nous avons défini en introduction du livre ce que sont les politiques publiques. Rappelons deux des définitions principales de la science politique : les politiques publiques sont ce que les gouvernements choisissent de faire ou de ne pas faire. Deuxièmement, pour Muller, « les politiques publiques doivent être analysées comme des processus à travers lesquels vont être élaborées les représentations qu'une société se donne pour comprendre et agir sur le réel tel qu'il est perçu[1] » : des représentations orientent la vision que des responsables politiques et administratifs peuvent avoir de leur secteur (l'aide sociale, l'économie, etc.) et les manières dont ils conçoivent les problèmes et les solutions

1. Muller P., *Les politiques publiques*, *op. cit.*, p. 59.

d'action publique. Mais comment des idées de politiques publiques s'imposent ? Pourquoi un référentiel qui structurait jusqu'alors un domaine (comme « l'approche par l'insertion » jusqu'à récemment, dans le champ de l'assistance en France) est-il amené à changer ?

Jobert et Muller expliquent le changement par la tension entre référentiel global et référentiel sectoriel : c'est parce que la manière dont on se représentait un secteur (l'agriculture dans les années cinquante, les politiques économiques dans les années soixante-dix) devient trop éloignée et trop différente du référentiel global que la tension s'accroît et que le niveau inférieur va être contraint de s'adapter. Mais globaliser la question du changement déplace le problème : pourquoi le référentiel global a-t-il évolué ? Peter Hall pensait que le paradigme d'une politique publique devait changer à partir du moment où il expliquait moins bien la réalité[2]. Mais Jobert et Muller soulignent qu'un référentiel de politique publique ne perd pas de sa pertinence de manière évidente ou spontanée : pour qu'il soit considéré comme « en crise » il faut que des acteurs le dénoncent, qu'ils en contestent les présupposés, qu'ils en dénoncent les effets. Réfléchir en termes de « référentiel », c'est alors souligner le rôle des conflits et des intérêts sociaux dans le changement des politiques publiques. Faisant référence aux concepts gramsciens, Muller précise que l'« on ne peut pas étudier la mise en place d'un nouveau référentiel sans utiliser la notion d'hégémonie, c'est-à-dire l'ensemble des processus par lesquels un groupe social impose à l'ensemble de la société sa vision du monde, son projet[3] ». Les idées dominantes sont le résultat de rapports de force, et elles se matérialisent dans des changements concrets de financements, de dispositifs, une nouvelle hiérarchisation des objectifs. À partir du moment où même les acteurs qui pouvaient être réticents finissent eux aussi par reproduire le nouveau discours dominant, alors on peut considérer que le changement de référentiel est réalisé dans un secteur d'action publique :

2. Hall P., « Policy Paradigms, Social Learning, and the State », *Comparative Politics*, vol. 25, n° 3, 1993, p. 275-298.

3. Muller P., « Un schéma d'analyse des politiques sectorielles », *Revue française de science politique*, vol. 35, n° 2, 1985, p. 173.

les anciens cadres cognitifs qui structuraient auparavant le domaine sont « disqualifiés » et un nouveau référentiel sectoriel « s'impose[4] ».

Des idées de politiques sociales sous le quinquennat Macron

Un référentiel des politiques sociales a-t-il eu tendance à s'imposer sous le quinquennat d'Emmanuel Macron ? Pour essayer de le savoir, il a fallu compléter l'étude des discours officiels et des changements législatifs par l'analyse d'entretiens auprès d'agents publics. En sociologie de l'action publique, l'analyse d'entretiens semi-directifs vise à vérifier le sens et l'effectivité : ce n'est pas parce que des textes officiels ou des changements sont annoncés que les acteurs de la mise en œuvre les appliqueront de la même manière, et que les politiques mises en œuvre localement suivront parfaitement les intentions nationales[5]. Pour savoir si un référentiel nouveau s'imposait, nous avons veillé à mener des entretiens à tous les niveaux des politiques sociales, des cabinets ministériels jusqu'aux services déconcentrés et aux collectivités responsables du versement des prestations et du suivi des publics cibles.

Pas d'idée, pas de nouveauté, pas de rupture... sauf la priorisation de l'emploi ?

Aux agents publics rencontrés pour ce livre, la consigne proposée fut toujours la même : « J'aimerais que vous me parliez des politiques sociales sous le quinquennat actuel. » Face à cette consigne, plusieurs entretiens ont débuté par une hésitation, pouvant traduire une opposition entre les valeurs citoyennes et le statut de l'agent – à l'instar de cet entretien auprès d'un conseiller ministériel, membre d'un cabinet social : « [Rire]. C'est compliqué ça... C'est compliqué. C'est très clairement le genre de question face à laquelle, en tant que conseiller sectoriel, on est en peine de répondre[6]. » Nombreux furent les entretiens à débuter par

4. *Ibid.*, p. 559.

5. Hassenteufel P., *Sociologie politique de l'action publique*, Paris, Armand Colin, 2011.

6. Entretien n° 2.

une difficulté à identifier une orientation nette : pour un enquêté, « on ne peut pas dire qu'il y a des changements flagrants[7] ». Pour un autre, « les politiques sociales sous le quinquennat actuel ? Je ne trouve pas qu'il y ait eu fondamentalement un changement très important[8] ». Un membre du ministère du Travail indique qu'« à partir du moment où un quinquennat s'installe, il y a toujours une difficulté à prévoir ce qui va vraiment se passer[9]... ». Mais en discutant davantage, certains entretiens relèvent des nouveautés intéressantes. Un entretien au département de l'Isère est plus dense que le début le laissait craindre : « En fait le plan pauvreté, il n'a pas proposé de solution ou de dispositif particulier. Sauf faire de l'emploi une priorité. [...] La seule façon de se sortir de cette situation c'est d'aider ces personnes à sortir par l'emploi. La seule façon, c'est de tout miser sur l'économie[10]. » Pour un enquêté à la DIRECCTE de Seine-Saint-Denis, « ce qui me frappe, c'est la volonté de mettre l'emploi au centre. ça se voit dans [de nombreux indicateurs], vraiment on voit que : la solution c'est l'emploi[11] ». Un enquêté choisit de débuter l'entretien par « l'insertion dans l'emploi[12] ». Le fait de faire de l'emploi une priorité des politiques sociales n'est pas une telle nouveauté : depuis trente ans, des recommandations d'organismes internationaux et des changements vers le « *Work First* » sont enclenchés[13]. La nouveauté résiderait plutôt, d'après les entretiens, dans l'intensité et la généralisation des encouragements au travail au sein du secteur social. Pour un membre du service « emploi et insertion » à la Métropole de Grenoble, « le premier élément du quinquennat, c'est le plan de prévention et de lutte contre la pauvreté. Et ce qui en découle : le tropisme emploi/insertion. Ce qui pour moi sous-tend ce plan : c'est la primauté du travail. Dans la mesure où on voit bien : "work first",

---

7. Entretien n° 24.

8. Entretien n° 16.

9. Entretien n° 7.

10. Entretien n° 26.

11. Entretien n° 12.

12. Entretien n° 5.

13. Arrignon M., « Quand l'Europe s'active : effets et instruments de l'européanisation dans le secteur de l'emploi », *Revue française de science politique*, vol. 64, n° 1, 2014.

puis les autres problématiques vont se régler elles-mêmes[14] ». Des plans successifs avaient déjà insisté, dans l'accompagnement des allocataires du RMI puis du RSA, sur les formations et le retour à l'emploi. Toutefois, ce qui est nouveau, c'est l'extension de cette logique à l'ensemble des sous-domaines des politiques sociales : pauvreté des jeunes, assistance, handicap, logement, intégration des migrants…

Pour un membre du Pôle social à la DDCS de Seine-Saint-Denis, « la politique sociale aujourd'hui, et avant le quinquennat, portait principalement sur les populations fragiles. [Mais] aujourd'hui c'est davantage l'insertion professionnelle, qui en terme sémantique, apparaît de plus en plus importante qu'à une époque. Sur un exemple précis, par exemple : la politique d'intégration. On a des instructions qu'on reçoit chaque année [et] j'ai vu apparaître, depuis deux ans, une volonté plus forte de développer l'insertion dans l'emploi. Aujourd'hui, dans les appels à projet, on demande à ce que les associations développent un volet “insertion professionnelle”. L'exigence est plus forte maintenant. Et ça se concrétise par des évaluations[15]. » Dans la politique migratoire, la mise à l'emploi est privilégiée aussi – ce qu'un enquêté déplore : « Moi ce que je vois, c'est une politique tournée vers une politique par l'emploi. Avec une forme d'utilitarisme. On pourrait faire autrement. Les gens peuvent aider la nation autrement. Alors que là, on a un point de vue qui est “par l'emploi”. D'ailleurs, nous on suit d'autres publics fragiles, les majeurs protégés, les pupilles… Des publics qui auront du mal à s'intégrer par l'emploi. […] Là, c'est de l'utilitarisme pur et simple. L'idée sur les migrants : “qu'ils se mettent vite au travail !” […] Avant, on pouvait travailler avec tous les acteurs interministériels. Maintenant, on nous enferme dans le travail. On perd notre dimension interministérielle[16]. » Plus étonnant encore, chez les agents du logement on recueille le même type de témoignage : « Il y a une volonté politique nette sur tout ce qui est “emploi, formation”. Et on le voit bien dans la stratégie pauvreté. Les actions sociales impératives, c'est tout ce qui

14. Entretien n° 28.

15. Entretien n° 10.

16. Entretien n° 9.

concerne les bénéficiaires du RSA, l'emploi, la formation. L'aide au logement n'est pas vraiment inscrite dans les dernières informations[17]. » De manière identique sur la politique de la ville, pour un enquêté en Seine-Saint-Denis : « On s'est retrouvé en quelque sorte en exercice de rattrapage complet et accéléré pour donner un sens aux politiques de la ville dans les quartiers prioritaires visant à aller sur le terrain de l'emploi, de la formation – sans avoir nécessairement les moyens d'y aller d'ailleurs[18]. »

Gouverner les services

La focalisation sur l'emploi au cours de ce mandat passe par une restructuration organisationnelle inédite : le gouvernement a décidé de fusionner les services déconcentrés de l'État chargés des affaires sociales et de l'emploi. Le 1er avril 2021, les anciennes directions départementales de la cohésion sociale (DDCS) ont ainsi été supprimées, et englobées dans le périmètre des DIRECCTE, chargées de l'économie. De nouvelles « DREETS » ont été créées et ces directions régionales deviennent compétentes en matière de politique du travail, de suivi des transitions professionnelles, d'accompagnement des licenciements économiques. Pour un enquêté, « l'ADN des DIRECCTE, c'est quand même l'entreprise[19] ». Un autre confirme : « la parole officielle c'est : "La fusion avec la DIRECCTE, ça va être génial. ça va permettre de partir de l'emploi." Sauf que moi je dis quand même : il y a des personnes handicapées, par exemple, qu'on ne mettra jamais au travail… On va faire quoi, pour eux[20] ? » La fusion n'acte pas la suppression des politiques sociales, mais leur rapprochement de l'économie : « On voit bien que la volonté profonde liée à ce redécoupage, derrière le slogan du décret du 12 décembre 2020 "Mettre en place un service public de l'insertion et de l'emploi", dans la réalité […] lorsqu'on regarde dans le détail, les politiques sociales sont un patchwork qui ne s'articule pas

17. Entretien n° 13.

18. Entretien n° 11.

19. Entretien n° 15.

20. Entretien n° 9.

avec les DIRECCTE[21]. » La peur de l'un des enquêtés est que, au sein de la nouvelle organisation déconcentrée de l'État, « le mot Travail soit davantage mis en avant, et que les financements pour le social disparaissent peu à peu. [...] Il y a des populations qui ne sont pas employables. Tout le monde n'est pas "employable"[22] ».

Tout le monde est-il employable ? Une formule polysémique

Comment expliquer que l'emploi soit devenu l'objectif apparemment cardinal de tous les sous-champs des politiques sociales, du handicap au logement, en passant par l'aide aux migrants ou aux jeunes ? Une formule résume peut-être le référentiel qui s'est imposé au cours de ce quinquennat : « Personne n'est inemployable. » Comme l'explique un enquêté, « tout ce qui concerne les bénéficiaires du RSA, c'est vrai qu'on va beaucoup plus vers "tout le monde est employable"[23] ». Pour un autre, il s'agit « à terme de mettre tout le monde dans une dynamique d'emploi[24] ». La formule n'est pas totalement nouvelle ; comme le relève un enquêté, « je crois que c'est Martin Hirsch qui l'a dit en premier. Partir du principe que nul n'est inemployable[25] ». Lors de la loi supprimant le RMI en 2008, Martin Hirsch, haut-commissaire aux Solidarités actives, avait en effet expliqué qu'un « principe [...] est à mes yeux le plus fondamental et le plus sacré : nul n'est inemployable[26] ». Or ce qui est marquant au cours du quinquennat actuel, c'est à quel point cette formule a été reprise et généralisée, bien au-delà de l'aide aux plus pauvres. En matière de handicap, un rapport important fut rendu le 16 janvier 2018 par Jean-Marc Borello à la ministre du Travail Muriel Pénicaud, assénant la formule comme un slogan. La formule sera ensuite reprise par Muriel Pénicaud le 5 juin 2018 à Strasbourg, en

21. Entretien n° 11.

22. Entretien n° 10.

23. Entretien n° 23.

24. Entretien n° 20.

25. Entretien n° 26.

26. Martin Hirsch, discours à l'Assemblée nationale, 25/09/2008.

interview au *Télégramme* le 27 juin 2018, sur France Inter le 30 juillet 2018… Elle le sera encore à Bonneuil-sur-Marne le 10 septembre 2019, lors de la visite d'un chantier d'insertion aux côtés d'Emmanuel Macron : « Je crois qu'ici nous partageons, tous, deux convictions chevillées au corps. La première, c'est qu'il n'y a pas de fatalité par rapport au chômage de masse, qui pèse sur notre pays depuis trente ans. Et la deuxième conviction, c'est que nul n'est inemployable. » L'expression fut reprise par le Premier ministre dans une intervention à l'assemblée le 31 juillet 2018, puis par des députés, au niveau territorial[27]… Si la formule peut être perçue sous des abords humanistes, elle est aussi ambivalente comme l'explique un enquêté : « En tout dernier ressort, il y a des publics qui sont confrontés à des problèmes de santé, ou d'état psychique. "Nul n'est inemployable", ça semble impossible pour les employeurs. *A fortiori* sur un territoire comme le nôtre où, très rapidement, une réputation se fait[28]. » Un enquêté du secteur social rappelle l'« énorme décalage » entre un discours d'apparence bienveillant, inclusif, et les pratiques d'embauches réelles sur le marché du travail[29]. L'intérêt de ce dernier entretien, c'est de rappeler qu'en dépit des slogans, ce sont les chefs d'entreprise qui décident d'embaucher ou de refuser. La formule « Nul n'est inemployable » masque la violence du monde professionnel et, ce faisant, risque d'accuser les pauvres qui ne sont pas sélectionnés en feignant de croire que les embauches leur sont ouvertes ; pour un enquêté, « le social c'est quelque chose qui peut se marier avec plein de choses. Aujourd'hui on le marie avec le travail. [Mais] à notre sens, non, tout le monde n'est pas employable étant donné le marché actuel du travail[30]. »

Que veut dire la mise en avant de l'employabilité de tous les publics – même dans le cas de l'assistance, du handicap, de la prise en compte des migrants ou de la jeunesse ? Pour un enquêté, la dynamique est

27. Par exemple Didier Martin, député LREM de Côte d'Or, le 07/09/18 : « La philosophie, c'est que personne n'est inemployable. »

28. Entretien n° 18.

29. Entretien n° 24.

30. Entretien n° 10.

du côté de «l'emploi d'abord», ce qui aurait impliqué un changement d'approche au sein du secteur social: «C'est vrai que souvent, les personnes du travail social ont été formées à: on fait le diagnostic, on voit les freins, on lève les freins, et on place ensuite sur l'emploi. Là on fait l'inverse: travail d'abord[31].» Barbier et Théret parlent, en théorie des politiques sociales, de la tension entre «*Welfare-to-Work*» et «*Work-to-Welfare*»[32]. En somme, ce qui était conçu comme une conséquence du parcours d'accompagnement social (trouver un emploi) est devenu la cause ou la condition, dans un retournement logique allant du *Work* au *Welfare*[33]. Nous nous trouvons en face d'un algorithme-type, qui certes n'a pas été inventé sous ce quinquennat, mais qui aurait acquis une position prépondérante au cours du mandat actuel: si les publics de l'aide sociale retournent au travail, alors les autres problématiques sociales se régleront d'elles-mêmes. Les incohérences logiques de cet algorithme sont toutefois importantes: en France, il existe entre quatre et six millions de demandeurs d'emploi toutes catégories Pôle Emploi confondues selon les années (sur la période 2000-2020), pour trois cent trente mille postes vacants au maximum chaque année[34]. Peut-on penser que les employeurs, qui ont toute liberté lors des embauches sur le marché du travail, vont sélectionner ceux qui ont le moins de diplômes, qui ont des carrières professionnelles heurtées, qui connaissent habituellement des discriminations? La formule «Tout le monde est employable» ne préjuge pas de l'inégalité face à l'employabilité, et du phénomène classique de «file d'attente» du chômage[35]. Prioriser le retour à l'emploi alors qu'il n'y a pas assez d'emplois pour tous a-t-il un sens? Un membre de cabinet ministériel le reconnaît: «C'est vrai

31. Entretien n° 28.

32. Barbier J.-C. & Théret B., «Welfare-to-Work or Work-to-Welfare», in Gilbert N. & Van Voorhis R., (dir.), *Activating the Unemployed*, 2001, p. 135-184.

33. En anglais le terme «welfare» désigne en première acception la situation et/ou l'état de bien-être.

34. Jauneau Y. & Vidalenc J., «Une photographie du marché du travail en 2020», *INSEE Première*, n° 1844, mars 2021.

35. Salais R., «Le chômage: un phénomène de file d'attente», *Economie et statistique*, n°123, 1980.

qu'il y a cette injonction à les réinsérer vers l'emploi alors qu'il n'y a pas d'emploi pour tout le monde[36]... » Il faut préciser plus avant cet algorithme, et étudier les autres propositions qui lui furent associées au cours de ce quinquennat, pour résoudre la contradiction.

Comment mener au travail : un algorithme type

La notion d'« algorithme » utilisée par Pierre Muller pour étudier les politiques publiques vient de l'arithmétique et du domaine de la logique. L'algorithme peut être défini comme un « mécanisme réglant le fonctionnement de la pensée organisée et s'explicitant par des représentations analogues à celles des mathématiciens[37] ». Muller mentionne le concept d'algorithme pour désigner des propositions considérées comme globalement valides dans un secteur de politiques publiques, et exprimées typiquement par une relation causale entre une prémisse et une conclusion logique. « Schèmes de causalité », les algorithmes sont d'après Muller des « outils intellectuels (cognitifs et normatifs) qui confèrent une forme d'inéluctabilité aux nouvelles politiques[38] ». Dans les réformes menées sous le quinquennat d'Emmanuel Macron, certaines solutions ne pouvaient sembler pertinentes qu'à la condition que des présupposés aient été jugés valides au préalable. Quelles sont ces suites de suppositions et de propositions ?

Si l'on se replace dans le temps long, bien avant l'élection d'Emmanuel Macron, on peut constater que les politiques sociales françaises sont traversées par une tendance à « l'activation » depuis au moins le début des années 2000[39]. La réforme qui exprime de manière idéal-typique ce tournant fut le remplacement du RMI par le RSA en 2009. La principale différence entre le RMI et le RSA était la possibilité de cumuler un salaire et une portion de prestation d'assistance : en cas

36. Entretien n° 1.

37. Article « Algorithme », dictionnaire TLF [en ligne].

38. Muller P., « Esquisse d'une théorie du changement dans l'action publique », *Revue française de science politique*, vol. 55, n°1, 2005, p. 184.

39. Arrignon M., « Quand l'Europe s'active : effets et instruments de l'européanisation dans le secteur de l'emploi », *op. cit.*

de reprise d'emploi, l'allocataire perdrait une partie de son aide, mais la prestation diminuerait moins vite que le salaire. Ce calcul dégressif fut pensé alors pour « rendre le travail payant[40] ».

Rendre le travail payant : force est de constater que le quinquennat Macron s'inscrit dans la continuité de cette stratégie. C'est ainsi que le Premier ministre Édouard Philippe a justifié en 2018 la déconnexion des allocations familiales, des pensions ainsi que des APL par rapport à l'inflation : il faudrait privilégier une « rémunération de l'activité [...] qui rompt avec l'augmentation indifférenciée des allocations[41] ». Le gouvernement préféra également augmenter la prime d'activité plutôt que revaloriser les minima sociaux ; pour justifier ce choix, il a adressé un document aux parlementaires dans lequel il disait vouloir « inciter à l'activité tous les membres du foyer[42] ». Comme l'écrit Nicolas Duvoux : « Le premier choix, le plus évident, qui est fait en développant la prime d'activité est de confirmer l'orientation retenue au moment de la création du RSA. Il y a une cohérence à promouvoir la prime d'activité en même temps que l'indemnisation du chômage est révisée à la baisse [...]. Les deux éléments qui ont marqué l'année 2019 sont donc en forte cohérence idéologique[43]. »

Les observations de Nicolas Duvoux datent de 2019, avant donc la période de Covid. La crise récente a-t-elle amené à un changement dans ce mode de raisonnement déjà ancien ? Interrogé à la veille du deuxième confinement le 14 octobre 2020, alors que les associations demandaient une augmentation des minima sociaux[44], le chef de l'État repoussa l'idée en expliquant ne pas vouloir perdre ses « fondamentaux » :

---

40. OECD, « Making Work Pay », Rapport Employment Outlook, 2003.

41. « Édouard Philippe dévoile les mesures chocs pour le budget », *JDD*, 25/08/2018.

42. Document révélé par *Le Figaro*, consulté le 20/03/2021.

43. Duvoux N., « La révolution silencieuse de la prime d'activité », *La Vie des idées*, 4/02/2020.

44. Les représentants de la Croix-Rouge, ATD Quart Monde et du Secours catholique demandent une revalorisation du RSA d'au moins 300 euros : Public Sénat, « Précarité : "On est en crise humanitaire en France aujourd'hui", alertent les associations caritatives », 9/02/2021.

> Mais moi, je tiens aussi à une chose, c'est qu'on ne perde pas nos fondamentaux. Nos fondamentaux, c'est la lutte contre la pauvreté par le retour à l'activité et le travail. Plus on augmente de manière unilatérale tous nos minima sociaux, et on ne les rabaisse jamais après, plus on rend difficile le retour à l'activité. C'est ce qu'on a constaté et c'est aussi pour ça que j'assume, il y a quelques mois, d'avoir massivement et historiquement augmenté la prime d'activité au niveau du SMIC de 100 euros par mois. Je préfère cette aide exceptionnelle, massive, comparable à ce que nous avons fait au printemps, plutôt qu'une transformation de nos minima sociaux.

Si la crise ouvre des fenêtres d'opportunité pour dépolitiser les débats sociaux (appel à l'expérience : « c'est ce qu'on a constaté » ; référence à un algorithme : « plus on augmente de manière unilatérale nos minima sociaux » [...] plus on rend difficile le retour à l'activité »), les modes d'argumentation publics expriment aussi des choix, des préférences et des croyances en des « fondamentaux » des politiques sociales. L'idéologie de l'activation n'a pas disparu avec la crise ; comme l'écrit Duvoux, « le soutien à la prime d'activité dit, en négatif, l'absence de légitimité croissante des revenus pour celles et ceux qui ne travaillent pas[45] ». Nous sommes en effet à l'extrême opposé du débat sur le revenu universel, ou sur l'extension du RSA aux moins de 25 ans – alors que 68 % des Français y sont pourtant favorables[46].

Comment mener au travail ? Par des incitations, d'après le président. Pour un enquêté développant le raisonnement, « sur la question de l'augmentation du RSA, moi je suis d'accord avec la position du gouvernement qui est de considérer que ce ne serait pas une solution d'augmenter les minima sociaux[47] ». Cela reviendrait en effet, d'après lui, à « installer les gens dans l'assistanat ». À l'inverse « l'important, c'est qu'on puisse inciter, avec comme objectif prioritaire le retour à l'emploi ». Pour l'enquêté, « le problème d'augmenter les minima sociaux, c'est l'écart entre les minima sociaux et le salaire. L'incitation

45. Duvoux N., « La révolution silencieuse de la prime d'activité », art. cit.

46. Sondage réalisé les 10 et 11 février 2021 par OpinionWay auprès de 1 002 personnes de 18 ans et plus.

47. Entretien n° 26.

financière, elle est importante, elle est même cruciale. La différence de revenus et le montant du RSA, bien sûr que ça compte : que ce soit sur le chômage, ou sur le RSA, il faut qu'il y ait un intérêt financier à travailler. Il faudrait qu'il y ait une incitation financière plus forte ». Cet extrait est significatif d'une méthode de démonstration utilisée de manière redondante par les responsables rencontrés – à savoir un raisonnement fonctionnant sur lui-même, mais qui ne peut être valide qu'à la condition que certaines prémisses soient valides. La comparaison modélisée du niveau des revenus salariaux et des prestations sociales (1), la mise à l'index d'une faible différence de revenu entre travail et non-travail (2), les conclusions en termes de désincitation (3) et des faibles taux de reprise d'emploi (4) constituent les quatre étapes d'un raisonnement typique. Les discours publics et les propos recueillis dans le cadre d'entretiens semi-directifs peuvent différer quant au registre de langue, mais il est troublant de constater l'usage d'algorithmes similaires pour penser les minima sociaux et leur rapport à l'emploi.

C'est que présenter les allocataires comme des calculateurs permet de justifier des réformes plus « actives » de la protection sociale – en constituant comme un problème le caractère prétendument désincitatif des prestations. En le présentant ainsi, le phénomène de la pauvreté et du chômage est conçu comme une responsabilité de l'individu certes, mais aussi d'un système de protection sociale inefficace, décourageant, à réformer. À ce propos, l'effet pleinement politique de ce mode d'argumentation est de faire passer certaines aides sociales comme défavorables aux personnes pauvres elles-mêmes : en les maintenant dans un niveau de vie faible et dans une situation de passivité, les allocations seraient néfastes aux bénéficiaires – qui n'auraient pas intérêt à s'émanciper de l'aide. C'est en vertu des intérêts supposés des personnes pauvres que le Haut-Commissariat français rejetait déjà, en 2008, les propositions de revalorisation des minima sociaux, car « une augmentation du RMI accroît le nombre des situations dans lesquelles le retour au travail n'est pas rémunérateur[48] ». De la même manière, c'est ainsi qu'Emmanuel Macron a refusé d'augmenter le RSA en 2020 : « Plus

48. Haut-commissaire aux Solidarités actives, « Livre vert », *op. cit.*, p. 3.

on augmente de manière unilatérale tous nos minima sociaux, et on ne les rabaisse jamais après, plus on rend difficile le retour à l'activité. » À partir du moment où la générosité de l'aide sociale est constituée comme un problème, alors la réduction de leurs droits est présentée paradoxalement comme favorable aux bénéficiaires.

Des allocataires réellement utilitaristes et maximisateurs ? Du conflit cognitif au sein du secteur social

Le passage par un instrument incitatif pour orienter les conduites exprime une représentation spécifique des groupes cibles de l'action publique. Présenter les allocataires comme des acteurs maximisateurs tend en effet à constituer comme un problème l'écart financier entre assistance et travail. Or de nombreuses enquêtes ont révélé que ce raisonnement logique ne fonctionnait pas bien. Dès le début des années 2000 en effet, Guillemot, Pétour et Zajdela avaient montré que les allocataires de minima sociaux étaient nombreux à préférer retourner au travail quand bien même ils y gagneraient peu financièrement[49]. Dans le même sens, Lhommeau et Rioux avaient souligné que la majorité des allocataires de l'assistance étaient des actifs : en étudiant la situation des plus pauvres avant même la création du RSA, les économistes constataient que 80 % des allocataires étaient en recherche active d'emploi[50]. Depuis la création du RSA, ce constat a été confirmé et répété par des enquêtes qualitatives et quantitatives auprès des allocataires : lorsqu'on leur demande si leur situation d'assistance est imputable à un manque de gain financier au travail, les bénéficiaires de la principale prestation d'assistance en France répondent qu'il n'en est rien pour plus de 99 % d'entre eux[51]. Seuls 0,6 % répondent que « l'absence de rentabilité financière » serait la raison d'une non-reprise d'emploi. Les premières raisons sont l'état de santé, la situation familiale, auxquelles

49. Guillemot D., Pétour P. & Zajdela H., « Trappe à chômage ou trappe à pauvreté », *La Revue économique*, vol. 53, n° 6, 2002, p. 1235-1252.

50. Lhommeau B. & Rioux L., « Les trajectoires d'activité des allocataires du RMI de 1996 à 1998 », *Études et Résultats*, n° 84, 2000, p. 1-8.

51. Marc C., « Insertion professionnelle et sociale : des spécificités transversales aux différents types de minima », *Recherches et Prévisions*, n° 91, 2008, p. 92-100.

s'ajoutaient des problèmes de transport, de qualification et d'accès aux postes de travail. Des chercheurs se sont élevés, dès la généralisation du RSA, contre l'idée selon laquelle les allocataires de minima sociaux réagiraient principalement à des incitations financières et que c'est cela qui expliquerait la sortie ou non du chômage[52].

Après vingt ans de travaux critiques sur ce mode de raisonnement, il est plus difficile aujourd'hui de tenir le même discours sur le manque d'attrait supposé des publics cibles pour l'emploi. Lorsqu'on demande aux enquêtés « Quels freins prioritaires vous identifiez dans l'accès à l'emploi ? », un chef de service « Développement social » énonce : « Globalement quand même, le problème de la compétence et de la qualification est prioritaire. Après, le volet santé est prégnant aussi. Ensuite je mettrais la mobilité et la garde d'enfant, sur le même niveau. Après, les problèmes sociaux : situations sociales complexes, avec familles avec enfants, problèmes de logement[53]... » Lorsqu'on le relance sur les incitations financières, l'enquêté balaye d'un revers de la main : « On remarque qu'il y a des personnes qui sont très éloignées de l'emploi, et où de toute façon cette réflexion, elle n'est même pas possible. » Un autre chef de service va dans le même sens : « Le problème principal, c'est la mobilité, et en deuxième la santé[54]. » Lorsqu'on le relance sur l'incitation, il dit ne pas « s'y retrouver », et dénonce même avec virulence ce « discours qui met en avant les désincitations financières, pour ne pas augmenter les minima sociaux, en fait ! ». Pour un autre enquêté, les problèmes prioritaires dans l'accès au travail sont « l'absence de qualifications » ou de « savoir-être » en entretien d'embauche, des problèmes de « santé » (physique ou mentale), de « maîtrise de la langue », de « mobilité », et de « logement »[55]. Et lorsqu'on le relance lui aussi sur la question des trappes financières, il souffle, hésite et explique que « c'est compliqué » : « Moi je ne pense pas [...]. Ce n'est pas massif ce

52. Linhart D. & Mauchamp N., *Le travail*, Paris, Le Cavalier bleu, 2009 ; Paugam S. & Duvoux N., *La régulation des pauvres*, Paris, PUF, 2013.

53. Entretien n° 16.

54. Entretien n° 19.

55. Entretien n° 28.

genre de comportement. » Il concède – fait intéressant – qu'il pensait après ses études en économie que le phénomène des désincitations était beaucoup plus central : « Moi je pensais en trouver beaucoup. Dans mes études en économie, on en a entendu parler beaucoup. Mais la valeur travail, elle est quand même ancrée dans la tête des gens… » Plus explicite encore est cet enquêté, un travailleur social qui accompagne chaque jour des allocataires[56] : « On se rend compte, malgré tous les dispositifs, qu'on retrouve des gens qui tournent en boucle. Qui trouvent une petite activité, et puis qui vont retomber parce que leurs difficultés sont telles, et que la société est tellement dure, que ces gens-là, il suffit qu'ils aient une catastrophe dans leur vie et tout dégringole. […] La question financière, les gens, ils ne se la posent pas dans ce sens-là. C'est tellement compliqué dans les calculs… Les gens ils n'en font pas, des calculs ! Si on leur propose des boulots ils y vont ! […] Moi, je n'ai aucune personne qui est rentrée dans ce parcours qui s'est dit "Non, mais moi je vais y perdre"… » Le cas le plus étonnant de conflit cognitif relevé dans les entretiens est celui de cet enquêté, qui affirme d'un côté qu'il faut augmenter les incitations et réduire les prestations de base, mais qui répond quelques minutes plus tard que le frein prioritaire à l'emploi n'est pas l'incitation mais « l'accompagnement », et de rappeler enfin : « C'est pas une fierté d'être au RSA […] C'est pas quelque chose qui leur convient, c'est sûr[57]. »

La théorie de Festinger sur la dissonance cognitive explique qu'un conflit cognitif « se développe lorsqu'apparaît, chez un individu, une contradiction ou une incompatibilité entre ses idées, ses représentations, ses actions. Cette incompatibilité, perçue comme telle ou, au contraire, d'abord inconsciente, devient la source d'une tension qui peut jouer un rôle moteur dans l'élaboration de nouvelles structures cognitives[58] ». Comment expliquer qu'en dépit d'un conflit cognitif, les dispositifs et les discours officiels restent toujours marqués par la

56. Entretien n° 23.

57. Entretien n° 26.

58. Astolfi J.-P. (dir.), *Mots-clés de la didactique des sciences*, Paris, De Boeck Supérieur, 2008, p. 35.

crainte d'une aide qui maintiendrait les publics dans l'assistanat ? C'est peut-être parce que les agents du secteur social rencontrés sont pris eux-mêmes dans des institutions dont l'inertie n'autorise pas si aisément une actualisation du paradigme dominant. Autrement dit, et pour reprendre ce que nous présentions plus haut en théorie des politiques publiques, Peter Hall pensait qu'un paradigme de politique publique devait changer à partir du moment où il expliquerait moins bien la réalité sociale. Or en adoptant une interprétation plus conflictualiste du changement de paradigme, on peut constater que l'activation et l'incitation continuent de structurer les politiques sociales en dépit de l'opposition ou de la conviction très nuancée d'agents de terrain.

Chapitre 12

Quels instruments d'action ?

Les instruments d'action publique ne sont pas des choix neutres mais ils expriment une vision du social : dans la lignée des travaux de Lascoumes et Le Galès, nous définissons l'instrument d'action publique comme « un dispositif, à la fois technique et social, qui organise des rapports sociaux spécifiques entre la puissance publique et ses destinataires en fonction des représentations et des significations dont il est porteur[1] ». En reprenant les travaux classiques de Foucault sur la gouvernementalité[2], on peut distinguer deux approches traditionnelles des instruments politiques : le contrôle et l'orientation juridique des comportements – assis sur des leviers de contrainte et de sanction administrative – et l'orientation des choix par le jeu des intérêts. Ce que nous allons voir dans le développement suivant, c'est que l'on constate bien la survivance de pratiques coercitives[3] d'orientation des conduites dans les réformes sociales étudiées, mais que l'on ne peut pas penser de manière séparée le gouvernement par la sanction et le gouvernement par l'incitation. Notre démonstration sera la suivante : si les anciennes pratiques de type légal-juridique sont toujours implémentées dans les dispositifs étudiés, elles sont progressivement repensées et intégrées

---

1. Lascoumes P. & Le Galès P., « L'action publique saisie par ses instruments », in Lascoumes P. & Le Galès P. (dir.), *Gouverner par les instruments*, Paris, Presses de Sciences Po, 2004, p. 13.

2. Foucault M., *Naissance de la biopolitique*, Paris, Gallimard, 2004.

3. Dubois V., *Contrôler les assistés. Genèses et usages d'un mot d'ordre*, Paris, Raisons d'agir Editions, 2021.

comme des mécanismes parmi d'autres de la gouvernementalité par les intérêts.

Des instruments de contrainte

Pour un enquêté, « ça se resserre de plus en plus sur les contraintes[4] » sous ce quinquennat : mais de quelles contraintes parle-t-il précisément ? Ce sont les contraintes sur les salariés qui ont pu se resserrer au début du mandat présidentiel. Depuis les ordonnances promulguées le 23 septembre 2017, il est possible dans le cadre d'un « accord de compétitivité » de modifier le nombre d'heures ou de jours travaillés par un salarié sans que ne soit recueilli préalablement son accord. Si le salarié refuse, il est passible d'un licenciement sans indemnité. Les réformes menées sous le quinquennat n'ont pas conduit non plus à l'allègement des contrôles sur les demandeurs d'emploi, en dépit des termes utilisés. C'est en application de ladite « loi sur la liberté de choisir son avenir professionnel » qu'ont été alourdies les radiations pour insuffisance de recherche d'emploi : elles sont d'un mois pour un premier manquement, deux mois au deuxième manquement (sans possibilité de récupérer les allocations), quatre mois au troisième manquement (sans possibilité de récupérer les allocations). Un cadre de Pôle Emploi explique : « alors ça ne s'appelle pas "contrôle de la demande d'emploi", ça s'appelle "redynamisation"… Pour être politiquement correct[5] ». Un demandeur d'emploi peut être sanctionné quel que soit le motif : refus d'offre d'emploi, refus d'actualiser ou d'élaborer son profil à Pôle Emploi ; non-réponse à une convocation ou à une visite médicale ; non-acceptation d'un contrat d'apprentissage, ou de professionnalisation, ou d'un contrat aidé ; en cas de preuves insuffisantes étayant sa « recherche effective » d'emploi. En ne rendant plus nécessaire la saisine préalable du préfet, le décret Pôle Emploi du 3 janvier 2019 a détaillé et rendu plus simples les sanctions contre les chômeurs considérés comme fautifs dans leur projet de retour à l'emploi.

4. Entretien n° 24.

5. Entretien n° 27.

Concernant non plus l'ensemble des chômeurs, mais les allocataires du RSA, les contraintes et le guidage administratif ont là aussi été renforcés sous ce quinquennat. Le site du ministère des Solidarités explique que la première mesure de la Stratégie pauvreté pour « l'accompagnement de tous vers l'emploi » poursuit l'intention suivante : « L'objectif est de proposer une orientation réelle et adaptée pour l'ensemble des allocataires du RSA, le plus rapidement possible et dans un délai d'un mois au plus, en homogénéisant le recueil des données socioprofessionnelles, en proposant une méthode renouvelée pour l'orientation. » Fait nouveau, sous l'instigation des préfets de région, les départements doivent désormais contractualiser avec l'État et prouver que les services sociaux locaux se sont bien saisis des instructions nationales : il s'agit d'« accélérer l'orientation et renforcer l'accompagnement des allocataires du RSA [...]. Ce service public de l'insertion, c'est pour moi la clef », avait insisté Emmanuel Macron dès 2017, estimant qu'il « n'est pas acceptable que dans un département, 90 % des bénéficiaires du RSA se voient proposer un suivi et que dans un autre département, ils ne soient plus que 40 %[6] ». Au cours du premier semestre 2019, une instruction très précise a été rédigée par la ministre des Solidarités, détaillant en cent vingt-cinq pages le cadre de la contractualisation, les objectifs et les indicateurs de suivi avec chaque département[7]. La ministre a aussi annoncé la nomination de « cadres de haut niveau » auprès des préfets de région afin de piloter la mise en œuvre. Les collectivités ont dû accélérer l'orientation des allocataires – et c'est d'ailleurs l'élément cardinal que retient cet enquêté du plan pauvreté : « Pour moi, l'objectif du plan pauvreté qui me vient, c'est le fait de dynamiser (j'allais dire dynamiter...) les allocataires, et les diriger à l'emploi. [...] C'est le besoin de plus de rapidité dans la mise en contact entre l'allocataire et son référent[8]. » Pour un autre enquêté, il fallait « inciter un certain nombre de référents à travailler plus vite

6. « RSA : Macron favorable à une "recentralisation" du financement par l'État », *Le Figaro*, 17/07/2017.

7. Instruction du 4/02/2019 sur la mise en œuvre de la stratégie pauvreté.

8. Entretien n° 20.

ces questions-là[9] ». Pour un troisième, « au titre de l'insertion, moi, ce que j'en retiens cette année, ce sont des orientations dans des délais très rapprochés. [...] Le plan pauvreté nous demande d'accélérer ce rythme d'orientation. Réfléchir à une façon plus rapide d'orienter les allocataires du RSA. Et une prise de rendez-vous dans les quinze jours qui suivent l'instruction de la demande de RSA. [...] Il faut aller vers un raccourcissement tangible des délais[10] ».

Inciter les acteurs locaux de l'insertion

Un élu de l'Isère explique que « nous, dans le département, on a eu des réunions pour définir comment nous pouvions nous saisir des axes du plan pauvreté. [...] L'apport financier de l'État, ce qu'il a permis de beaucoup financer, c'est le fait de travailler tous les freins au retour à l'emploi[11] ». Il explique l'effet de levier du plan pauvreté : « le principe du plan pauvreté c'est du cofinancement. Pour un euro investi par le département, le plan pauvreté mettait aussi un euro. [Dans la précédente mandature départementale] on travaillait encore l'estime de soi, beaucoup sur de l'occupationnel, du maintien du lien social... Toute une partie des actions sociales n'était pas orientée emploi. Avec le plan pauvreté, on a pu réorienter tout ça "emploi". » Si l'élu est satisfait que les fonds du gouvernement aillent à l'emploi, d'autres agents publics déplorent ce tournant : « Les critères de performance pour les missions locales en Île-de-France, depuis trois ans, prennent seulement en compte le retour à l'emploi ! » explique un enquêté en Seine-Saint-Denis[12]. Un de ses collègues précise : « J'ai vu apparaître, depuis trois ans, une volonté plus forte de développer l'insertion dans l'emploi. Aujourd'hui, dans les appels à projet, on demande aussi à ce que les associations développent un volet "insertion professionnelle". [...] Quand on finance par subvention les associations, quand on va évaluer le bilan de leurs actions, on va regarder ce qu'elles ont mis en

9. Entretien n° 26.

10. Entretien n° 18.

11. Entretien n° 26.

12. Entretien n° 12.

œuvre sur l'accompagnement professionnel[13]. » Pour un enquêté, il faut bien mesurer « la pression financière sur les départements : quand je suis arrivé en 2013, déjà il était question d'une éventuelle recentralisation du RSA. On commençait à tirer la sonnette d'alarme sur les budgets. [...] Ce qui fait arriver là, c'est la contrainte financière[14] ». Pour un autre, les acteurs locaux de l'insertion ne peuvent pas financièrement résister aux pressions gouvernementales : « Les départements vont se faire grignoter par-dessous : "faut que je garde le RSA, ça me donne du sens"[15]. » C'est bien une forme de gouvernement à distance qui s'exerce, de la part de l'État central sur les collectivités et les acteurs locaux d'aide aux précaires, afin qu'ils activent davantage leur politique d'accompagnement social. Un enquêté rappelle le « genre d'arbitrage permanent : pas assez d'argent. C'est l'argument financier qui pèse en permanence sur nos choix. L'argument budgétaire, très clairement[16] ».

Les contreparties accrues sur les allocataires

La pression fut mise sur les associations et les collectivités chargées du social pour qu'elles orientent plus vite les publics cibles vers le marché ; mais la pression fut renforcée également sur les allocataires eux-mêmes, à travers le Contrat d'engagement réciproque (CER). C'est ainsi que le conseil départemental de l'Aisne a voté l'instauration d'une contrepartie aux bénéficiaires du RSA, leur demandant de consacrer trente-cinq heures par semaine à leur projet d'insertion professionnel. Dans le Haut-Rhin, le conseil départemental a mis en place une obligation de sept heures hebdomadaires de bénévolat. Cette décision a d'abord été jugée illégale par la justice administrative, puis validée par le Conseil d'État et renvoyée à la cour d'appel de Nancy. Ces mesures, prises par plusieurs collectivités, ont été encouragées par le Premier ministre qui indiquait en 2019 être favorable au principe

13. Entretien n° 10.

14. Entretien n° 20.

15. Entretien n° 28

16. Entretien n° 13.

de la « contrepartie au versement obligatoire[17] ». Or la loi précise que toute demande de contrepartie, si elle est inscrite dans son contrat et non respectée par l'allocataire, peut amener à l'arrêt des aides sociales[18].

En Isère, le débat sur les contreparties a conduit à la mise en place d'un « engagement de réciprocité ». Il s'agissait, selon un responsable départemental, d'aller au-delà des enjeux de formation ou d'accompagnements sociaux habituels, pour « aller explorer la vie sociale des personnes[19] ». Cet « engagement citoyen » fut inséré dans le contrat des allocataires du RSA[20] après le retour d'expérience du Haut-Rhin : « Dans le Haut-Rhin, ils avaient décidé d'assortir une action citoyenne en contrepartie. Mais ça a été débouté d'abord... Donc en Isère on a décidé de le rendre facultatif[21]. » Un élu le confirme : « Avant le nouveau CER, on avait eu la décision du Haut-Rhin. Il ne fallait pas prendre le risque de se faire casser par les tribunaux. Du coup, on l'a posé comme facultatif [mais] c'est une façon détournée de faire comme le Haut-Rhin[22]. » Un référent raconte : « Il fallait que les personnes bénéficiaires du RSA puissent être aussi dans une dynamique derrière, donc "Qu'est-ce que moi je peux rendre au service, au public, du bénévolat"[23]... » Pour un référent qui accompagne les allocataires, « dans le parcours social/santé/insertion, en théorie on n'est pas censés aller vers l'emploi. Mais on nous met une contrainte forte[24] ». Le CER précise comme premier item le « projet de retour vers l'emploi » puis les « actions/engagements et moyens mis en œuvre par l'allocataire »[25]. La réciprocité expérimentée au début du mandat est allée plus loin encore :

17. Poingt G., « Édouard Philippe émet l'idée de demander des "contreparties" aux aides sociales », *Le Figaro*, 15/02/2019.

18. Loi sur le RSA, version en vigueur au 15/07/2021.

19. Entretien n° 26.

20. Mathieu F., « Le Département étend à toute l'Isère la "réciprocité" pour les allocataires du RSA », *Place Gre'net*, 14/06/2017.

21. Entretien n° 20.

22. Entretien n° 26.

23. Entretien n° 16.

24. Entretien n° 24.

25. Département de l'Isère, « Contrat d'engagements réciproques », version au 15/07/2021.

Document n° 1. Annexe ajoutée en 2017 au Contrat d'Engagement Réciproque en Isère (extrait).

Votre Situation actuelle

Nom :

Prénom :

E-mail :

Vos relations *(Cocher la case correspondante)*

	Pas de relations	Irrégulières	Régulières
Amis			
Associations			
Commerçants			
Familles			
Médecin			
Parents d'élèves			
Référent social			
Voisins			

Vos engagements actuels :

- Forum RSA
- Association
- Groupe divers *(chorale, sport, loisirs…)*
- Soutiens divers *(voisinage, personne âgée)*
- Accompagnement scolaire, parents d'élèves
- Association de quartier, centre social
- Épicerie solidaire

Vos envies de faire quelque chose avec d'autres :

- Forum RSA
- Accompagnement scolaire, parents d'élèves
- Association *(de quartier, centre social, autre…)*
- Dans ma commune (visiter des personnes âgées…)
- Épicerie solidaire
- Groupe divers (chorale, sport, loisirs…)
- Soutiens divers *(voisinage, personne âgée)*
- Autre :

« Mon engagement citoyen » *(Pour les 6 prochains mois)*

Date et signature

Je décide de :

À quelle fréquence ?

- Toutes les semaines
- Deux fois par mois
- Une fois par mois

Observations du référent :

Source : entretien n° 23

Pour un référent, « la réciprocité, je leur demande : "concrètement, qu'est-ce que vous pourriez apporter à la collectivité en échange ?"[26] ». Pour un autre, « en fait on a mesuré le niveau de citoyenneté des personnes, si elles avaient des liens avec leur famille, si elles étaient assez engagées dans leur commune… Ensuite il fallait prendre l'engagement de "m'engager plus à l'école de mes enfants, participer…"[27] ». Il poursuit : « La prochaine étape, c'est de se mettre en relation avec le centre du quartier. Concrètement, ce serait : "chez moi, je travaille beaucoup le bois"… Voir alors si vous ne pouvez pas rencontrer la MJC,

26. Entretien n° 25.

27. Entretien n° 16.

et proposer un atelier… ». Mais il indique que lorsque les pouvoirs publics s'introduisent à ce point dans la « vie sociale » et demandent en échange du minimum social des heures de « bénévolat » ou d'« accompagnement scolaire », ils dépassent la limite du caractère intrusif du guidage social : « Décider pour les personnes ce qui est bon pour elles, les emmener du point A au point B… Attention à ne pas abuser ! » Le guidage social « ça peut quand même être violent », conclut-il.

Des acteurs locaux ont résisté à l'obligation du bénévolat ou d'une « réciprocité citoyenne » – ce que déplore un élu de département l'ayant expérimenté. Pour lui, c'est surtout une inertie qui expliquerait l'opposition de certains travailleurs sociaux : « Un des premiers facteurs : la résistance au changement[28]. » Un référent insertion qui a voulu résister à ces nouvelles instructions explique son opposition personnelle : « Moi je ne signe pas. C'est très jugeant pour ceux qui ne vont pas à l'emploi[29]. » Car en effet, non seulement l'allocataire doit s'engager mais le référent est tenu lui aussi par le contrat. Un travailleur social explique comment il a pu essayer de contourner le formulaire de réciprocité – dans un premier temps, tout du moins :

> La "réciprocité" : ça aussi, c'est un mot qui a été inventé. Mais faut pas se laisser guider par ça. […] Avant, lorsque j'étais dans le RMI, les travailleurs sociaux, nous ne nous engagions pas. Nous ne signions pas. […] C'est un engagement moral vis-à-vis de ma profession. […] On a un supérieur hiérarchique qui nous permet encore de contourner ce genre de chose. Parce qu'il était travailleur social, avant. Les premiers temps de ce contrat, on faisait de la résistance. On était des résistants. Mais on a été obligé de lâcher l'affaire. On a tenu. Trois à six mois. On s'était fait des réserves d'anciens imprimés… Maintenant, ils nous ont à l'usure. […] Nous les travailleurs sociaux, on essaye toujours de rendre humain ce qui ne l'est pas. Je crois que c'est tout l'art d'appliquer la politique sociale, parce que c'est notre boulot. De réexpliquer aux gens comment ça fonctionne. Après, c'est devenu de plus en plus difficile toutes ces dernières années. Il faut avoir aussi une équipe, qui a les mêmes valeurs. Qui peut défendre certaines choses. […] Moi j'ai pu le faire… Mais les jeunes professionnels :

28. Entretien n° 26.

29. Entretien n° 24.

> il fallait être sacrément costaud dans la tête pour tenir. Parce qu'après ça devient un rapport hiérarchie/agent. C'est compliqué de tenir dans certaines situations face à certaines instructions qui ne sont pas forcément en accord avec ses valeurs. [...] Quand je suis arrivé, on n'avait pas cette prégnance... Peu à peu, on a senti l'institution qu'on a au-dessus de la tête faire pression. C'est venu petit à petit. Un durcissement des contrôles, sur les allocataires. Et sur nous aussi[30].

L'entretien est intéressant pour la sociologie de l'action publique et plus généralement pour les enquêtes sur les «résistances» politiques et administratives[31], car il explique que si ce référent a pu résister pendant un temps au guidage renforcé des allocataires, c'est parce qu'il était ancien dans la profession, qu'il faisait partie d'une équipe qui le soutenait. Mais petit à petit, les exigences se firent trop insistantes et même les personnes opposées au contrôle accru sur les allocataires durent appliquer les nouvelles politiques. Comme l'explique un autre enquêté, «la réciprocité, il fallait que le référent en parle. Il fallait obliger que le référent en parle[32]».

Après l'expérimentation d'un premier formulaire de réciprocité, un deuxième fut généralisé et est devenu pérenne (ci-après). Ce document conduit à lister des engagements, des actions, des échéances; il comporte la signature de l'allocataire comme du référent. En cas d'écart par rapport au plan indiqué, le formulaire précise: «le non-respect des termes de ce contrat d'engagements réciproques risque d'entraîner la suspension de l'allocation RSA». On comprend mieux pour quelle raison la dissonance cognitive ne suffit pas à rendre durable la résistance du secteur social. Alors que des travailleurs sociaux peuvent être sceptiques ou opposés au contrôle accru des allocataires, la mise en conformité avec le nouveau référentiel d'activation a dû se faire progressivement, par la force des choses. Comme l'écrit Pierre Muller, ce qui acte le changement de référentiel au sein d'un secteur

---

30. Entretien n° 23.

31. «Résistances», thème du 9e congrès des Associations francophones de science politique, Bruxelles, 7-9 avril 2021.

32. Entretien n° 20.

d'action publique c'est le constat – concédé par les acteurs critiques eux-mêmes – que « l'évidence a en quelque sorte changé de camp[33] ».

Document n° 2. Nouveau Contrat d'engagements réciproques du département de l'Isère, 2019 (extrait).

Plan d'actions et engagements réciproques vers l'emploi et/ ou la réciprocité :
La démarche de réciprocité est proposée par le Département. Elle est consentie et optionnelle

	Actions / engagements et moyens mis en œuvre par l'allocataire	Actions / engagements et moyens mis en œuvre par le référent	Échéances co-déterminées
VERS L'EMPLOI			
RÉCIPROCITÉ FACULTATIVE			

Le présent contrat est proposé pour une durée de .... mois (3 à 12 mois maximum). Je soussigné(e) M. ou Mme .... m'engage pleinement dans les démarches et actions indiquées ci-dessus. J'atteste avoir été informé(e) qu'un CER ne présentant pas d'engagements concrets ne pourra pas être validé et que le non-respect des termes de ce contrat d'engagements réciproques risque d'entraîner la suspension de l'allocation RSA après avis de l'équipe pluridisciplinaire du Département. Mon référent m'a informé(e) et m'a remis les règles de traitement des données personnelles en conformité avec le RGPD et la règlementation du RSA.

Date et signature

M. ou Mme ...., **référent(e) unique,** m'engage à accompagner M. ou Mme .... dans son projet de retour à l'emploi et dans les actions mises en œuvre.
Observations éventuelles : ....

Date, signature et tampon structure

Source : site du département, <https://www.isere.fr/sites/default/files/docs-rsa/contrat-engagement-reciproque.pdf> [version datée de juillet 2019 ; consultée le 11 décembre 2021].

33. Muller P., « Esquisse d'une théorie du changement dans l'action publique », *op. cit.*, p. 171.

Contraindre et inciter, des approches non contradictoires

Les contraintes ont été renforcées par plusieurs lois encadrant l'assurance chômage et les aides sociales et par la mise en convergence des collectivités chargées de la mise en œuvre des dispositifs. De prime abord, ce constat peut sembler contradictoire avec l'algorithme analysé plus haut : si les allocataires sont vus comme des calculateurs intéressés que l'on peut inciter financièrement, pourquoi renforcer aussi les instruments de contrôle ?

Pour comprendre et essayer de résoudre ce paradoxe apparent de l'action publique, il faut revenir à la théorie néolibérale de Gary Becker, l'un des pères du modèle économique standard d'analyse des comportements. Le présupposé de base de Gary Becker est fondé sur la rationalité : l'*homo œconomicus* est un individu maximisateur. Qu'il soit offreur ou demandeur, fonctionnaire ou bénéficiaire d'une prestation, chaque individu prendrait ses décisions en fonction de critères de choix standardisés : « Tout comportement humain peut être conçu comme mettant en jeu des participants qui maximisent leur utilité[34]. » Becker définit en effet la conduite économique comme « celle qui va répondre de façon systématique à des modifications dans les variables du milieu ». Deux conclusions peuvent être tirées par les pouvoirs publics si leur objectif est de faire évoluer des comportements : 1) les pouvoirs publics peuvent agir sur les variables financières mais aussi sur les variables non financières des choix citoyens ; 2) ils peuvent soit augmenter les bénéfices, soit pénaliser les choix alternatifs aux décisions souhaitées. Dit d'une autre manière, les pouvoirs publics peuvent récompenser mais ils peuvent aussi sanctionner : les deux mécanismes auront un même effet, qui sera d'accroître le différentiel entre coûts et bénéfices pour l'individu ciblé. Pour un objectif qui est la mise au travail des allocataires de minima sociaux (catégorie « changement » dans le tableau

34. Becker G., *The Economic Approach to Human Behavior*, Chicago, The University of Chicago Press, 1976.

ci-dessous), alors les options pour faire varier les comportements sont typiquement les suivantes :

Tableau n° 3. Modèle standard d'orientation économique des comportements

Objet de l'action publique / Réaction citoyenne	Coûts des choix individuels	Bénéfices des choix individuels
« Inertie » des groupes cibles	+ Cas n° 1 : contrôle et sanctions plus stricts en cas de non-reprise d'emploi	– Cas n° 2 : baisse ou maintien des allocations à un niveau faible en cas de non-reprise d'emploi
« Changement » des groupes cibles	– Cas n° 3 : ne pas perdre son allocation en cas de reprise du travail	+ Cas n° 4 : prime financière en cas de reprise du travail

Source : Auteur.

Modifier les bénéfices associés à un choix change tout l'équilibre des possibles. En effet, si je suis récompensé en cas de « changement », alors le fait de rester « inerte » ou de ne pas changer devient moins souhaitable, plus coûteux. Cette relation entre coûts et bénéfices a été théorisée en économie comme un « coût d'opportunité », qui désigne le bénéfice que l'on perd à ne pas faire quelque chose, ou encore ce que l'on aurait pu gagner si l'on avait pris une autre décision. Un adjoint de service social éclaire le rapport entre contrainte et incitation : « Si on n'a pas une contrainte, une contrainte qui nous encourage, on va rester où on est […]. Il faut qu'on active ce qu'on peut activer[35]. » Un autre enquêté explique, dans une formule étonnante, qu'il faut « essayer de ne pas vivre l'accompagnement comme une contrainte[36] ». Bien que les sanctions et les contraintes persistent, elles ne doivent pas être

35. Entretien n° 20.

36. Entretien n° 25.

envisagées indépendamment des intérêts: les sanctions, impositions de bénévolat ou de réciprocité sont conçues comme des manières de rendre plus coûteuses et plus inconfortables l'inertie, la non-reprise d'emploi. En matière d'État social, comme le notent Crespo *et al.*, les réformes actives «ont un caractère incitatif qui, pourtant, ne renonce pas à la coercition. L'incitation à travailler [...] se réalise à travers une régulation et une réduction de la couverture chômage[37] ». Alors que la situation de l'allocataire retournant au travail est améliorée de toutes les manières possibles, dans le même temps la situation de l'allocataire qui reste sans emploi est dégradée financièrement et administrativement. Toujours en vigueur et même renforcées, les pénalités sont incorporées dans un modèle intégré de gouvernement. Elles visent à resserrer le guidage des citoyens et à utiliser tous les outils possibles pour «conduire les conduites», selon la formule de Michel Foucault.

Revenus comparés des travailleurs et des personnes en recherche d'emploi: l'écart s'accroît

Le guidage des demandeurs d'emploi amène à leur demander davantage de contreparties, à radier ceux qui ne se montreraient pas assez volontaires. Cette manière d'envisager les contraintes et les sanctions ira-t-elle jusqu'à préconiser une baisse des aides et une hausse des inégalités comme autant d'encouragements à la réussite? Pour l'économiste Guillaume Allègre, «les plus pauvres sont des victimes collatérales du discours sur le Making Work Pay[38] ». D'après le rapport «Revenus et patrimoine des ménages» de l'INSEE en effet, les inégalités ont augmenté de manière nette dès le début du quinquennat Macron[39]. Les 10 % des Français les plus modestes n'ont pas retrouvé leur niveau de vie d'avant la crise de 2008, quand le reste des Français l'a dépassé en moyenne dès 2017. En 2018, le rapport interdécile (c'est-à-dire le

37. Crespo E. *et al.*, «Del gobierno del trabajo al gobierno de las voluntades: el caso de la activación», *Psicoperspectivas*, vol. VIII, n° 2, 2009, p. 95. Traduction du castillan par nos soins.

38. Allègre G., «L'expérimentation du revenu de solidarité active entre objectifs scientifiques et politiques», *Document de travail de l'OFCE*, n° 36, 2009, p. 9.

39. Sicsic M., «Revenus et patrimoine des ménages», *INSEE références*, 27/05/2021.

rapport entre le niveau de vie plancher des 10 % les plus aisés et celui des 10 % les plus modestes) est monté à 3,49 alors qu'il était à 3,42 en 2017. Les inégalités entre les 10 % les plus riches et les 10 % les plus pauvres se sont accrues lors de la première année du quinquennat : « Le fait le plus massif est le décrochage des revenus d'activité du premier décile de la population » indique Nicolas Duvoux[40]. L'indice de Gini, qui prend en compte l'ensemble de la distribution des revenus, a augmenté de 0,289 en 2017 à 0,298 en 2018. Comme le résume un enquêté, « la pauvreté est plus grande aujourd'hui[41] ».

Les inégalités de richesse ont augmenté les deux premières années du mandat ; or d'après plusieurs enquêtés, ces inégalités devraient augmenter davantage encore dans le contexte de crise et sous l'effet des réformes marquantes du mandat, notamment celle de l'assurance chômage. D'après l'Institut des politiques publiques, qui a fait l'évaluation statistique des mesures fiscales et sociales des gouvernements Philippe et Castex sur l'ensemble de la période, les ménages français ont vu entre 2017 et 2022 leurs prélèvements obligatoires baisser de 28,1 milliards d'euros, tandis que les dépenses sociales reculaient de 4,2 milliards (principalement du fait de la sous-revalorisation des retraites, de la réforme des APL et de l'assurance chômage). En conséquence, explique le directeur de l'Institut des politiques publiques Jérôme Bozio, « les mesures de Macron ont favorisé plus fortement les actifs et les détenteurs de patrimoine ». Les 1 % plus riches ont vu une augmentation de leur niveau de vie de 2,8 % par an en moyenne, principalement du fait de la réforme de l'ISF en début de quinquennat, des modifications touchant les cotisations salariales, de l'instauration de la *flat tax* (prélèvement forfaitaire unique s'appliquant à la majorité des produits financiers). La hausse culmine à 4,1 % par an pour les 0,1 % d'ultrariches. À l'inverse, les 5 % les plus pauvres ont vu leur pouvoir d'achat baisser sous l'effet des réformes : « les inégalités se sont donc accrues entre le bas et le haut de l'échelle des niveaux de vie. À l'échelle individuelle, 80 % des 1 % les plus modestes sont même perdants sur le quinquennat » précise

40. Duvoux N., « La révolution silencieuse de la prime d'activité », art. cit.

41. Entretien n° 24.

l'enquête[42]. Les entretiens confirment les tendances statistiques et en détaillent les causes: « Il y aura un impact de la dernière réforme de l'assurance chômage, qui augmente le volume d'heures travaillées pour avoir des droits à Pôle Emploi [...]. Sur mon territoire, on a déjà une augmentation de 30 % des allocataires RSA sur les trois derniers mois », expose un enquêté[43]. Comme le confirme un chef de service, « la réforme du chômage va rebasculer des gens au RSA [car] ils n'auront pas assez cotisé pour avoir droit au chômage[44] ». Or le RSA n'est que de 565,34 euros pour une personne seule au 1er décembre 2021, soit à peine la moitié du seuil de pauvreté. Le RSA n'a pas été revalorisé au-dessus de l'évolution des prix au cours du quinquennat et jusqu'à ce jour. Son pouvoir d'achat et son niveau par rapport au niveau de vie moyen en France baissent régulièrement depuis trente ans, et la baisse se poursuit[45]. C'est apparemment une intention assumée, comme l'expliquait le Premier ministre le 12 octobre 2020 sur France Info: « Nous ne varierons pas sur un point. C'est que tout ce qui est RSA, c'est-à-dire ce qui donne des allocations relatives à une situation de l'état de pauvreté, n'est pas dans nos priorités. »

Des recommandations pour « réexaminer » le montant des prestations

Les plus pauvres et les chômeurs sont-ils les victimes collatérales des réformes, ou peut-on parler d'une politique assumée? Pour les travailleurs perdant leur emploi, rappelons que la révision du Code du travail en 2017 a plafonné le montant des indemnités de licenciement, même lorsque les prud'hommes admettent que le salarié a subi un licenciement abusif[46]. Au-delà des personnes licenciées, c'est tout le calcul des

42. Audrey Tonnelier, « Pouvoir d'achat: ceux qui ont gagné et ceux qui ont perdu pendant le quinquennat d'Emmanuel Macron », lemonde.fr, 16/11/21.

43. Entretien n° 18.

44. Entretien n° 16.

45. Allègre G. & Ducoudré B., « Prime d'activité: quelle efficacité redistributive et incitative? », *Policy Brief de l'OFCE*, n° 37, 2018; INSEE, « Indice des prix à la consommation », *Informations rapides*, n°307, 30/11/2021.

46. Ordonnance n° 2017-1385 et s. du 22/09/2017.

allocations-chômage qui a été révisé sous ce quinquennat ; 37 % des entrants devaient voir leurs droits réduits d'après l'UNEDIC[47]. Au-delà de la citation de Jean Castex ci-dessus, des responsables assument-ils l'idée selon laquelle les personnes sans travail, ou qui le perdent, doivent recevoir moins d'aides ?

Depuis le début des années quatre-vingt-dix, l'OCDE encourage les États développés à réduire l'étendue de leur protection sociale. Dans un rapport fameux intitulé « Making work Pay »[48], l'OCDE a mis en cause explicitement le niveau des allocations : « Plus la prestation versée aux "sans-emploi" est élevée, plus [cela] se traduira par un renforcement ou un élargissement de l'effet dissuasif[49]. » Pour l'organisme économique, l'indemnisation du chômage aurait « des effets négatifs sur le marché du travail ». Afin de contrer cet effet dissuasif, deux options étaient conseillées : une hausse des bénéfices à la reprise d'emploi (notamment par l'octroi de primes à l'emploi) ou la « réduction des prestations » : « La solution la plus radicale au piège du chômage serait de réduire les droits à prestations[50]. » Si l'OCDE reconnaît que « supprimer une large partie de ces droits reviendrait à accentuer la pauvreté » et que « les coûts sociaux de cette solution risquent d'être inacceptables », elle recommande tout de même ce type de mesure : « Réduire les prestations est la façon la plus simple d'accroître l'incitation au travail. » L'OCDE a depuis lors réitéré et approfondi ces critiques anti-prestations, avec des effets sur plusieurs États sociaux européens[51].

La Commission européenne a préconisé elle aussi ce type de mesure. Ainsi, dans une Communication intitulée « Making work pay », la Commission européenne a recommandé ceci : « Les États membres devraient réexaminer et moderniser leurs régimes de protection sociale

---

47. UNEDIC, « Impact de la réforme de l'assurance chômage », *op. cit.*

48. OECD, « Making Work Pay », *op. cit.* Dans la version française : OCDE, « Renforcer les incitations au travail », *Perspectives de l'emploi de l'OCDE*, 1996.

49. *Ibid.*, p. 38.

50. *Ibid.*, p. 28.

51. Gayon V., *L'OCDE au travail. Contribution à une sociologie historique de la « coopération économique internationale » sur le chômage et l'emploi*, Thèse soutenue à Paris 9, 2010.

afin de les rendre plus favorables à l'emploi [...] Une nette amélioration peut découler d'un simple examen des politiques existantes, visant à supprimer les dispositions prévues par les régimes actuels de prélèvements et de prestations qui ont un effet négatif sur la volonté ou la disponibilité des individus[52]. » Pour « rendre le travail rémunérateur », il faudrait réduire les allocations d'assurance chômage et d'assistance, dont le montant et la générosité sont considérés comme inversement proportionnels à l'incitation à travailler : « Les prestations de chômage peuvent créer des contre-incitations à travailler[53]. » Si les incitations à travailler ne sont pas suffisantes, un « niveau élevé de protection sociale » n'est plus « souhaitable[54] ». Il s'agirait d'un choix net, politique et économique, à faire : « La réforme des systèmes d'imposition et de prestations pour rendre le travail rémunérateur implique de substituer certains objectifs stratégiques à d'autres. »

Nous suivons Lascoumes et Le Galès lorsqu'ils disent que les instruments d'action publique sont porteurs de normes et de valeurs : les instruments de l'activation disent beaucoup de ce que sont les « objectifs stratégiques » des États sociaux contemporains. Mais quels sont ces objectifs précisément : la sortie plus rapide des aides sociales, le retour au travail, sont-ils les seuls enjeux des réformes étudiées ? Ces politiques publiques poursuivent-elles des visées économiques différentes, sont-elles justifiées par des enjeux variés ?

---

52. European Commission, « A Comprehensive Approach Contributing to Making Work Pay », Communication, 2003, p. 24.

53. *Ibid.*, p. 9.

54. *Ibid.*, p. 7.

Chapitre 13

Un quinquennat sans objectifs ?

Les objectifs budgétaires sont à nuancer

Lorsqu'on s'interroge sur les finalités des réformes de la protection sociale, la première intuition concerne l'enjeu budgétaire : l'objectif des mesures serait-il de limiter les dépenses sociales ? Lors d'une enquête menée il y a une dizaine d'années aux Pays Bas, des agents s'inquiétaient de l'incertaine « soutenabilité financière » de la protection sociale et déploraient que « trop d'argent soit dépensé en allocations[1] ». En France, les paroles d'Emmanuel Macron sur le « pognon de dingue » ou sur la soutenabilité du financement des retraites et de l'assurance chômage ont suggéré qu'on pouvait y voir les raisons prioritaires des réformes. Le tournant contemporain vers « l'investissement social » trahit ce risque : ne plus justifier les politiques sociales que si elles apportent un retour sur investissement suffisant, et non plus par le souhait de limiter les inégalités ou de renforcer la solidarité[2].

Mais il faut bien noter qu'à court terme les politiques actives coûtent cher aux États sociaux. En France, dès sa création, le RSA et la prime associée devaient coûter 1,5 milliard de plus que l'ancien RMI[3]. Sous

1. Entretiens avec deux membres de l'Office néerlandais du travail (UWV), Amsterdam et Utrecht, 7 et 8/12/2010.

2. Palier B., « Vers un État d'investissement social », *Informations sociales*, vol. 128, n° 8, 2005, p. 118-128.

3. Commission des affaires sociales du Sénat, « Projet de loi généralisant le RSA – rapport au nom de la commission », n° 25, 2008.

le quinquennat Macron, le plan pauvreté devait coûter 8 milliards d'euros. La hausse de la prime d'activité à partir du 1er janvier 2019 a coûté près de 3,5 milliards dès la première année. Sans développer plus avant, on voit que l'hypothèse d'un retrait financier de l'État social n'est pas suffisante pour comprendre les réformes récentes : on ne peut pas parler de « retranchement de l'État-providence » au sens où Paul Pierson a pu l'observer en Grande-Bretagne dans les années quatre-vingt-dix par exemple[4]. Certes, l'État-providence est plus strict et moins généreux avec les personnes pauvres sans emploi en ce début de XXIe siècle, mais il dépense davantage en faveur des personnes qui travaillent plus, qui retournent sur le marché du travail ou qui se forment à cette fin. Pour éclairer les raisons de ce paradoxe apparent, il est nécessaire de dépasser le seul critère budgétaire et d'élargir l'analyse à des objectifs pluriels.

Les biens et les services : objectifs économiques des réformes

Les réformes sociales sous ce quinquennat ne peuvent pas être réduites à des politiques de limitation des coûts de la protection sociale. L'objectif premier des réformes étudiées est de faire travailler. Plus précisément : faire travailler plus et le plus de personnes possible. D'après un enquêté, il faudrait « enrichir le champ des personnes qui peuvent fournir un emploi[5] ». Dès son article 1er, la loi sur le RSA énonce l'objectif d'« encourager l'exercice ou le retour à une activité professionnelle[6] ». Pour établir si l'allocataire du RSA est « immédiatement disponible » pour occuper un emploi, la loi fait référence aux règles de l'assurance chômage ; l'allocataire de droit commun est adressé à un organisme de placement et doit se conformer aux obligations d'un « simili chômeur indemnisé[7] ». Entrant dans les détails du Contrat d'engagement

4. Pierson P., *The New Politics of the Welfare State,* Oxford, Oxford University Press, 2001.

5. Entretien n° 26.

6. Art. 1er de la loi du 1/12/2008 généralisant le RSA.

7. Morvan P., « La loi généralisant le RSA », *Droit social*, n° 2, 2009, p. 189.

réciproque, un enquêté explique qu'il est possible de tout orienter vers l'emploi, et, pour le prouver, il prend l'exemple d'ateliers cuisine organisés par les services locaux : « Quel type de métier on peut valoriser à partir de [ces ateliers cuisine] ? Est-ce que ces recettes, on peut en faire quelque chose ? Il y a peut-être un moyen de vendre ça… Comment on peut le valoriser, pour gravir une marche qui doit ramener vers l'emploi ? Il s'agit de les obliger à expliquer, dépasser le petit cercle d'autres allocataires… Peut-être aller vendre les repas, engranger sur une formation… C'est toujours ça qu'on doit se dire. Et pour les travailleurs sociaux : on ne s'installe pas dans cette action… On va proposer autre chose. Réfléchir, toujours, à la finalité emploi. » Avec les réformes actives, le travail devient l'axe cardinal de toute politique sociale. Un membre du cabinet de Mme Jeantet, déléguée interministérielle à la lutte contre la pauvreté sous Macron, le reconnaît : il s'agit d'« encourager des politiques d'insertion à visée professionnelle »[8]. Le fait d'accroître les taux d'emploi est perçu comme bénéfique pour les personnes comme pour l'économie : injectée dans le marché du travail, cette source de main-d'œuvre pourra être utilisée et participer à la création de richesses. Parce que la production de biens et de services exige l'association de deux facteurs de production, le capital et le travail, les politiques sociales actives accroissent la main-d'œuvre disponible pour les services de restauration, pour le nettoyage urbain, pour certains services à la personne qui nécessitent des travailleurs peu qualifiés[9]. Elles participent également à la baisse du coût du travail : plus une ressource est présente sur un marché, plus son coût baisse ; plus il y a de travailleurs sur le marché de l'emploi, plus le salaire d'équilibre va être tiré vers le bas. Dans le rapport commandé et remis à la ministre du Travail en 2018, la formule « nul n'est inemployable » était expliquée ainsi par Jean-Marc Borello, membre du bureau exécutif de LREM et auteur du rapport : « Le principe selon lequel nul n'est inemployable […] veut démontrer dans la pratique qu'il est plus économique pour la société de mettre les personnes en emploi. »

---

8. Entretien n° 1.

9. Paugam S., *Le salarié de la précarité*, Paris, PUF, 2007.

Rapprocher offre et demande : contre le chômage « frictionnel »

Concernant le fonctionnement du marché du travail, les réformes étudiées tentent d'améliorer la rencontre entre offre et demande de travail. Elles appliquent ainsi les conseils de l'économiste Milton Friedman qui distingue trois chômages : le chômage conjoncturel, le chômage frictionnel et le chômage structurel[10].

Le chômage conjoncturel est celui sur lequel Keynes conseillait d'agir, par une politique monétaire dynamique et par des déficits publics en faveur de la demande. Or si la Banque centrale donne la priorité à la lutte contre l'inflation, et que les choix gouvernementaux sont défavorables à la relance de la demande, alors les possibilités de lutte contre le chômage conjoncturel se réduisent. Il ne reste plus aux gouvernements qu'à agir sur les structures et sur les « frictions » du marché ; pour Keynes, c'était inutile et contre-productif ; pour Friedman, c'est la seule bonne politique à mener.

Le chômage frictionnel est lié à une latence entre l'offre et la demande de travail : il y a un écart entre le moment où l'entreprise rend public son besoin de main-d'œuvre et le moment de l'embauche ; un temps de formation est parfois nécessaire pour que la main-d'œuvre convienne. En faisant en sorte d'accélérer la rencontre entre offre et demande, les politiques actives limitent ce chômage frictionnel. Au niveau local, un enquêté pointe la nécessité de « travailler auprès des entreprises, mais aussi de l'autre côté, celui des professionnels du social. Sur comment, quels liens, et comment on met en lien l'offre qu'on a et la demande des entreprises. L'objectif c'est d'arriver à positionner des référents insertion au contact des entreprises locales... Pour que cette mise en lien se fasse plus facilement, entre l'offre disponible sur un territoire et les compétences[11] ». Un autre enquêté parle de « faire "matcher" l'offre

---

10. Friedman M., « The Role of Monetary Policy », *The American Economic Review*, n° 1, 1968.

11. Entretien n° 26.

et la demande[12] ». En matière d'assistance, le fait que les allocataires du RSA soient orientés vers le service public de l'emploi sauf exception permet de rapprocher l'offre des besoins de production. Chômeurs et allocataires du RSA n'ont pas le droit de refuser des propositions de formations du service de l'emploi au risque d'être radiés. Ces réformes s'inscrivent dans le cadre des recommandations européennes : depuis le lancement de la Stratégie européenne pour l'emploi en 1997, l'amélioration de la formation et de l'« adaptabilité » des demandeurs d'emploi devait permettre de « prévenir et enrayer l'apparition de pénuries de main-d'œuvre[13] ». Les plus courts délais d'orientation des allocataires du RSA voulus par Emmanuel Macron, de même que les programmes de réintégration et de formation renforcés, servent aussi à ça : que la main-d'œuvre s'adapte au plus vite.

S'attaquer aux « structures » du chômage

Au-delà des frictions temporaires, pour Milton Friedman, chaque économie aurait un taux de chômage « naturel » sous lequel il serait impossible de descendre tant que les rigidités structurelles du marché du travail ne sont pas supprimées. Des tentatives d'application économétriques de la théorie ont abouti à des expertises très différentes selon les pays[14] : d'après une évaluation inspirée de Friedman, le taux de chômage « naturel » se situerait autour de 5 % en France[15]. Si on veut que le taux tende vers son niveau « naturel » ou d'« équilibre » alors Friedman conseille de s'attaquer :

- Au comportement des individus choisissant de ne pas travailler – en particulier à cause des allocations.
- Au coût du travail – car les charges sociales et le salaire minimum gonfleraient artificiellement le prix du facteur travail.

12. Entretien n° 22.

13. Décision du Conseil du 19/01/2001 sur les lignes directrices pour l'emploi, *Journal officiel* du 24/01/2001, p. 18-26.

14. Pour une critique, voir : Malinvaud E., « À propos du soi-disant taux de chômage structurel », in Pisani-Ferry J., (dir.), *Plein-emploi*, Paris, La Documentation française, 2000.

15. *Ibid.*

À l'instar du premier conseil, le second conseil friedmanien a été suivi de plusieurs manières sous les gouvernements d'Édouard Philippe et de Jean Castex. Un enquêté rappelle d'abord les nombreuses subventions aux entreprises dans le plan France Relance de 2020[16]. Mais, dès avant la crise, il s'agissait déjà de diminuer les coûts de production pour les entreprises et en particulier les coûts liés au financement de la protection sociale : le programme d'Emmanuel Macron expliquait en 2017 que « nous réduirons le coût du travail. Nous aiderons les entreprises à embaucher en baissant les cotisations sociales employeurs de 6 points en remplacement du CICE, et jusqu'à 10 points au niveau du SMIC ». L'augmentation de la prime d'activité a ensuite permis d'accorder une hausse de revenu aux travailleurs « sans qu'il en coûte un euro de plus pour l'employeur ». À la question « Pourquoi choisir cette solution plutôt qu'une simple hausse du salaire minimum ? », le gouvernement expliquait sur son site internet que la prime d'activité « permet[ait] de ne pas sanctionner financièrement les entreprises[17] ». Le gouvernement s'est dit prêt, par la voix de son Premier ministre, à baisser de nouveau les cotisations patronales jusqu'à des salaires montant à 2,5 SMIC afin de « doper la compétitivité des entreprises[18] ». Et au cours de la campagne pour sa réélection en 2021-2022, Emmanuel Macron annonça vouloir aller plus loin : « Il faudra dans les années à venir poursuivre ces choix, et financer notre modèle social en taxant moins le travail encore »[19].

Outre les cotisations employeur, la deuxième composante du coût du travail est la rémunération au sens strict. Les réformes actives favorisent les allègements aux entreprises sur cette seconde composante également. Avant le quinquennat Macron, un chômeur pouvait légitimement décliner une proposition si elle était trop éloignée de son domicile et

---

16. Entretien n° 8. Voir également plus haut.

17. Gouvernement, « La prime d'activité revue à la hausse pour davantage de pouvoir d'achat », Communiqué du 17/12/2018.

18. Sandanassamy N., « Faut-il continuer de baisser les charges patronales pour réduire le coût du travail ? », *Capital*, 03/02/2020.

19. Emmanuel Macron, « Allocution du Président de la République », 9/11/2021.

que le salaire était inférieur à celui antérieurement perçu[20]. Or depuis le décret du 28 décembre 2018[21], la loi ne définit plus ce qu'est une « offre d'emploi raisonnable ». Le nouveau décret ne mentionne ni durée de trajet, ni kilométrage maximum. De plus, et au regard de la rémunération, le décret du 28 décembre 2018 « abroge la définition du salaire antérieurement perçu qui était pris en compte pour déterminer l'offre raisonnable d'emploi »[22]. Les politiques actives favorisent ainsi l'occupation de tous les postes de travail, en rendant obligatoire l'acceptation de toute offre et en abandonnant la définition de ce qu'est un emploi convenable. Ces modifications participent à la normalisation du travail faiblement rémunéré, au point que le sociologue Serge Paugam s'est demandé si les politiques actives n'étaient pas « une façon de les obliger [les pauvres] à entrer non pas dans le salariat, mais dans ce que l'on appelle aujourd'hui de plus en plus le "précariat"[23] ».

Les réformes « actives » peuvent favoriser les emplois mal payés par un autre type de mécanisme – lié cette fois-ci au mode de calcul des allocations actives. Jacques Rigaudiat s'inquiétait déjà en 2008 du risque de « subvention pérenne aux très bas salaires » qu'il pensait inhérent aux mécanismes de primes à l'emploi[24]. Avec la hausse de la prime d'activité en 2019, ce sont près de cinq millions de foyers en France dont les faibles salaires sont compensés par un bonus de l'État. La possibilité de cumul est dégressive : plus le salaire monte, plus se réduit le montant de la prime d'activité. Le mode de calcul précis est le suivant : un salarié proche du SMIC peut toucher la prime d'activité (554 euros au 1er décembre 2021) moins 39 % des revenus

20. Loi n°2008-758 du 1er août 2008 relative aux droits et aux devoirs des demandeurs d'emploi.

21. Décret n°2018-1335 du 28 décembre 2018 relatif aux droits et aux obligations des demandeurs d'emploi.

22. Notice du décret du 28 décembre 2018, disponible sur : <https://www.legifrance.gouv.fr/jorf/id/JORFTEXT000037883906>

23. Paugam S., « RSA : la naissance d'un régime de précarité assistée », *Médiapart*, 29/08/2008.

24. Rigaudiat J., « Le revenu social d'activité : une réforme en faux-semblants », *Esprit*, janvier 2009.

professionnels du foyer. La prime est dégressive à mesure que les salaires montent. Or, s'ils savent qu'elle sera compensée par la perte de la prime d'activité, les salariés faiblement rémunérés n'auront que peu d'intérêt à demander une augmentation à leur employeur. Ces subventions salariales indirectes, et singulièrement la focalisation des gouvernements d'Édouard Philippe et de Jean Castex sur la prime d'activité, permettent ainsi de gérer sans heurt le développement des emplois faiblement rémunérés. Nicolas Duvoux parle de « révolution silencieuse de la prime d'activité[25] », et y voit un « coup de pouce au SMIC » non payé par l'employeur : « On peut légitimement y voir une substitution de la prime d'activité [...] aux revalorisations du SMIC[26]. » Alors que les salaires sont bas et que les revenus du premier centile de la population décroissent, ce n'est pas le marché qui est mis à contribution *via* une hausse du SMIC, mais les budgets publics : plutôt que ce soient les entreprises qui augmentent les salaires, ce sont les finances publiques qui prennent à leur charge le complément de revenu pour les travailleurs pauvres.

Comme le constate un enquêté, la hausse de la prime d'activité est concomitante de « l'ubérisation de l'économie », du développement des chauffeurs VTC, des formes d'emploi atypiques, « une dynamique "emploi" en mode "suffit de traverser la rue tu vas trouver un emploi"[27] ». Salariés précaires, travailleurs indépendants et auto-entrepreneurs : tous peuvent solliciter la prime d'activité en France jusqu'à un seuil équivalent à peu près à 1,5 SMIC (pour une personne seule sans enfant). Finalement, l'activation des politiques sociales accompagne la précarisation et fait supporter l'allègement des coûts de production à la collectivité : « C'est ainsi, écrivent les sociologues Jean-Michel Bonvin et éric Moachon, que se diffuse une flexibilisation des modes de gestion des ressources humaines, dont le coût est essentiellement

25. Duvoux N., « La révolution silencieuse de la prime d'activité », *La Vie des idées*, 4/02/2020.

26. *Ibid.*

27. Entretien n° 11.

pris en charge par la collectivité[28]. » La prise en charge d'une partie des revenus du travailleur se faisant non plus par l'employeur, ou par la plateforme, mais par l'État, la re-marchandisation des politiques sociales atteint un degré tel que c'est le système public qui finit par compenser (et assumer financièrement) la réduction des dépenses salariales du secteur privé. L'activation, ce n'est pas le retrait pur et simple de l'État, mais un investissement nouveau des politiques sociales en faveur de l'entreprise. Les primes d'activité, l'État social actif, prennent ici leur sens plein : des subventions prélevées sur les budgets sociaux, et dirigées en faveur de l'activité, de la production, de l'économie.

28. Bonvin J.-M. & Moachon E., « L'activation et son potentiel de subversion de l'État social », in Cassiers I. *et al.* (dir.), *L'État social actif. Vers un changement de paradigme ?*, Bruxelles, PIE.-Peter Lang, 2005, p. 82.

Chapitre 14

Justice sociale : les conceptions philosophiques implicites

Bien qu'ancien ministre de l'Économie, Emmanuel Macron n'a pas été présenté médiatiquement comme un économiste, et presque davantage comme un philosophe – du fait de son ancienne fonction d'assistant éditorial de Paul Ricœur[1]. Dans le même temps, les philosophes ricœuriens Myriam Revault d'Allonnes, François Dosse et Michaël Fœssel ont critiqué des choix de politiques publiques « aux antipodes de l'éthique de Paul Ricœur » d'après eux[2]. Qu'en conclure ? Nous proposons de clore ce livre par un retour aux sources philosophiques et par une analyse des politiques sociales au regard des théories de la justice sociale.

Un retour aux philosophies de la protection sociale

Pendant longtemps, les premières tentatives de protection sociale ont buté sur le débat impossible à trancher concernant la responsabilité de la pauvreté : à cause de qui ou de quoi est-on pauvre ? L'approche libérale anglaise, héritée du débat sur les *Poor Laws* en 1834, tentait de distinguer maladroitement les « pauvres » et les « indigents valides » – les premiers n'étant pas conçus comme responsables de leur situation

1. Voir par exemple : « Qui est Paul Ricœur, le philosophe qui influença Emmanuel Macron ? », *Le Figaro*, 10/05/2017.

2. Dosse F., « Emmanuel, tes propos sur l'immigration contribuent à la désintégration de ces populations fragilisées », *Le Monde*, 3/12/2019.

et devant être secourus, les valides devant chercher leur salut sur le marché. Depuis lors, « l'invention du chômage[3] » a amené à substituer à la catégorie des « pauvres valides » celle des chômeurs, c'est-à-dire des travailleurs réguliers involontairement privés d'emploi. Si même les personnes qui veulent travailler ne le peuvent pas, alors c'est une responsabilité collective que de garantir à toute personne exclue du marché du travail une source de revenus. La catégorie de « chômeurs » a ainsi fait émerger, aux XIXe et XXe siècle, le droit à une assurance contre ce qui était dorénavant perçu comme un risque social et non plus comme une faute individuelle.

Le rapport de solidarité qu'établissent les politiques sociales est donc un rapport de protection du collectif à l'égard de l'individu. Une lecture historique du développement des États-providence et de la progressive socialisation des risques permet de mettre au jour ce qui est aux fondements des politiques étudiées dans la première partie de cet ouvrage : le dépassement de l'idée de responsabilité et de faute individuelle par les notions d'assurance et de sécurité. C'est une technologie sociale fondée sur les probabilités qui a permis cela ; sans le recours à une institution collective prenant en charge des risques reconnus comme collectifs, le questionnement interminable sur les causes individuelles de l'inactivité, ou de la maladie, aurait constitué un obstacle tenace au développement des États-providence. Pour Bonvin et Moachon, « la sécurité sociale s'est ainsi construite en marginalisant la notion de faute pour lui préférer celle de risque. Le débat ne consiste dès lors plus à se donner un étalon approprié pour juger les comportements individuels […]. En dernière analyse, c'est l'état de la société qui est considéré comme responsable de ces situations et il incombe donc à la solidarité sociale de prendre en charge leurs conséquences financières[4] ».

Tout au long du XXe siècle et au début du XXIe siècle, la Sécurité sociale française a construit un modèle de prise en charge socialisée des risques sociaux. Mais les politiques menées au cours de ce quinquennat

---

3. Topalov C., *Naissance du chômeur*, Paris, Albin Michel, 1994.

4. Bonvin J.-M. & Moachon E., « L'activation et son potentiel de subversion de l'État social », *op. cit.*, p. 65.

semblent aller à l'encontre de ce mouvement historique. En matière de retraite, le philosophe Jacques Rancière s'exprimait en ces termes face au projet gouvernemental de 2019-2020 : « J'ai passé un certain nombre d'années de ma vie à étudier l'histoire du mouvement ouvrier et ça m'a montré une chose essentielle : ce qu'on appelle les acquis sociaux, c'est bien plus que des avantages acquis par des groupes particuliers, c'était l'organisation d'un monde collectif régi par la solidarité[5]. » Or l'individualisation d'une protection ne forme pas une nouvelle solidarité, mais elle la déconstruit. L'individualisation de la protection maladie par les déremboursements et l'augmentation des restes à charge, de même que l'individualisation de la protection retraite par le projet d'un système à points et le développement des pensions complémentaires, sont des atomisations : elles vont à l'encontre de la solidarité dans un retour non pas à la garantie collective, mais à la prévoyance – de chacun pour soi-même.

Les travaux théoriques de Christian Arnsperger sur l'État social actif aident à en comprendre les substrats philosophiques. D'après Arnsperger, l'individualisation de la protection sociale rejoint le vieux libéralisme économique dans une conception atomisée de la société : *there is no society, there are only individuals.* Pour le libéralisme originel de Spencer comme pour celui de Becker et de Friedman plus tard, la société ne serait que l'agrégat des actions individuelles. Pour agir sur les variables collectives (le niveau général du chômage, le nombre de départs à la retraite, la pauvreté), il n'y aurait qu'à modifier les paramètres individuels des décisions : inciter l'individu à partir à la retraite plus tard par un âge pivot et un bonus-malus ; inciter à reprendre un emploi par la baisse des allocations et la prime d'activité ; inciter à aller moins chez le spécialiste de santé, par des tickets modérateurs et des déremboursements... Or ce qui est notable dans ce mode de pensée, c'est qu'il finit par inverser les mécanismes de solidarité propres aux États-providence. La protection sociale devait initialement protéger contre le manque de travail et les inégalités ; dans une rhétorique inversée,

5. Rancière J., « Les puissants ne veulent plus d'une retraite qui soit le produit d'une solidarité collective », *Le Monde*, 23/01/2020.

ce sont les personnes aidées qui doivent sauver la protection sociale en s'activant. Emmanuel Macron déclara ainsi, le 9 novembre 2021: « C'est par le travail, et par plus de travail, que nous pourrons préserver notre modèle social. [...] C'est par le travail de tous que nous pourrons continuer de rendre notre État plus solide ».

Si la société n'est qu'un agrégat d'individus, alors chacun devient responsable des coûts qu'il fait peser sur la collectivité. Comme l'explique Arnsperger, dans une telle approche individualiste de la société, ce sont les « fils » individuels qui tissent la « toile » du social; si l'un des fils vient à manquer, s'il est mal tissé ou s'il accapare trop de ressources, c'est l'ensemble de la toile qui sera abîmée. S'ensuit une inversion du rapport de solidarité: ce n'est plus la collectivité qui doit protéger l'individu des risques éventuels qui pourraient le frapper, mais l'individu qui doit prendre garde de peser le fardeau le moins lourd possible pour la collectivité. En matière d'assurance chômage, de retraites ou d'assistance, le système de protection sociale étant financé par les cotisations sociales et l'impôt, c'est l'économie nationale qui supporterait *in fine* le coût des échecs et faillites individuelles – ce qui impacterait et pénaliserait l'économie nationale. Ce retournement du principe de solidarité transparaît dans la manière avec laquelle les campagnes officielles du gouvernement, au cours de la pandémie de Covid, ont responsabilisé chaque citoyen en expliquant qu'il était le maillon d'une chaîne et que s'il défaillait, tombait malade ou ne respectait pas les gestes barrières, c'était l'ensemble du collectif qu'il mettait en défaut. L'image de la cordée, chère au président Macron, est transparente elle aussi: il faudrait en savoir gré à ceux qui suivent les consignes, réussissent, ou tirent les autres vers le haut. Symétriquement, la métaphore de la cordée conduit à déplorer ceux qui sont moins rapides, qui ralentissent, et qui de ce fait pénalisent le groupe.

Ce principe moral est théorisé par Arnsperger comme un « retournement du principe de solidarité » ou « solidarisme responsabiliste »: « Il incombe à l'individu de peser le moins possible sur l'ensemble des autres individus; et il incombe, en retour, à la collectivité de donner à chaque individu les moyens lui permettant de réduire au maximum la charge nette qu'il représente pour les autres[6]. » Certes, avec l'activation, l'État continue de financer des mesures à destination des personnes les moins bien loties ; cependant, ce financement est conditionné à la réalisation d'efforts de la part des allocataires, et à la minimisation du poids qu'ils font peser sur le collectif :

> Des individus qui mettent tout en œuvre – y compris dans la nature de leurs choix (d'alimentation, de travail, d'activité physique, etc.) – pour que le poids de leur choix rejaillisse le moins possible sur la collectivité. Cette attitude particulière s'appelle « activation » : les individus s'activent de telle sorte qu'avant d'avoir recours à la solidarité collective, ils ont tenté au préalable d'« épuiser activement » toutes les possibilités de « s'en sortir par eux-mêmes »[7].

Contrairement au texte du RMI qui stipulait en 1988 que toute personne « a le droit d'obtenir de la collectivité des moyens convenables d'existence », les réformes étudiées placent le récipiendaire d'une aide sociale dans un statut de « débiteur » permanent face à l'économie et à la solidarité nationales :

> L'affirmation répétée, que la mission centrale de la démocratie sociale était de protéger la dignité de tous les êtres humains, en particulier des plus démunis ou des plus vulnérables, va désormais de pair avec le rappel de leur qualité de débiteur vis-à-vis de l'État protecteur[8].

Redevables de l'aide que la collectivité finance pour eux[9], les allocataires d'une aide sociale doivent veiller à minimiser le coût net de leur situation pour la société – en réalisant des travaux d'intérêt général, en se formant, en reprenant un travail au plus vite, en acceptant des formes de « réciprocité » et des « contreparties ». « On ne doit pas faire peser encore plus sur les autres contribuables de l'argent public »,

6. Arnsperger C., « L'État social actif comme nouveau paradigme de la justice sociale », in Cassiers I. *et al.* (dir.), *L'État social actif*, *op. cit.*, p. 279-280.

7. *Ibid.*

8. Thomas H., *Les vulnérables*, Vulaines-sur-Seine, Éditions du Croquant, 2010.

9. « On ne demande qu'aux pauvres de justifier. On ne demande pas aux riches » : entretien n° 9.

indique un enquêté[10]. Pour un autre, « la réciprocité, c'est la possibilité offerte de prendre sa part, trouver une place[11] ». Est-ce à dire que, sans contrepartie, la personne pauvre, le malade, la personne trop jeune ou trop vieille pour travailler, n'aurait pas de place sociale ?

Les publics de l'aide sociale et leur rapport au travail

En insistant sur la « prise de conscience que chacun doit contribuer », les personnes pauvres, les chômeurs, les retraités, sont renvoyés à un statut paradoxal d'extériorité par rapport au reste de la société. Or l'on sait que les chômeurs sont les premiers à vouloir un emploi : en 1999, 89,3 % des Européens affirmaient que le travail était « assez important » ou « très important » dans leur vie. En 2008, ces valeurs ont augmenté, 94,4 % des Français répondent que le travail est important[12]. La croyance selon laquelle le travail serait une valeur en voie de disparition n'est pas corroborée par les faits. C'était déjà le cas à la fin des années quatre-vingt-dix, et c'est toujours le aujourd'hui : « L'enquête de 2018 tend à confirmer les tendances observées en 2008 : le travail est considéré comme un domaine "Très important" par une large majorité de la population[13]. » Or ceux qui valorisent le plus le travail sont précisément ceux qui en sont privés : d'après une enquête menée par l'INSEE auprès d'un échantillon représentatif de la population française, les chômeurs avancent plus souvent le travail comme une « condition du bonheur » que les titulaires d'emplois stables (12 points de plus)[14]. Rendre les prestations chômage dégressives, comme l'ont souhaité les deux ministres du Travail sous le quinquennat, n'a pas de sens pour les chômeurs : les demandeurs d'emploi ne s'habituent pas à une « rente » supposée et leur degré de satisfaction est minime toute

10. Entretien n° 26.

11. Entretien n° 20.

12. Source : EVS, 2008.

13. Tchernia J.-F., « Deux visions de l'importance relative du travail et des loisirs », in Bréchon P. *et al.* (dir.), *La France des valeurs. Quarante ans d'évolutions*, *op. cit.*, p. 203.

14. Baudelot C. & Gollac M., *Travailler pour être heureux ?*, Paris, Fayard, 2003.

la durée du chômage[15]. Comme l'explique un enquêté, « la fraude des pauvres est une petite fraude. Elle est quand même très résiduelle. De ma connaissance, s'ils pouvaient faire autrement, et accéder à un emploi, pour la grande majorité ils le feraient ! Les procès d'intentions sur les demandeurs d'emploi, fainéants, au vu de mon expérience professionnelle c'est assez inacceptable[16] ». Pour un autre, « ces gens qui se complaisent dans la pauvreté. Nous, on n'en connaît pas beaucoup ! [...] Vous savez, dans le courrier citoyen, on reçoit des lettres déchirantes. Des difficultés dès l'instant qu'il y a un loyer à payer... Les minima sociaux ne sont certainement pas surévalués[17] ».

La valorisation de l'insécurité sociale pour tous ?

Le risque de perte de revenu doit être socialisé, parce qu'individuellement personne ne peut calculer la probabilité d'occurrence d'un accident du travail, d'une maladie précise, d'un licenciement ; alors que collectivement, les statistiques permettent d'anticiper et de tous se protéger contre des événements qui vont advenir parmi nous. La personnalisation du risque est, à l'inverse, une réduction des droits de tous : si la catégorie juridique et abstraite du chômeur, du malade ou du retraité subit un abaissement de ses droits, c'est chacun en tant que citoyen qui subira un abaissement de ses droits lorsqu'il connaîtra un licenciement, la maladie ou la vieillesse. Le retournement du principe de solidarité est inquiétant pour cela, que ce soit par solidarité vis-à-vis des personnes qui le subissent actuellement ou que l'on se considère soi-même comme victime possible d'un système plus dur à l'avenir.

Dans les changements des politiques sociales que nous avons identifiés, il y a plus qu'un retournement des principes de solidarité. Il y a ce que ce changement exprime du rapport à la sécurité sociale, au sens plein. Dans une enquête menée aux Pays Bas il y a dix ans, l'une

15. Clark A. *et al.*, « Lags and leads in life satisfaction », *The Economic Journal*, vol. 118, n° 529, 2008, p. 222-243.

16. Entretien n° 18.

17. Entretien n° 14.

des expressions les plus étonnantes recueillies désignait les allocations comme trop « confortables ». Nous avions alors mis ce propos sur le compte d'une traduction discutable de l'anglais « *too confortable* », et sur un enquêté qui paraissait avoir une position marginale – un propos minoritaire, en somme. Or dix ans après, ce qui frappe dans la nouvelle enquête sur le quinquennat Macron, c'est la propagation de ce présupposé. Les aides sociales seraient-elles trop confortables ? Un agent se moque d'un allocataire qui se montrerait, d'après lui, incapable de prendre des initiatives : « Dès qu'on le déstabilise, c'est une réaction "J'ai trop peur"[18]. » Un autre se met au contraire du point de vue de l'allocataire : « Cette crainte que les gens s'installent et s'endorment sur leurs lauriers, et que si on leur offre des conditions plus décentes, ça va faire appel d'air… c'est de la c***! "Laissons les gens dans la mouise, comme ça ils en sortiront plus vite" ? Je ne suis pas sûr que ce soit une bonne réaction[19]. »

La valorisation de l'insécurité sociale conduit en effet à croire que la garantie, l'assurance en l'avenir, seraient sclérosants. Or c'est une logique profondément opposée à celle de la protection sociale ; une pensée de la liberté théorique qui postule que c'est en allégeant les sécurités que l'on met en mouvement vers le mieux. L'insécurité sociale devrait-elle être envisagée de manière positive, d'après les responsables sociaux ? Pour un membre de cabinet ministériel, « l'idée n'est pas tellement de créer des rentes – où qu'elles soient, d'ailleurs, vous remarquez. C'est vrai pour les fonctionnaires, c'est vrai pour tout un chacun. Mais de mettre le paquet sur l'accompagnement du potentiel[20] ». Rappelons aussi cette colère d'Emmanuel Macron dans un meeting au Mans en 2016, et son opposition à « une société de statuts, une société avec des protections qui sont bien établies […] mais cette société-là, elle construit des états de fait, elle empêche la mobilité […]. Elle conduit donc dans le débat politique que nous avons chaque jour à ne plus chercher à aider les gens à réussir ». Chez Emmanuel Macron et dans

18. Entretien n° 25.

19. Entretien n° 24.

20. Entretien n° 1.

les politiques sociales de ce quinquennat, les « protections établies » furent dénoncées, la « réussite » et la « mobilité » célébrées. On pourra citer le même discours du candidat Macron et sa vision rêvée d'un État, formulée alors comme une anaphore : « Un État qui encourage, qui accompagne celui qui ose, entreprend » ; « Un État contemporain, qui définit des règles stables, lisibles, claires pour tous, afin de pouvoir entreprendre et prendre des risques ».

Que veut dire cette croyance selon laquelle la créativité sera stimulée par le risque ? Cela implique un retournement par rapport aux ordonnances qui ont créé la Sécurité sociale : « La sécurité sociale est la garantie donnée à chacun qu'en toutes circonstances il disposera des moyens nécessaires pour assurer sa subsistance et celle de sa famille. » Le texte de 1945 poursuivait : « trouvant sa justification dans un souci élémentaire de justice sociale, elle répond à la préoccupation de débarrasser les travailleurs de l'incertitude du lendemain, de cette incertitude constante qui crée chez eux un sentiment d'infériorité et qui est la base réelle et profonde de la distinction des classes entre les possédants sûrs d'eux-mêmes et de leur avenir et les travailleurs sur qui pèse, à tout moment, la menace de la misère[21] ». En 1945, l'incertitude matérielle était conçue comme un mal. Soixante-quinze ans plus tard, serait-elle devenue un moteur, une incitation à chercher par-devers soi les moyens de réussir ?

Pour Myriam Revault d'Allonnes, « Emmanuel Macron avait invité les chômeurs à “traverser la rue” pour trouver un travail. Comme si l'individu était un acteur rationnel, calculateur, seul responsable de ses actes et de leurs conséquences. Or, cet individu n'existe pas[22]. » Dans son ouvrage *Il faut s'adapter*, Barbara Stiegler observe la valorisation permanente de la mobilité et de la fluidité comme « un nouvel impératif politique »[23]. Michaël Fœssel la rejoint, en montrant que « le néolibéralisme n'hésite pas à recourir à des solutions autoritaires [et à] l'abandon de la justice sociale ou sa confusion avec un nivellement

21. Exposé des motifs de l'ordonnance du 4/10/1945.

22. Revault d'Allonnes M., *L'Esprit du macronisme*, *op. cit.*

23. Stiegler B., *"Il faut s'adapter". Sur un nouvel impératif politique*, Paris, Gallimard, 2019.

par le bas des droits[24] ». Barbara Stiegler rappelle notamment que l'inquiétude qui taraudait les premiers économistes néolibéraux était celle d'un décalage de l'espèce humaine par rapport à leurs modèles théoriques. C'était l'inquiétude dans un « retard » qui amenait à poser la question de l'adaptation : il faudrait être flexible, s'adapter, suivre davantage les lois du marché. Le néolibéralisme se décale ainsi par rapport au libéralisme traditionnel : l'État aurait un rôle à jouer dans le néolibéralisme, celui de créer des marchés fluides, de supprimer les protections trop confortables, de stimuler les calculs et le caractère maximisateur des agents sociaux. Il s'agirait d'activer les individus en les rendant davantage sensibles aux primes et aux changements de leur milieu. Des individus déstabilisés, moins protégés, donc poussés au mouvement. Des citoyens dynamiques, réactifs, parfaitement mobiles : des citoyens en marche ?

24. Fœssel M. *et al.*, « Notre moment Macron », *Esprit*, vol. 10, 2019, p. 67.

Conclusion

Quelles conclusions peut-on tirer du quinquennat social d'Emmanuel Macron ? Nous rappellerons dans ces dernières pages les obstacles méthodologiques qu'il fallait affronter pour réaliser cet ouvrage, nous réaliserons ensuite une mise en perspective historique du quinquennat, pour revenir enfin sur les conceptions alternatives de la justice sociale.

Trois obstacles initiaux

Proposer un bilan des politiques sociales sous ce quinquennat était un défi pour trois raisons. L'irruption en 2017 d'une force politique nouvelle – En marche à la présidentielle puis LREM à partir des législatives – a pu rendre plus difficile l'identification d'une ligne politique. Comme l'écrivait Luc Rouban en 2018, « le macronisme a été étiqueté de plusieurs manières mais toujours en désaccord avec ce qu'il était ou produisait vraiment dans la vie politique ». Cependant, à mesure que des choix de financement et de dispositif s'institutionnalisent, des orientations plus nettes se dégagent et l'analyse des politiques publiques peut devenir plus robuste au fil du mandat.

La deuxième difficulté d'analyse est le problème du cadrage temporel – même s'il n'est pas spécifique à ce livre : en 2012, l'ouvrage *Les politiques publiques sous Sarkozy* dirigé par Jacques de Maillard et Yves Surel[1] avait été édité quatre mois avant la fin du mandat. Outre le fait qu'un livre de bilan paraisse quelques semaines avant une élection, le

1. De Maillard J. & Surel Y. (dir.), *Les politiques publiques sous Sarkozy*, Paris, Presses de Sciences Po, 2012.

souci du cadrage temporel est de renforcer l'impression de rupture par rapport au long terme. Nous avons essayé de contourner ces difficultés de deux manières. D'abord, les recherches sur les cycles électoraux apprennent que l'activité législative tend à décroître à l'approche d'élections majeures : il est peu probable que des décisions sociales très différentes soient annoncées à quelques semaines de la fin du mandat. Deuxièmement, nous avons veillé à insister sur les dynamiques de long terme de la protection sociale, en ne surévaluant pas les nouveautés mais en soulignant en quoi le gouvernement avait parfois suivi des tendances de long terme (activation, investissement social, généralisation des approches incitatives).

La troisième difficulté liée à l'analyse des politiques sociales sous ce quinquennat fut, bien sûr, la crise. Ce qui était une difficulté est devenu un axe important du livre : comment les politiques sociales allaient-elles évoluer dans le contexte du Covid ? Ce qui nous a permis de traiter cette question est ce qu'on pourrait appeler un accident ou une chance biographique : il se trouve que lors de notre doctorat en science politique, nous avions démarré notre enquête en période de retournement conjoncturel en 2009. L'étude d'une nouvelle crise, dix ans plus tard, allait pouvoir être appuyée sur des références et s'enrichir de points de comparaison plus anciens. Quelles grandes tendances ressortent donc de ce quinquennat Macron en matière de politique sociale ?

Relever les grandes tendances au regard de l'histoire longue de la protection sociale

La voie engagée vers l'universalisation progressive de notre protection sociale avait pu être suggérée par certaines promesses du candidat Macron en 2017. Au premier chef, l'ouverture de la protection chômage aux indépendants et démissionnaires tendait à accorder un droit à des travailleurs autrefois écartés de l'indemnisation. Ensuite, le terme d'« universel » fut associé au projet de Revenu universel d'activité (RUA) et au projet de système universel de retraite. Parler de protection « universelle » n'est pas anodin : le terme renvoie, en théorie, au monde scandinave de l'État-providence, qui tend à protéger l'ensemble des citoyens des risques sociaux indépendamment des droits obtenus par le biais du travail. Mais les réformes annoncées comme universelles en France doivent être analysées plus concrètement : l'ouverture du droit à l'assurance chômage ne va toucher que 2 % à 3 % des salariés démissionnaires – soit une réduction forte de la promesse initiale. Du côté de l'assistance, le RUA n'est pas un « revenu universel » au sens où l'entendait Benoît Hamon en 2017, il devrait rester sous condition et n'être qu'une fusion des minima sociaux existants[2]. En matière de retraite, alors qu'Anne-Marie Guillemard voyait d'abord dans un système à points une possible universalisation, elle déplore le « retour prioritaire à une logique purement comptable de redressement des comptes[3] ». Dans le projet dévoilé par le gouvernement en effet, l'instauration d'un âge pivot de même que l'incertitude sur la valeur du point ont tendu à réinstaurer des inégalités entre les générations, entre ceux ayant commencé à travailler tard et ceux ayant débuté tôt leur carrière[4].

Doit-on mettre en avant la pression budgétaire pour expliquer que le quinquennat n'a pas réalisé ses promesses ? Certaines réformes ont été guidées par un cadrage comptable : en matière de retraites, le rapport Delevoye prévoyait de rester à budget constant mais l'arbitrage gouvernemental a ajouté un objectif de diminution des pensions dans le PIB. En matière de chômage, la lettre de cadrage envoyée en 2018 aux partenaires sociaux a demandé de « dégager entre 1 à 1,3 milliard d'euros d'économies » annuelles. En matière de famille, l'APL et les allocations familiales ont été quasiment gelées en 2019. On pourrait en déduire que la protection sociale a connu un retranchement budgétaire ; mais ce serait oublier que d'autres mesures ont coûté cher sous ce quinquennat, à l'image de la hausse de la prime d'activité. Il n'y a pas un retrait de l'État, mais un affaiblissement de certains postes au profit des dépenses dites « actives » de formation, de baisse du coût du

---

2. La crise a par ailleurs eu raison de ce projet et le RUA ne devrait pas voir le jour d'ici la fin du quinquennat.

3. Guillemard A.-M., « La réforme universelle des retraites », *RHPS*, vol. 13, n° 1, 2020, p. 111.

4. Palier B., *Réformer les retraites*, *op. cit.*, p. 154.

travail. Sur le plan financier toujours, la tendance à la fiscalisation de la protection sociale a été poursuivie sous ce quinquennat : hausse de la CSG dès 2017, parallèlement à de nouvelles exonérations de cotisations sociales patronales. Notre protection sociale est de moins en moins financée par le travail et davantage par l'impôt, ce qui continue d'éloigner le système français du modèle traditionnel « continental/corporatiste ».

La priorisation de l'offre et la dévalorisation des prestations passives (« curatives » selon le terme du président) ne sont certes pas des nouveautés ; cependant elles n'ont jamais été poussées aussi loin et avec autant de constance sans doute. Les entretiens révèlent que même des domaines qui paraissaient moins concernés initialement par le rapprochement avec le travail (la politique migratoire, le logement, la grande précarité) furent impactés par les nouvelles priorités. Cela s'est traduit aussi par des décisions organisationnelles, que ce soit au niveau déconcentré (fusion des services anciennement chargés des entreprises, les DIREECTE, et ceux chargés des affaires sociales, les DRCS et DDCS) et dans la contractualisation renforcée avec les collectivités locales.

Quelles préférences de justice sociale ?

Ce quinquennat a fait des choix sociaux qui permettent de le rapprocher des théories de la justice sociale. Avant d'être qualifiée d'« injuste », une inégalité affronte deux obstacles majeurs dans le débat public : le fatalisme et la justification. Le fatalisme est la posture consistant à observer des inégalités mais à affirmer qu'aucune solution n'existe. C'est ce que suggérait Emmanuel Macron pour refuser la limitation des hauts revenus : « l'injustice que nous dénonçons aujourd'hui, ce n'est pas celle qui consiste à envier ceux qui ont plus, ceux qui réussissent mieux, ceux qui vont plus vite, il y en aura toujours ». Au-delà du fatalisme, la justification est un autre rapport aux inégalités. Il s'agit de constater qu'il existe des différences et de penser que les inégalités ne sont pas un mal mais qu'elles sont souhaitables, pour mieux récompenser le mérite. Les priorités d'Emmanuel Macron se sont inscrites résolument dans ce modèle de réussite individuelle : « C'est ça l'injustice qui est devenue insupportable, dénonçait Emmanuel Macron avant son élection, que l'effort ne paie pas, que le mérite ne paie plus. » Or François Dubet montre bien que la valorisation de la réussite économique conduit à laisser inchangées les inégalités, et surtout à les justifier idéologiquement[5]. D'un côté, le modèle de l'égalité réelle visait à limiter les inégalités concrètes entre les individus, à « resserrer l'éventail des positions sociales ». De l'autre, François Dubet dénonce le passage progressif à un nouveau modèle : « Il consiste à dire : "on ne touche pas les inégalités entre positions sociales, mais on va faire en sorte qu'à chaque génération tous les enfants aient les mêmes chances de se répartir, en fonction de leurs mérites, dans toutes les positions sociales". » Penser que les inégalités seraient justifiées par le mérite individuel, c'est croire que l'on pourrait établir clairement une responsabilité de l'individu au regard des choix qu'il a effectués, et affaiblir de manière consécutive les mécanismes de solidarité envers ceux qui n'ont pas réussi.

Or la préférence pour la responsabilité individuelle n'est pas anodine pour l'État social. Dans les discours d'Emmanuel Macron et avec les politiques sociales de ce quinquennat les « protections établies » furent dénoncées, le « changement » et la « mobilité » furent célébrés. Mais jusqu'où déconstruire la protection sociale pour supprimer les garanties prétendument trop confortables et susciter la mobilité ? La préférence pour l'incitation et la valorisation des méritants ne sont pas des options parmi d'autres, ou aux effets anodins, pour la couverture sociale. Ce sont des options qui déconstruisent la solidarité et qui affaiblissent les sécurités communes, dans l'hypothèse que cet affaiblissement des protections collectives forcera les bénéficiaires des politiques sociales à se mettre davantage en marche et à être plus actifs. Cette croyance est discutable historiquement : rappelons que jamais dans l'histoire économique la hausse de productivité des travailleurs n'a été aussi forte qu'après la seconde guerre mondiale, une dynamique encouragée par l'édification en octobre 1945 des piliers de notre protection sociale et

5. Dubet F., *Les places et les chances*, Paris, Seuil, 2010.

des systèmes de solidarité. Dans quelle mesure peut-on accorder du crédit à la croyance inverse, selon laquelle ce seraient les réductions des protections, et l'incertitude plus grande en l'avenir, qui inviteraient chacun à aller de l'avant ? C'est de la réponse à cette question que dépendront sans doute les grandes orientations qui seront données à notre protection sociale dans les années, et lors des quinquennats, à venir.

Annexes

Liste des entretiens semi-directifs menés pour cet ouvrage[1]

Ministères et administration centrale

Entretien n°...

1. Membre du cabinet de Mme Jeantet, déléguée interministérielle à la prévention et à la lutte contre la pauvreté, 10/06/2021[2].
2. Membre du cabinet de Mme Bourguignon, ministre déléguée auprès du ministre des Solidarités et de la Santé, 19/03/2021.
3. Membre du cabinet de Mme Bourguignon, ministre déléguée auprès du ministre des Solidarités et de la Santé, 19/03/2021.
4. Cadre du Pôle « travail et solidarités » auprès du secrétaire général à l'administration centrale des ministères sociaux, 21/06/2021.
5. Chargé de mission au Pôle « travail et solidarités » auprès du secrétaire général à l'administration centrale des ministères sociaux, 14/06/2021.
6. Chargé de mission à la Délégation générale à l'emploi et à la formation professionnelle, 21/06/2021.

1. Des enquêtes plus anciennes sont citées dans le livre afin de comparer les périodes. Pour ces acteurs rencontrés avant 2017, nous indiquons la fonction et la date en note de bas de page.

2. D'autres ordonnancements d'entretiens étaient possibles, par ordre chronologique par exemple. Nous les avons réunis par échelon de gouvernement (État central, administration déconcentrée, collectivités) afin de simplifier la lecture.

7. Chargé de mission à la Délégation générale à l'emploi et à la formation professionnelle, 21/06/2021.
8. Chargé de projet sur la revitalisation industrielle au ministère de la Cohésion des territoires et des Relations avec les collectivités, 29/06/2021.

Administration déconcentrée

9. Responsable de politiques sociales à la DDCS de Seine-Saint-Denis (direction départementale de la cohésion sociale, fusionnée dans la DREETS après le 1er avril 2021), 5/01/2021.
10. Responsable de politiques sociales à la DDCS (DREETS après le 1er avril 2021) de Seine-Saint-Denis, 5/01/2021.
11. Cadre à la DIRECCTE de Seine-Saint-Denis (direction régionale des entreprises, de la concurrence, de la consommation, du travail et de l'emploi, fusionnée dans les DREETS après le 1er avril 2021), 12/02/2021.
12. Cadre à la DIRECCTE de Seine-Saint-Denis (DREETS après le 1er avril 2021), 12/02/2021.
13. Responsable de politiques sociales à la DDCSPP de l'Ardèche (DREETS après le 1er avril 2021), 11/02/2021.
14. Responsable de politiques sociales politiques sociales à la DDCSPP de l'Ardèche (DREETS après le 1er avril 2021), 11/02/2021.
15. Cadre à la DREETS Auvergne-Rhône-Alpes, 16/07/21.

Collectivités et agents chargés de la mise en œuvre des politiques sociales

16. Cadre au service des solidarités, département de l'Isère, 5/11/2020.
17. Cadre au service des solidarités, département de l'Isère, 5/10/2020.
18. Cadre au service des solidarités, département de l'Isère, 5/11/2020.
19. Cadre au service des solidarités, département de l'Isère, 5/11/2020.
20. Cadre au service des solidarités, département de l'Isère, 16/11/2020.
21. Chargé de projet sur les politiques sociales, département de l'Isère, 11/06/2020.

22. Chargé de projet sur les politiques sociales, département de l'Isère, 01/07/2021.
23. Travailleur social, département de l'Isère, 4/12/2020.
24. Travailleur social, département de l'Isère, 3/12/2020.
25. Travailleur social, département de l'Isère, 12/11/2020.
26. Élu, département de l'Isère, 15/12/2020.
27. Cadre à Pôle Emploi, agence de l'Ardèche, 15/07/2021.
28. Cadre chargé de l'emploi, métropole de Grenoble, 4/12/2020.

Bibliographie

Allègre G. & Ducoudré B., « Prime d'activité : quelle efficacité redistributive et incitative ? », *Policy Brief de l'OFCE*, n° 37, 2018.

Antonin C. *et al.*, « Les plans d'urgence et de relance dans les quatre plus grands pays de la zone euro, au Royaume-Uni et aux États-Unis », *in* OFCE, *L'économie européenne 2021*, La Découverte, 2021, p. 54-67.

Arnsperger C., « L'État social actif comme nouveau paradigme de la justice sociale », in Cassiers I. *et al.* (dir.), *L'État social actif. Vers un changement de paradigme ?*, Bruxelles, PIE.-Peter Lang, 2005, p. 279-280.

Arrignon M., « De l'expérimentation sociale en politique », *Revue d'Anthropologie des Connaissances*, vol. 13, n° 4, 2019.

Arrignon M., *Justice et injustices sociales*, Paris, Bréal, 2019.

Arrignon M., « Poursuivre malgré la crise ? Changement de contexte et continuité des politiques d'emploi en Europe », *Politique européenne*, vol. 4, n° 42, 2013.

Arrignon M., « Quand l'Europe s'active : effets et instruments de l'européanisation dans le secteur de l'emploi », *Revue française de science politique*, vol. 64, n° 1, 2014.

Arrignon M., *Sociologie et politiques urbaines*, Paris, Bréal, 2020.

Arrignon M. & Caune H., « Les politiques de lutte contre le chômage dans la crise », in Hassenteufel P. & Saurugger S. (dir.), *Les politiques publiques dans la crise*, Paris, Presses de Sciences Po, 2021, p. 263-296.

Arrondel L., *et al.* « Construire un système de retraite juste et soutenable », *Revue de l'OFCE*, vol. 170, n° 6, 2020, p. 5-13.

Barbier J.-C., « L'"activation" de la protection sociale, existe-t-il un modèle français ? », *in* Guillemard A.-M. (dir.), *Où va la protection sociale ?*, Paris, PUF, 2008, p.165-182.

Barbier J.-C. & Théret B., « Welfare-to-Work or Work-to-Welfare », in Gilbert N. & Van Voorhis R. (dir.), *Activating the Unemployed*, 2001, p. 135-184.

Barbier J.-C., Zemmour M., Théret B., *Le système français de protection sociale*, La Découverte, 2021 [3e ed.].

Batifoulier P. *et al.*, « Mutation du patient et construction d'un marché de la santé », *RFSE*, vol. 1, n° 1, 2008, p. 27 à 46.

Becker G., *The Economic Approach to Human Behavior*, Chicago, The University of Chicago Press, 1976.

Benamouzig D. & Besançon J., « Les agences, de nouvelles administrations publiques ? », in Borraz O. (dir.), *Politiques publiques 1*, Paris, Presses de Sciences Po, 2008, p. 283-307.

Berry A. & Laurent E., « Taxe carbone, le retour, à quelles conditions ? », *OFCE Workingpapers*, n° 06, 2019, p. 1-38.

Bezès P. & Siné A. (dir.), *Gouverner (par) les finances publiques*, Presses de Sciences Po, 2011.

Blanchet D., « Retraites : retour sur trente ans de débats et de réformes », *Revue d'histoire de la protection sociale*, vol.13, n° 1, 2020, p. 87-95.

Borello J.-M., « L'emploi, une responsabilité partagée », *in* Borello J.-M., « Donnons-nous les moyens de l'inclusion », rapport à la Ministre du Travail, 16 janvier 2018, p.10-23.

Borgetto M. & Lafore R., *Droit de la Sécurité sociale*, Paris, Dalloz, 2019.

Bounie D. *et al.*, « Dynamiques de consommation dans la crise : les enseignements en temps réel des données bancaires », *Rapport du CAE*, n°49, 2020.

Bourdieu P., « Esprits d'État », *Actes de la recherche en sciences sociales*, n° 96, 1993, p. 49-62.

Boussaguet L., « Les "faiseuses" d'agenda. Les militantes féministes et l'émergence des abus sexuels sur mineurs en Europe », *Revue française de science politique*, vol. 59, n° 2, 2009, p. 221-246.

Boyer P. *et al.*, « Les déterminants de la mobilisation des Gilets jaunes », *Revue économique*, vol. 71, n° 1, 2020, p. 109-138.

Bréchon P. *et al.* (dir.), *La France des valeurs. Quarante ans d'évolutions*, Grenoble, PUG, 2019.

Cassiers I. *et al.* (dir.), *L'État social actif. Vers un changement de paradigme ?*, Bruxelles, PIE.-Peter Lang, 2005.

Castel R., *Les métamorphoses de la question sociale*, Paris, Fayard, 1995.

Catrice-Lorey A. « La Sécurité sociale en France, institution antiparitaire ? », *Revue de l'IRES*, n° 24, 1997, p. 81-105.

Catrice-Lorey A. & Steffen M., « La protection santé en France : vers quel nouveau modèle ? », *in* Guillemard A.-M. (dir.), *Où va la protection sociale ?*, PUF, 2008, p. 139-163.

Cautrès B., « La confiance et l'attachement des Français à la Sécurité sociale », *Informations sociales*, vol. 196-197, n° 1-2, 2018, p. 155-159.

Chamboredon H. *et al.*, « S'imposer aux imposants », *Genèses*, vol. 16, 1994.

Charpail C., « France – Allemagne : l'incomparable chômage partiel », *Revue de l'I*res, vol. 74, n° 3, 2012, p. 209-221.

Charpentier F., « Points, pénibilité, âge de départ, fins de carrière : ce qui est en cause dans la réforme des retraites », *RHPS*, vol. 13, n° 1, 2020, p. 119-126.

Chauvière M., « La recherche socio-historique sur le champ familial », *Informations sociales*, vol. 139, n° 3, 2007, p. 22-28.

Chauvière M. & Bussat V., *Famille et codification*, Paris, La Documentation française, 2000.

Clark A. *et al.*, « Lags and leads in life satisfaction », *The Economic Journal*, vol. 118, n° 529, 2008, p. 222-243.

Cohen S. (dir.), *L'art d'interviewer les dirigeants*, Paris, PUF, 1999.

Collectif d'enquête sur les Gilets jaunes « Enquêter *in situ* par questionnaire sur une mobilisation. Une étude sur les Gilets jaunes », *Revue française de science politique*, vol. 69, n° 5, 2019, p. 869-892.

Commaille J., « Sociologie de l'action publique », in Boussaguet L. *et al.* (dir.), *Dictionnaire des politiques publiques*, Paris, Presses de Sciences Po, 2010, p.576-584.

Couty E. & Tabuteau D., *Hôpitaux et cliniques, les réformes hospitalières*, Paris, Berger-Levrault, 1992.

Couty E., « Hôpital public : le grand virage », *Les Tribunes de la santé*, vol. 28, n° 3, 2010, p. 39-48.

Credes, *Soins. Santé. Protection sociale*, 2001.

Crespo E. *et al.*, « Del gobierno del trabajo al gobierno de las voluntades : el caso de la activación », *Psicoperspectivas*, vol. VIII, n° 2, 2009.

Cytermann L. & Dindar C., « Les grandes étapes de l'histoire du RMI », in Lelièvre M. (dir)., *RMI, l'état des lieux*, Paris, La Découverte, 2008.

Damon J. & Ferras B., *La sécurité sociale*, Paris, PUF, 2020.

Dares, *Les politiques de l'emploi et du marché du travail*, Paris, La Découverte, 2003.

Delalande N., « Le retour des révoltes fiscales ? », *Pouvoirs*, 151 (4), 2014, p. 15-25.

Delalande N., *Les batailles de l'impôt*, Paris, Seuil, 2011.

De Luca Barrusse V., « La revanche des familles nombreuses : les premiers jalons d'une politique familiale (1896-1939) », *RHPS*, vol. 2, n° 1, 2009, p. 47-63.

De Maillard J. & Surel Y. (dir.), *Les politiques publiques sous Sarkozy*, Paris, Presses de Sciences Po, 2012.

Déplaude M.-O., *La hantise du nombre. Une histoire des numerus clausus de médecine*, Paris, Belles Lettres, 2015.

DiMaggio P. & Powell W. (dir.), *The New Institutionalism in Organization Analysis*, Chicago, University of Chicago Press, 1991.

Dolez B., Fretel J. & Lefebvre R. (dir.), *L'entreprise Macron*, Presses universitaires de Grenoble, 2019.

Drees, *Rapport d'évaluation de la prime d'activité*, 2017.

Dreyfus M., « La protection sociale libre et volontaire, notamment mutualiste », *Vie sociale*, vol. 10, n° 2, 2015, p. 17-30.

Dreyfus M. *et al.*, *Se protéger, être protégé. Une histoire des assurances sociales en France*, Rennes, PUR, 2006.

Dubet F., « Égalité des places, égalité des chances », *Études*, vol. 414, n° 1, 2011, p. 31-41

Dubet F., *Les places et les chances*, Paris, Seuil, 2010.

Dubois V., *Contrôler les assistés. Genèses et usages d'un mot d'ordre*, Paris, Editions Raisons d'agir, 2021.

Duvoux N., « La révolution silencieuse de la prime d'activité », *La Vie des idées*, 4/02/2020.

Duvoux N., *Le RMI et les dérives de la contractualisation*, Paris, PUF, 2007.

Dye T. R., *Understanding Public Policy*, EngelwoodCliffs, Prentice-Hall, 1978.

Eloire F. *et al.*, « Introduction. Le système de retraite français face à la logique gestionnaire et comptable : une fuite en avant », *Revue Française de Socio-Économie*, 2020, p. 11-21.

Epstein R., « Gouverner à distance », *Esprit*, n°11, 2005, p. 96-111.

Erhel C. & Palier B., « Europe sociale et Europe de l'emploi », *Économies et sociétés*, 2005, p. 1531-1556.

Esping-Andersen G., *Les trois mondes de l'État-providence. Essai sur le capitalisme moderne,* PUF, 2007.

Ewald F., *L'État providence*, Paris, Grasset, 1986.

Eydoux A. & Tuchzsirer C., « Du RMI au RSA : les inflexions de la solidarité et de la gouvernance des politiques d'insertion », *Document de travail du CEE*, n°134, novembre 2010.

Fagnani J. & Letablier M.-T., « La politique familiale française », in Maruani M. (dir.), *Femmes, genre et sociétés*, Paris, La Découverte, 2005, p. 167-175.

Flinders M. & Wood M., « Depoliticisation, Governance and the State », *Policy & Politics*, vol. 42, n° 2, 2014, p. 135-149.

Foucault M., *Naissance de la biopolitique*, Paris, Gallimard, 2004.

Friedman M., « The Role of Monetary Policy », *The American Economic Review*, n° 1, 1968.

Galtier B. (dir)., « Politiques sociales locales », *Revue Française des Affaires Sociales*, numéro spécial n° 4, 2011.

Gay R., *L'État hospitalier*, thèse de Science politique, IEP de Grenoble, 2018.

Gayon V., *L'OCDE au travail. Contribution à une sociologie historique de la « coopération économique internationale » sur le chômage et l'emploi*, thèse de Sociologie politique, Paris 9, 2010.

Genieys W. (dir.), *Sociologie politique des élites*, Paris, Armand Colin, 2011.

Godt P., « Liberalism in the Dirigiste state : A changing public-private mix in french medical care », in Altenstetter C. & Haywood C.S. (eds), *Comparative Health Policy and the New Right*, Basingstoke, Macmillan, 1991, p. 44.

Gonthier F., « Le souci des autres. Une forte progression parmi les jeunes générations », in Bréchon P. *et al.* (dir.), *La France des valeurs. Quarante ans d'évolutions*, Grenoble, PUG, 2019, p. 80-86.

Gonthier F., *L'État providence face aux opinions publiques*, Grenoble, Presses universitaires de Grenoble, 2017.

Gonthier F., « Qui bouge quand l'opinion bouge ? », *Revue française de science politique*, vol. 65, n° 1, 2015, p. 61-84.

Grawitz M., Leca J. & Thoenig J.-C., « Les politiques publiques », in Grawitz M. & Leca J. (dir.), *Traité de science politique*, Paris, PUF, 1985, tome n° 4.

GUILLEMARD A.-M., « La réforme universelle des retraites : sa place dans les évolutions de la protection sociale, son ambition systémique et son retour à une logique comptable », *RHPS*, vol. 13, n° 1, 2020, p. 96-117.

GUILLEMARD A.-M. (dir.), *Où va la protection sociale ?*, PUF, 2008.

GUILLEMOT D., Pétour P. & Zajdela H., « Trappe à chômage ou trappe à pauvreté », *La Revue économique*, vol. 53, n° 6, 2002, p. 1235-1252.

HALL P., « Policy Paradigms, Social Learning, and the State », *Comparative Politics*, vol. 25, n° 3, 1993, p. 275-298.

HALL P. & Taylor R., « La science politique et les trois néoinstitutionnalismes », *Revue française de science politique*, vol. 47, n° 3, 1997, p. 469-496.

HASSENTEUFEL P., « Handling the COVID-19 crisis in France : Paradoxes of a centralized state-led health system », *European Policy Analysis*, vol. 6, n° 2, 2020, p. 170-179.

HASSENTEUFEL P., *Sociologie politique de l'action publique*, Paris, Armand Colin, 2011.

HERVIER L., « Le rôle des organismes de contrôle en matière d'évaluation », *Informations sociales*, vol. 150, 2009, p. 44-55.

HOLCBLAT N., « La politique de l'emploi en France », in Barbier J.-C. & Gautié J., *Les politiques de l'emploi en Europe et aux États-Unis*, Paris, PUF, 1998.

INSEE, « Estimation avancée du taux de pauvreté monétaire et des indicateurs d'inégalités », *INSEE Analyses*, n°70, 2021.

INSEE, « France, portrait social », 2020.

INSEE, « Revenus et patrimoine des ménages », *INSEE Références*, 2021.

IRES, *Les marchés du travail en Europe*, Paris, La Découverte, 2000.

JAUNEAU Y. & Vidalenc J., « Une photographie du marché du travail en 2020 », *INSEE Première*, n° 1844, mars 2021.

JOHANET G., *Sécurité sociale : l'échec et le défi*, Paris, Seuil, 1998.

JUVEN P.-A. *et al.*, *La casse du siècle. À propos des réformes de l'hôpital public*, Paris, Raisons d'agir, 2019.

KERVASDOUÉ J., *La santé intouchable. Enquête sur une crise et ses remèdes*, Paris, Lattès, 1996.

KRUEGER A. B. & Mueller A. I., « Time use, emotional well-being, and unemployment : evidence from longitudinal data », *The American Economic Review*, vol. 102, n° 3, 2012, p. 594-599.

Kula C. *et aL.* « Etude qualitative sur le non-recours à la prime d'activité », *Dossier d'étude de la CNAF,* n° 213, 2020.

Lacombe D. & Marteu E., Une « dépolitisation » de l'action collective des femmes ?, *L'Homme & la Société*, vol. 198, n° 4, 2015, p. 127-148.

Lajarge E. (dir.), *Santé publique*, Paris, Dunod, 2017.

Laroque M., « L'adaptation de la politique d'assurance vieillesse au vieillissement (1961-2015) », *RHPS,* vol. 13, n° 1, 2020, p. 54-73.

Lascoumes P. & Le Galès P., « L'action publique saisie par ses instruments », *in* Lascoumes P. & Le Galès P. (dir.), *Gouverner par les instruments,* Paris, Presses de Sciences Po, 2004.

Laurent E., « La protection sociale : de l'incertitude au risque, de l'État Providence à l'État social-écologique », *Revue Française de Socio-Économie,* vol. 20, n° 1, 2018, p. 191-194.

Lebourg N. & Sèze R., « L'État face aux violences politiques : gouverner l'ennemi », *in* Sommier I. (dir.), *Violences politiques en France,* Presses de Sciences Po, 2021, p. 361-375.

Leicher C., « Le médecin libéral en 2010 », *Les Tribunes de la santé,* vol. 28, n° 3, 2010.

Lhommeau B. & Rioux L., « Les trajectoires d'activité des allocataires du RMI de 1996 à 1998 », *Études et Résultats,* n° 84, 2000, p. 1-8.

L'Horty Y., « Les politiques de l'emploi en France », *Cahiers français,* n° 353, 2009.

L'Horty Y., *Les nouvelles politiques de l'emploi,* Paris, La Découverte, 2006

Linhart D. & Mauchamp N., *Le travail,* Paris, Le Cavalier bleu, 2009.

Maertens L. & Parizet R., « On ne fait pas de politique ! Les pratiques de dépolitisation au PNUD et au PNUE », *Critique internationale,* vol. 76, n° 3, 2017, p. 41-60.

Malinvaud E., « À propos du soi-disant taux de chômage structurel », *in* Pisani-Ferry J. (dir.), *Plein-emploi,* Paris, La Documentation française, 2000.

Malinvaud E., *Plein emploi, l'improbable retour,* Paris, La Documentation française, 1998.

Marc C., « Insertion professionnelle et sociale : des spécificités transversales aux différents types de minima », *Recherches et Prévisions,* n° 91, 2008, p. 92-100.

Martigny V., Strudel S., « De la campagne à la présidence Macron : vers la fin du "en même temps" ? », *in* Dolez B. *et al.* (dir.), *L'entreprise Macron,* Presses universitaires de Grenoble, 2019, p. 127-138.

MÉNY Y., « À la jonction du politique et de l'administratif: les Hauts fonctionnaires », *Pouvoirs*, n° 40, 1987, p. 5-23.

MIKOU M. *et al.*, « La montée en charge des risques sociaux depuis 1945 », *Vie sociale*, vol. 10, n° 2, 2015, p. 109-130.

MILANO S., « Mesurer la pauvreté », *Dossier solidarité et santé*, n° 5, sept.-oct. 1989.

MULLER P., « Esquisse d'une théorie du changement dans l'action publique », *Revue française de science politique*, vol. 55, n° 1, 2005, p. 155-187.

MULLER P., *Les politiques publiques*, Paris, PUF, 2008.

MULLER P., « Un schéma d'analyse des politiques sectorielles », *Revue française de science politique*, vol. 35, n° 2, 1985, p. 165-189.

MULLER P., Palier B. & Surel Y., « L'analyse politique de l'action publique », *Revue française de science politique*, vol. 55, 2005.

NANCY J.-L., *Mascarons de Macron*, Paris, Galilée, 2021.

NAVARRO M. & Zucman G., « Quel avenir pour le financement de la protection sociale ? », *Regards croisés sur l'économie*, vol. 1, n° 1, 2007, p. 157-166.

NEZOSI G., *La protection sociale*, La documentation française, 2016.

PALIER B., *Gouverner la sécurité sociale*, Paris, PUF, 2005.

PALIER B., *Réformer les retraites*, Paris, Presses de Sciences Po, 2021.

PALIER B., « Vers un État d'investissement social », *Informations sociales*, vol. 128, n° 8, 2005, p. 118-128.

PALIER B. & Bonoli G., « Phénomènes de *Path Dependence* », *Revue française de science politique*, vol. 49, n° 3, 1999, p. 399-420.

PASSERON J.-C., *Présentation de Schumpeter, Impérialisme et classes sociales*, Paris, Flammarion, 1984.

PAUGAM S., *Le salarié de la précarité*, Paris, PUF, 2007.

PAUGAM S. & Duvoux N., *La régulation des pauvres*, Paris, PUF, 2013.

PERRINEAU P., « Le grand débat national : la démocratie participative à grande échelle », *Pouvoirs*, vol. 175, n° 4, 2020, p. 113-129.

PEQUINOT H., « La lutte contre la pauvreté », *Rapport du Conseil économique et social*, 1979.

PIERRU F., « Budgétiser l'assurance maladie », in Bezès P. & Siné A (dir.), *Gouverner (par) les finances publiques*, Paris, Presses de Sciences Po, 2011, p. 393-449.

PIERSON P., *The New Politics of the Welfare State,* Oxford, Oxford University Press, 2001.

PINSON G. & Sala Pala V., « Peut-on vraiment se passer de l'entretien en sociologie de l'action publique ? », *Revue française de science politique*, vol. 57, n° 5, 2007, p. 555-597.

PONTICELLI J., Voth H.-J., « Austerity and Anarchy: Budget Cuts and Social Unrest in Europe, 1919-2008 », *Journal of Comparative Economics*, vol. 48, n° 1, 2020, p.1-19.

PROST A., « L'évolution de la politique familiale en France de 1938 à 1981 », *Le Mouvement social,* n° 129, 1984, p. 7-28.

RAMAUX C., « Risque et assurance », *RFSE,* vol. 20, n° 1, 2018, p. 201-204.

RAULT W., *L'invention du PACS*, Paris, Presses de Sciences Po, 2009.

RENARD D., « Une définition institutionnelle du lien social », *Revue française de science politique*, vol. 38, n° 3, juin 1988, p. 370-385.

REVAULT d'Allonnes M., *L'Esprit du macronisme. Ou l'art de dévoyer les concepts*, Paris, Seuil, 2021.

RIGAUDIAT J., « Le revenu social d'activité : une réforme en faux-semblants », *Esprit,* janvier 2009.

ROBERT C. (dir)., *Confiner la démocratie. Les dépolitisations de l'action publique*, Presses universitaires du Septentrion, 2021.

ROUBAN L., *Le paradoxe du macronisme*, Paris, Presses de Sciences Po, 2018.

SAINTE-MARIE J., *Bloc contre bloc. La dynamique du macronisme*, Paris, Cerf, 2019.

SEBBAH B. *et al.*, *Les Gilets Jaunes, des cadrages médiatiques aux paroles citoyennes*, rapport de recherche préliminaire, université de Toulouse, 26/11/2018.

SICSIC M., « Revenus et patrimoine des ménages », *INSEE références,* 27/05/2021.

STEINMO S. (dir.), *Structuring Politics. Historical Institutionalism in Comparative Analysis,* New York, Cambridge University Press, 1992.

STIEGLER B., *"Il faut s'adapter". Sur un nouvel impératif politique*, Paris, Gallimard, 2019.

SUPIOT A., « Ni assurance ni charité, la solidarité », *Le Monde Diplomatique*, nov.2014.

TABUTEAU D., « Code de la santé publique ou code de la santé ? », in Laude A. & Tabuteau D. (dir.), *Le Code de la santé publique, un demi-siècle après sa légalisation*, Paris, Presses de Sciences Po, 2008, p. 15-28.

Tabuteau D., « Sécurité sociale et politique de santé », *Les Tribunes de la santé*, vol. 50, n° 1, 2016, p. 25-35.

Tchernia J.-F., « Deux visions de l'importance relative du travail et des loisirs », in Bréchon P. *et al.* (dir.), *La France des valeurs. Quarante ans d'évolutions*, PUG, 2019, p. 202-208.

Thoenig J.-C., « Politique publique », in Boussaguet L., Jacquot S. & Ravinet P. (dir.), *Dictionnaire des politiques publiques*, Paris, Presses de Sciences Po, 2010, p. 420-427.

Thomas H., *Les vulnérables*, Vulaines-sur-Seine, Éditions du Croquant, 2010.

Topalov C., *Naissance du chômeur*, Paris, Albin Michel, 1994.

UNEDIC, « Impact de la réforme de l'assurance chômage », Note d'impact de l'UNEDIC, 2019.

Valat B., *Histoire de la Sécurité sociale (1945-1967)*, Paris, Economica, 2001.

Valat B., « Les retraites et la création de la Sécurité sociale en 1945 », *RHPS*, vol. 13, n° 1, 2020, p. 36-53.

Viguier F., « Le rôle des associations de lutte contre la pauvreté dans la protection sociale française depuis 1945 : le cas d'ATD Quart-Monde », *RHPS*, vol. 6, n° 1, 2013, p. 12-34.

Warin P., *Agir contre le non-recours aux droits sociaux. Scènes et enjeux politiques*, Presses universitaires de Grenoble, 2019.

Weible C. M. *et al.*, « COVID-19 and the policy sciences », *Policy Sciences*, vol. 53, 2020, p. 225-241.

Table des matières

Achevé d'imprimer en janvier 2022
sur les presses de la Nouvelle Imprimerie Laballery – 58500 Clamecy
Dépôt légal : janvier 2022 – N° d'impression : 201351

Imprimé en France
La Nouvelle Imprimerie Laballery est titulaire de la marque Imprim'Vert®